互联网+高等教育精品课程

"十三五"规划教材（财经类）

NASHUI SHIWU

纳税实务

刘 伟 李海英 曲 珅 主编

西安交通大学出版社
XI'AN JIAOTONG UNIVERSITY PRESS

内容简介

本教材是按照工作过程,以项目导向、任务驱动设计体例,基于课程标准开发的具有高职特色的适用教材。教材内容以国家颁布的最新法律法规为依据,主要围绕企业报税岗位完成的工作任务来展开,由四个学习项目组成,强调纳税实际操作能力的训练和学生依法诚信纳税职业素养的培养,并融入会计职业资格证书考试内容,实现了岗课证对接。本教材具有职业性、针对性和可操作性等特征。

本书可作为高职院校财经类专业教学用书,也可作为在职会计人员的岗位培训、继续教育以及会计从业资格考试参考用书。

图书在版编目(CIP)数据

纳税实务 /刘伟,李海英,曲珅主编. — 西安 :
西安交通大学出版社,2017.7
ISBN 978-7-5605-9895-6

Ⅰ. ①纳…　Ⅱ. ①刘…②李…③曲…　Ⅲ. ①纳税-
中国-教材　Ⅳ. ①F812.42

中国版本图书馆 CIP 数据核字(2017)第 170886 号

书　　名	纳税实务
主　　编	刘伟　李海英　曲珅
责任编辑	史菲菲
出版发行	西安交通大学出版社
	(西安市兴庆南路 10 号　邮政编码　710049)
网　　址	http://www.xjtupress.com
电　　话	(029)82668357　82667874(发行中心)
	(029)82668315(总编办)
传　　真	(029)82668280
印　　刷	陕西日报社
开　　本	787mm×1092mm　1/16　印张　16.25　字数　392 千字
版次印次	2017 年 8 月第 1 版　2017 年 8 月第 1 次印刷
书　　号	ISBN 978-7-5605-9895-6
定　　价	38.00 元

读者购书、书店添货,如发现印装质量问题,请与本社发行中心联系、调换。
订购热线:(029)82665248　(029)82665249
投稿热线:(029)82668133
读者信箱:xj_rwjg@126.com

编审说明

自 2016 年 5 月 1 日起，国家全面实施营改增政策，将增值税征税范围扩大到建筑业、金融业、生活服务业和房地产业。自 2016 年 7 月 1 日起，资源税改革在全国全面推行。税法在变，会计法规也在变，教材也应及时更新。高等教育尤其是高职教育是贯彻"以就业为导向、以服务为宗旨"的教学理念，力求实现教学过程与工作过程对接、教学内容与职业标准对接、学历证书与职业资格证书对接。因此，我们在教材编写过程中，通过校企合作，根据会计职业岗位（群）的任职要求，参照相关的职业资格标准，侧重职业能力训练和职业素质培养，共同开发特色鲜明的适用教材。本教材根据纳税实际工作过程，通过流转税纳税实务、所得税纳税实务、资源税和财产税纳税实务、行为税和特定目的税纳税实务四个学习项目设计学习任务，以培养学生职业能力为主线而编写，突出以下几个方面的特点：

（一）基于工作过程导向开发教材

我们基于企业办税员岗位的工作过程开发教材，贯彻以工作岗位为基础、工作任务为驱动、工作过程为依托的"立体化"教材设计框架。将工作过程与学习过程有机结合，通过基于工作过程的设计，重新整合教材内容，实现实体税种与税收程序、法条解读与实务操作的有机统一。经过专家教授反复论证，完善教材体例、结构和内容，使其更具实用性和职业性。

（二）内容新，并融入会计职业资格证书考试内容

教材内容以国家颁布的最新法律法规为依据，根据企业应缴纳的税种，分为四个学习项目，由报税岗位完成的增值税应纳税额的计算与申报、消费税应纳税额的计算与申报、企业所得税应纳税额的计算与申报、个人所得税应纳税额的计算与申报、资源税及财产税类应纳税额的计算与申报、行为及特定目的税类应纳税额的计算与申报等 14 个工作任务所组成。将财税理论知识与涉税实务技能分解嵌入到各学习项目中，并融入会计职业资格证书考试内容，实现了岗课证对接。通过税务登记、发票管理、税额计算、纳税申报与税款缴纳等能力训练，培养学生具有计税、报税等办税基本技能。

（三）突出岗位能力培养

工学结合、突出岗位能力培养，是会计专业应用型人才培养的基本指导思想，而"教、学、做"一体化则是突出岗位能力培养的重要手段。本教材基于会计工作岗位，紧紧围绕企业办税员岗位工作需要，以企业办税员岗位能力为目标，引导学生联系工作任务解决实际问题，突出教育特色，获取岗位所需的能力。首先由工作任务导入，其次明确要完成哪些工作任务，再次是为完成工作任务需要掌握的相关知识，最后是任务实施的整个办税的工作过程。每个学习项目后配备技能训练的实例，供读者自测。教材引导学生在完成任务的过程中学习相关知识，增强学习的主动性和主体性。

全书强调纳税实际操作能力的训练和学生依法诚信纳税职业素养的培养，并融入会计职业资格证书考试内容，实现了岗课证对接。具有较强的职业性、针对性和可操作性。

（四）教材形式上充分体现了互联网＋的教改理念

全套教材定位于互联网＋立体化教材，编写团队全面整合了数媒与纸媒的教材资源，使教

材独具数字化、网络化和媒介化特色。主要体现在：

（1）在每个任务标题后配置二维码。用手机扫码，会出现需要通行证才能登录的界面，刮开封底的账号密码输入，登录成功即可呈现数字化教学资源的四大模块。①学习资料：一些概念和准则等文本；②视频讲解：flash 视频直观讲解教师不易表达的难点、晦涩点；③课后习题：针对知识点进行题库练习，交卷评卷看解析，二次巩固；④随堂实训：针对教材的案例动手实训，体会和掌握实操技能。通过这四个维度的展示，足以满足学生对相应知识的认知掌握。

（2）在线建立行政班级进行管理。教师可通过手机 APP 建立一个行政班级，通过后台对学生进行实时管理，检查学生观看视频的情况、做题多少、准确率等，还可以根据需要制定实训内容，以满足教师个性化教学需要。

（3）配套数字化辅助学习资源。教材各章节或各单元均有相当翔实的延伸阅读内容（或案例分析或习题参考答案或政策法规）上传"会计专业学习指导"微信公众号（kjzy2016），通过扫描二维码即可实现手机阅读，快捷方便。

上述立体化教材不仅改变了学与教的传统方式，而且拓展了学习者的学习时空，折射出整个教育资源建设理念的升级，使教师从传统的教材"消费者"转变为积极的教材开发者，同时也改善了教材与教学、学习的内在关系，最终通过数字化教材资源建设来推动教育教学方式的升级与转型。教学形式也由传统的讲授式课堂转变为翻转式课堂、混合式与互动式课堂等新形式。学习者在课堂不仅可以与学科专家、教学名师等进行对话，而且也可以与学习工具进行互动。

经审定，本书可作为各类高等院校财经类专业教学用书，也可作为广大在职会计人员岗位培训、继续教育以及会计从业资格考试参考用书。

本书由刘伟、李海英、曲坤担任主编，李剑飞、陶海军、高畅担任副主编。本书由幺迎红主审。全书 14 个工作任务中，编写分工如下：刘伟（增值税、消费税、企业所得税、个人所得税、资源税、土地增值税、城镇土地使用税、耕地占用税、房产税和车船税），李海英（印花税），曲坤（契税），李剑飞（城建税），陶海军（车辆购置税），高畅（教育费附加）。

本书在编写过程中，编者参考了有关专家学者编写的教材和专著，得到编者所在院系领导和有关行业企业会计专家教授的大力支持，并提出许多宝贵意见，在此一并表示诚挚的谢意！

税法在变，会计在变，教材也应及时更新。在出版社的大力支持下，我们力争使教材内容及时反映最新变化。由于编者水平有限，书中存在的不足，敬请广大读者不吝批评指正。（编者电子邮箱为：919123117@qq.com）。

互联网＋高等教育精品课程"十三五"规划教材编审指导委员会
2017 年 7 月

目　录

项目一　流转税纳税实务

● 掌握增值税应纳税额的计算、增值税的纳税申报和税款缴纳；

● 理解增值税基本法规知识、增值税出口退税的计算；

● 掌握消费税应纳税额的计算、消费税的纳税申报和税款缴纳；

● 理解消费税基本法规知识、消费税出口退税的计算。

● 能根据企业经济业务内容判断是否应当缴纳增值税，适用哪个税率，且会计算一般纳税人与小规模纳税人增值税应纳税额；

● 能根据业务资料填制增值税一般纳税人与小规模纳税人纳税申报表，并能进行增值税网上申报；

● 能根据企业经济业务内容判断是否应当缴纳消费税，适用哪个税率，且会计算消费税应纳税额；

● 能根据业务资料填制消费税纳税申报表，并能进行消费税网上申报。

流转税纳税实务，包括增值税应纳税额计算与申报和消费税应纳税额计算与申报两个学习任务。

增值税是对在我国境内销售货物、提供加工和修理修配劳务、销售服务、销售无形资产、销售不动产，以及进口货物的单位和个人，就其取得的增值额而征收的一种流转税。增值税一般纳税人根据当期销项税额抵扣当期进项税额计算应纳税额；小规模纳税人实行简易办法计算，并不得抵扣进项税额；纳税人进口货物，按照组成计税价格和税率计算应纳税额。

消费税是对我国境内从事生产、委托加工和进口应税消费品的单位和个人，就其销售额或销售数量，在特定环节征收的一种流转税。采用从价定率计算方法，应纳税额等于应税消费品的销售额乘以适用税率；采用从量定额计算方法，应纳税额等于应税消费品的销售数量乘以单位税额；将外购应税消费品和委托加工收回的应税消费品继续生产应税消费品销售的，可以将外购应税消费品和委托加工收回应税消费品已缴纳的消费税给予扣除。

任务 1　增值税应纳税额计算与申报

【任务导入】

飞达公司为增值税一般纳税人,2017 年 5 月购销业务如下:

(1)购进生产原料一批,取得的增值税专用发票上注明的价、税款分别是 35 万元、5.95 万元;另支付运费(取得运输发票)4 万元。

(2)购进钢材 20 吨,取得的增值税专用发票上注明的价、税款分别是 8 万元、1.36 万元。

(3)直接向农民收购用于生产加工的农产品一批,经税务机关批准的收购凭证上注明的价款为 38 万元。

(4)以托收承付方式销售甲产品一批,货物已发出并办妥银行托收手续,但货款未到,向买方开具的增值税专用发票注明销售额 52 万元。

(5)销售乙产品,开具普通发票,取得含税销售额 29.25 万元。

(6)将试制的一批应税新产品用于本企业基建工程,成本价为 20 万元,成本利润率为 10%,该新产品无同类产品市场销售价格。

(7)将本月外购的 20 吨钢材及库存的同价钢材 20 吨移送本企业修建产品仓库。

(8)期初留抵进项税额 0.5 万元。

以上相关票据均符合税法的规定。

【任务要求】

请计算飞达公司 2017 年 5 月份应纳增值税税额。

【知识准备】

增值税是对在我国境内销售货物、提供加工和修理修配劳务、销售服务、销售无形资产、销售不动产,以及进口货物的单位和个人,就其取得的增值额而征收的一种流转税。

增值税不重复征税,逐环节征税,逐环节扣税,实行税款抵扣制;最终消费者是全部税款的承担者,税收负担具有转嫁性;增值税是一种价外税;增值税税基广阔,具有征收的普遍性和连续性等特点。

一、征税范围

(一)征税范围的一般规定

1. 销售货物

"货物"是指有形动产,包括电力、热力和气体在内。销售货物是指有偿转让货物的所有权。"有偿"不仅指从购买方取得货币,还包括取得货物或其他经济利益。

2. 提供加工和修理修配劳务

"加工"是指接收来料承做货物,加工后的货物所有权仍属于委托者的业务,即通常所说的委托加工业务。"委托加工业务"是指由委托方提供原料及主要材料,受托方按照委托方的要求制造货物并收取加工费的业务。"修理修配"是指受托对损伤和丧失功能的货物进行修复,使其恢复原状和功能的业务。这里的"提供加工和修理修配劳务"都是指有偿提供加工和修理修配劳务。但单位或个体工商户聘用的员工为本单位或雇主提供加工、修理修配劳务则不包括在内。

3.销售服务

销售服务,是指提供交通运输服务、邮政服务、电信服务、建筑服务、金融服务、现代服务、生活服务。

(1)交通运输服务。

交通运输服务,是指使用运输工具将货物或者旅客送达目的地,使其空间位置得到转移的业务活动。包括陆路运输服务、水路运输服务、航空运输服务和管道运输服务。

①陆路运输服务。

陆路运输服务,是指通过陆路(地上或者地下)运送货物或者旅客的运输业务活动,包括铁路运输服务和其他陆路运输服务。

铁路运输服务,是指通过铁路运送货物或者旅客的运输业务活动。

其他陆路运输服务,是指铁路运输以外的陆路运输业务活动。包括公路运输、缆车运输、索道运输、地铁运输、城市轻轨运输等。

出租车公司向使用本公司自有出租车的出租车司机收取的管理费用,按陆路运输服务征收增值税。

②水路运输服务。

水路运输服务,是指通过江、河、湖、川等天然、人工水道或者海洋航道运送货物或者旅客的运输业务活动。

水路运输的程租、期租业务,属于水路运输服务。

程租业务,是指运输企业为租船人完成某一特定航次的运输任务并收取租赁费的业务。

期租业务,是指运输企业将配备有操作人员的船舶承租给他人使用一定期限,承租期内听候承租方调遣,不论是否经营,均按天向承租方收取租赁费,发生的固定费用均由船东负担的业务。

③航空运输服务。

航空运输服务,是指通过空中航线运送货物或者旅客的运输业务活动。

航空运输的湿租业务,属于航空运输服务。湿租业务,是指航空运输企业将配备有机组人员的飞机承租给他人使用一定期限,承租期内听候承租方调遣,不论是否经营,均按一定标准向承租方收取租赁费,发生的固定费用均由承租方承担的业务。

航天运输服务,按照航空运输服务征收增值税。航天运输服务,是指利用火箭等载体将卫星、空间探测器等空间飞行器发射到空间轨道的业务活动。

④管道运输服务。

管道运输服务,是指通过管道设施输送气体、液体、固体物质的运输业务活动。

无运输工具承运业务,按照交通运输服务缴纳增值税。无运输工具承运业务,是指经营者以承运人身份与托运人签订运输服务合同,收取运费并承担承运人责任,然后委托实际承运人完成运输服务的经营活动。

(2)邮政服务。

邮政服务,是指中国邮政集团公司及其所属邮政企业提供邮件寄递、邮政汇兑和机要通信等邮政基本服务的业务活动。包括邮政普遍服务、邮政特殊服务和其他邮政服务。

①邮政普遍服务。

邮政普遍服务,是指函件、包裹等邮件寄递,以及邮票发行、报刊发行和邮政汇兑等业务活动。

函件,是指信函、印刷品、邮资封片卡、无名址函件和邮政小包等。

包裹,是指按照封装上的名址递送给特定个人或者单位的独立封装的物品,其重量不超过50千克,任何一边的尺寸不超过150厘米,长、宽、高合计不超过300厘米。

②邮政特殊服务。

邮政特殊服务,是指义务兵平常信函、机要通信、盲人读物和革命烈士遗物的寄递等业务活动。

③其他邮政服务。

其他邮政服务,是指邮册等邮品销售、邮政代理等业务活动。

(3)电信服务。

电信服务,是指利用有线、无线的电磁系统或者光电系统等各种通信网络资源,提供语音通话服务,传送、发射、接收或者应用图像、短信等电子数据和信息的业务活动。包括基础电信服务和增值电信服务。

①基础电信服务,是指利用固网、移动网、卫星、互联网,提供语音通话服务的业务活动,以及出租或者出售带宽、波长等网络元素的业务活动。

②增值电信服务,是指利用固网、移动网、卫星、互联网、有线电视网络,提供短信和彩信服务、电子数据和信息的传输及应用服务、互联网接入服务等业务活动。

卫星电视信号落地转接服务,按照增值电信服务计算缴纳增值税。

(4)建筑服务。

建筑服务,是指各类建筑物、构筑物及其附属设施的建造、修缮、装饰,线路、管道、设备、设施等的安装以及其他工程作业的业务活动。包括工程服务、安装服务、修缮服务、装饰服务和其他建筑服务。

①工程服务。

工程服务,是指新建、改建各种建筑物、构筑物的工程作业,包括与建筑物相连的各种设备或者支柱、操作平台的安装或者装设工程作业,以及各种窑炉和金属结构工程作业。

②安装服务。

安装服务,是指生产设备、动力设备、起重设备、运输设备、传动设备、医疗实验设备以及其他各种设备、设施的装配、安置工程作业,包括与被安装设备相连的工作台、梯子、栏杆的装设工程作业,以及被安装设备的绝缘、防腐、保温、油漆等工程作业。

固定电话、有线电视、宽带、水、电、燃气、暖气等经营者向用户收取的安装费、初装费、开户费、扩容费以及类似收费,按照安装服务缴纳增值税。

③修缮服务。

修缮服务,是指对建筑物、构筑物进行修补、加固、养护、改善,使之恢复原来的使用价值或者延长其使用期限的工程作业。

④装饰服务。

装饰服务,是指对建筑物、构筑物进行修饰装修,使之美观或者具有特定用途的工程作业。

⑤其他建筑服务。

其他建筑服务,是指上列工程作业之外的各种工程作业服务,如钻井(打井)、拆除建筑物或者构筑物、平整土地、园林绿化、疏浚(不包括航道疏浚)、建筑物平移、搭脚手架、爆破、矿山穿孔、表面附着物(包括岩层、土层、沙层等)剥离和清理等工程作业。

(5)金融服务。

金融服务,是指经营金融保险的业务活动。包括贷款服务、直接收费金融服务、保险服务和金融商品转让。

①贷款服务。

贷款,是指将资金贷予他人使用而取得利息收入的业务活动。

②直接收费金融服务。

直接收费金融服务,是指为货币资金融通及其他金融业务提供相关服务并且收取费用的业务活动。包括提供货币兑换、账户管理、电子银行、信用卡、信用证、财务担保、资产管理、信托管理、基金管理、金融交易场所(平台)管理、资金结算、资金清算、金融支付等服务。

③保险服务。

保险服务,是指投保人根据合同约定,向保险人支付保险费,保险人对于合同约定的可能发生的事故因其发生所造成的财产损失承担赔偿保险金责任,或者当被保险人死亡、伤残、疾病或者达到合同约定的年龄、期限等条件时承担给付保险金责任的商业保险行为。包括人身保险服务和财产保险服务。

④金融商品转让。

金融商品转让,是指转让外汇、有价证券、非货物期货和其他金融商品所有权的业务活动。其他金融商品转让包括基金、信托、理财产品等各类资产管理产品和各种金融衍生品的转让。

(6)现代服务。

现代服务,是指围绕制造业、文化产业、现代物流产业等提供技术性、知识性服务的业务活动。包括研发和技术服务、信息技术服务、文化创意服务、物流辅助服务、租赁服务、鉴证咨询服务、广播影视服务、商务辅助服务和其他现代服务。

①研发和技术服务。

研发和技术服务,包括研发服务、合同能源管理服务、工程勘察勘探服务、专业技术服务。

②信息技术服务。

信息技术服务,是指利用计算机、通信网络等技术对信息进行生产、收集、处理、加工、存储、运输、检索和利用,并提供信息服务的业务活动。包括软件服务、电路设计及测试服务、信息系统服务和业务流程管理服务和信息系统增值服务。

③文化创意服务。

文化创意服务,包括设计服务、知识产权服务、广告服务和会议展览服务。

④物流辅助服务。

物流辅助服务,包括航空服务、港口码头服务、货运客运场站服务、打捞救助服务、装卸搬运服务、仓储服务和收派服务。

⑤租赁服务。

租赁服务,包括融资租赁服务和经营性租赁服务。

水路运输的光租业务、航空运输的干租业务,属于经营性租赁。

光租业务,是指运输企业将船舶在约定的时间内出租给他人使用,不配备操作人员,不承担运输过程中发生的各项费用,只收取固定租赁费的业务活动。

干租业务,是指航空运输企业将飞机在约定的时间内出租给他人使用,不配备机组人员,不承担运输过程中发生的各项费用,只收取固定租赁费的业务活动。

⑥鉴证咨询服务。

鉴证咨询服务,包括认证服务、鉴证服务和咨询服务。

认证服务,是指具有专业资质的单位利用检测、检验、计量等技术,证明产品、服务、管理体系符合相关技术规范、相关技术规范的强制性要求或者标准的业务活动。鉴证服务,是指具有专业资质的单位受托对相关事项进行鉴证,发表具有证明力的意见的业务活动。其包括会计鉴证、税务鉴证、法律鉴证、职业技能鉴定、工程造价鉴证、工程监理、资产评估、环境评估、房地产土地评估、建筑图纸审核、医疗事故鉴定等。咨询服务,是指提供信息、建议、策划、顾问等服务的活动。其包括金融、软件、技术、财务、税收、法律、内部管理、业务运作、流程管理、健康等方面的咨询。翻译服务和市场调查服务按照咨询服务缴纳增值税。

⑦广播影视服务。

广播影视服务,包括广播影视节目(作品)的制作服务、发行服务和播映(含放映,下同)服务。

⑧商务辅助服务。

商务辅助服务,包括企业管理服务、经纪代理服务、人力资源服务、安全保护服务。

⑨其他现代服务。

其他现代服务,是指除研发和技术服务、信息技术服务、文化创意服务、物流辅助服务、租赁服务、鉴证咨询服务、广播影视服务和商务辅助服务以外的现代服务。

(7)生活服务。

生活服务,是指为满足城乡居民日常生活需求提供的各类服务活动。包括文化体育服务、教育医疗服务、旅游娱乐服务、餐饮住宿服务、居民日常服务和其他生活服务。

①文化体育服务。

文化服务,是指为满足社会公众文化生活需求提供的各种服务。包括文艺创作、文艺表演、文化比赛,图书馆的图书和资料借阅,档案馆的档案管理,文物及非物质遗产保护,组织举办宗教活动、科技活动、文化活动,提供游览场所。

体育服务,是指组织举办体育比赛、体育表演、体育活动,以及提供体育训练、体育指导、体育管理的业务活动。

②教育医疗服务。

教育服务,是指提供学历教育服务、非学历教育服务、教育辅助服务的业务活动。学历教育服务,是指根据教育行政管理部门确定或者认可的招生和教学计划组织教学,并颁发相应学历证书的业务活动,包括初等教育、初级中等教育、高级中等教育、高等教育等;非学历教育服务,包括学前教育、各类培训、演讲、讲座、报告会等;教育辅助服务,包括教育测评、考试、招生等服务。

医疗服务,是指提供医学检查、诊断、治疗、康复、预防、保健、接生、计划生育、防疫服务等方面的服务,以及与这些服务有关的提供药品、医用材料器具、救护车、病房住宿和伙食的业务。

③旅游娱乐服务。

旅游服务,是指根据旅游者的要求,组织安排交通、游览、住宿、餐饮、购物、文娱、商务等服务的业务活动。

娱乐服务,是指为娱乐活动同时提供场所和服务的业务。具体包括:歌厅、舞厅、夜总会、酒吧、台球、高尔夫球、保龄球、游艺(包括射击、狩猎、跑马、游戏机、蹦极、卡丁车、热气球、动力伞、射箭、飞镖)。

④餐饮住宿服务。

餐饮服务,是指通过同时提供饮食和饮食场所的方式为消费者提供饮食消费服务的业务活动。住宿服务,是指提供住宿场所及配套服务等的活动,包括宾馆、旅馆、旅社、度假村和其他经营性住宿场所提供的住宿服务。

⑤居民日常服务。

居民日常服务,是指主要为满足居民个人及其家庭日常生活需求提供的服务,包括市容市政管理、家政、婚庆、养老、殡葬、照料和护理、救助救济、美容美发、按摩、桑拿、氧吧、足疗、沐浴、洗染、摄影扩印等服务。

⑥其他生活服务。

其他生活服务,是指除文化体育服务、教育医疗服务、旅游娱乐服务、餐饮住宿服务和居民日常服务之外的生活服务。

4.销售无形资产

销售无形资产,是指有偿转让无形资产,是转让无形资产所有权或者使用权的业务活动。无形资产,是指不具实物形态,但能带来经济利益的资产,包括技术、商标、著作权、商誉、自然资源使用权和其他权益性无形资产。

5.销售不动产

销售不动产,是指有偿转让不动产,是转让不动产所有权的业务活动。

不动产,是指不能移动或者移动后会引起性质、形状改变的财产,包括建筑物、构筑物等。建筑物,包括住宅、商业营业用房、办公楼等可供居住、工作或者进行其他活动的建造物。构筑物,包括道路、桥梁、隧道、水坝等建造物。

转让建筑物有限产权或者永久使用权的,转让在建的建筑物或者构筑物所有权的,以及在转让建筑物或者构筑物时一并转让其所占土地的使用权的,按照销售不动产缴纳增值税。

有偿,是指取得货币、货物或者其他经济利益。

6.进口货物

进口货物是指申报进入我国海关境内的货物。确定一项货物是否属于进口货物,必须看其是否办理了报关进口手续。通常,境外产品要输入境内,必须向我国海关申报进口,并办理有关报关手续。只要是报关进口的应税货物,均属于增值税征税范围,在进口环节缴纳增值税(享受免税政策的货物除外)。

（二）视同销售货物行为

单位或个体工商户的下列行为,视同销售货物,征收增值税:

(1)将货物交付其他单位或者个人代销。

(2)销售代销货物。

(3)设有两个以上机构并实行统一核算的纳税人,将货物从一个机构移送其他机构用于销售,但相关机构设在同一县(市)的除外。

(4)将自产或委托加工的货物用于非增值税应税项目、集体福利或个人消费。

(5)将自产、委托加工或购进的货物作为投资,提供给其他单位或个体工商户、分配给股东或投资、无偿赠送给其他单位或者个人。

(6)单位或者个体工商户向其他单位或个人无偿提供服务、转让无形资产或者不动产,但用于公益事业或者以社会公众为对象的除外。

（三）兼营行为

兼营,是指纳税人的经营范围既包括销售货物和加工修理修配劳务,又包括销售服务、无形资产或者不动产。但是,销售货物、加工修理修配劳务、服务、无形资产或者不动产不同时发生在同一项销售行为中。

纳税人销售货物、加工修理修配劳务、服务、无形资产或者不动产适用不同税率或者征收率的,应当分别核算适用不同税率或者征收率的销售额,未分别核算销售额的,从高适用税率。

（四）征税范围的具体规定

(1)货物性期货。

货物期货(包括商品期货和贵金属期货),在期货的实物交割环节纳税。

交割时由期货交易所开具发票的,以期货交易所为纳税人。期货交易所纳增值税按次计算,其进项税额为该货物交割时供货会员单位开具的增值税专用发票上注明的销项税额,期货交易所发生的各种进项不得抵扣。

交割时由供货的会员单位直接将发票开给购货会员单位的,以供货会员单位为纳税人。

(2)执罚部门和单位查处的商品。

执罚部门和单位查处属于一般商业部门经营的商品,具备拍卖条件的,由执罚部门或单位商同级财政部门同意后,公开拍卖。其拍卖收入作为罚没收入由执罚部门和单位如数上缴财政,不予征税。对经营单位购入拍卖物品再销售的,应照章征收增值税。

执罚部门和单位查处的属于一般商业部门经营的商品,不具备拍卖条件的,由执罚部门、财政部门、国家指定销售单位会同有关部门按质论价,并由国家指定销售单位纳入正常销售渠道变价处理。执罚部门按商定价格所取得的变价收入作为罚没收入如数上缴财政,不予征税。国家指定销售单位将罚没物品纳入正常销售渠道销售的,应照章征收增值税。

(3)电力公司向发电企业收取的过网费,应当征收增值税。

(4)印刷企业接受出版单位委托,自行购买纸张,印刷有统一刊号(CN)以及采用国际标准书号编序的图书、报纸和杂志,按货物销售征收增值税。

(5)供电企业进行电力调压并按电量向电厂收取的并网服务费,应当征收增值税。

(6)油气田企业从事原油、天然气生产,以及为生产原油、天然气提供的生产性劳务,应当征收增值税。

二、纳税义务人和扣缴义务人

(一)纳税义务人

凡在中华人民共和国境内销售货物、提供加工和修理修配劳务、销售服务、销售无形资产、销售不动产,以及进口货物的单位和个人,为增值税的纳税义务人,简称纳税人。

单位,包括企业、行政单位、事业单位、军事单位、社会团体及其他单位。

个人,包括个体工商户和其他个人。

单位租赁或承包给其他单位或者个人经营的,以承租人或承包人为纳税人。

对报关进口的货物,以进口货物的收货人或办理报关手续的单位和个人为进口货物的纳税人。对代理进口货物,以海关开具的完税凭证上的纳税人为增值税纳税人。即对报关进口货物,凡是海关的完税凭证开具给委托方的,对代理方不征增值税;凡是海关的完税凭证开具给代理方的,对代理方应按规定征收增值税。

知识链接

小规模纳税人与一般纳税人的认定及管理

划分一般纳税人和小规模纳税人的基本依据是纳税人的会计核算是否健全,以及企业规模的大小。企业规模是指纳税人年应税销售额,会计核算健全是指能够按照国家统一的会计制度设置账簿,根据合法、有效凭证核算。

这两类纳税人在税款计算方法、适用税率以及管理办法上都有所不同。对一般纳税人实行凭发票扣税的计税方法,对小规模纳税人规定简便易行的计税方法和征收管理办法。

1.小规模纳税人

小规模纳税人是指年销售额在规定标准以下,并且会计核算不健全,不能按规定报送有关税务资料的增值税纳税人。会计核算不健全是指不能正确核算增值税的销项税额、进项税额和应纳税额。小规模纳税人具有以下认定标准:

①从事货物生产或提供应税劳务的纳税人,以及以从事货物生产或提供应税劳务为主,并兼营货物批发或零售的纳税人,年应税销售额在50万元(含)以下的。

②其他纳税人,年应税销售额在80万元(含)以下的。

③营业税改增值税应税行为的年应税销售额在500万元(含)以下的。

年应税销售额未超过财政部、国家税务总局规定的小规模纳税人标准以及新开业的纳税人,可以向主管税务机关申请一般纳税人资格登记。

对提出申请并且能够按照国家统一的会计制度设置账簿,根据合法、有效凭证核算,能够提供准确税务资料的纳税人,主管税务机关应当为其办理一般纳税人资格登记。

2.一般纳税人

一般纳税人是指年应税销售额超过小规模纳税人标准的企业和企业性单位。

小规模纳税人会计核算健全,能够提供准确税务资料的,可以向主管税务机关申请资格认定,不作为小规模纳税人,依照一般纳税人计算应纳税额。

增值税一般纳税人须向税务机关办理认定手续,以取得法定资格,经税务机关审核认定。

纳税人自其选择的一般纳税人资格生效之日起,按照增值税一般计税方法计算应纳税额,并按照规定领用增值税专用发票。

新认定为一般纳税人的小型商贸批发企业实行纳税辅导期管理的期限为 3 个月;其他一般纳税人实行纳税辅导期管理的期限为 6 个月。

(二)扣缴义务人

境外的单位或个人在境内提供应税劳务,在境内未设有经营机构的,其应纳税款以境内代理人为扣缴义务人;在境内没有代理人的,以购买者为扣缴义务人。

中华人民共和国境外(以下简称境外)单位或者个人在境内销售服务、无形资产或者不动产,在境内未设有经营机构的,以购买方为增值税扣缴义务人。

在中华人民共和国境内(以下简称境内)销售货物或提供加工、修理修配劳务是指销售货物的起运地或所在地在境内;提供的应税劳务发生地在境内。

在境内销售服务、无形资产或者不动产,是指:

(1)服务(租赁不动产除外)或者无形资产(自然资源使用权除外)的销售方或者购买方在境内;

(2)所销售或者租赁的不动产在境内;

(3)所销售自然资源使用权的自然资源在境内;

(4)财政部和国家税务总局规定的其他情形。

三、税率

1.基本税率 17%

纳税人销售或者进口货物,提供加工、修理修配劳务税率一般为 17%。

2.税率 11%

(1)提供交通运输业服务、邮政、基础电信、建筑、不动产租赁服务,销售不动产,转让土地使用权,税率为 11%。

(2)农业产品;食用植物油;自来水、暖气、热水、冷气、煤气、石油液化气、天然气、沼气、居民用煤炭制品;图书报纸、杂志;饲料、化肥、农药、农膜、农机;食用盐;音像制品、电子出版物;二甲醚,税率为 11%。

3.税率 6%

提供现代服务业服务(不动产租赁除外)、增值电信服务、金融服务、生活服务、销售无形资产(转让土地使用权除外),税率为 6%。

4.征收率 3%

小规模纳税人增值税征收率为 3%。

四、减税、免税

(1)农业生产者销售的自产农产品。

农业,是指种植业、养殖业、林业、牧业、水产业。农业生产者,包括从事农业生产的单位和个人。农产品,是指初级农产品。

单位和个人销售的外购的农业产品,以及单位和个人外购农业产品生产、加工后销售的仍然属于注释所列的农业产品,不属于免税的范围,应当按照规定税率征收增值税。

(2)避孕药品和用具。

(3)古旧图书。

古旧图书是指向社会收购的古书和旧书。

(4)直接用于科学研究、科学试验和教学的进口仪器、设备。

(5)外国政府、国际组织无偿援助的进口物资和设备。

(6)由残疾人的组织直接进口供残疾人专用的物品。

(7)销售的自己使用过的物品。自己使用过的物品是指其他个人使用过的物品。

纳税人销售货物或者应税劳务适用免税规定的,可以放弃免税。放弃免税后,36个月内不得再申请免税。

(8)纳税人销售自产的资源综合利用产品和提供资源综合利用劳务,可享受增值税即征即退政策。

(9)修理修配劳务的增值税优惠。

①飞机修理。对飞机维修劳务增值税实际税负超过6%的部分即征即退。

②铁路货车修理。对铁路系统内部单位为本系统修理货车的业务免征增值税。

(10)增值税一般纳税人销售其自行开发生产的软件产品,按17%税率征收增值税后,对其增值税实际税负超过3%的部分实行即征即退政策。

(11)对供热企业向居民个人供热而取得的采暖费收入继续免征增值税。

知识链接

营业税改征增值税免征增值税的项目

(1)托儿所、幼儿园提供的保育和教育服务。

(2)养老机构提供的养老服务。

(3)残疾人福利机构提供的育养服务。

(4)婚姻介绍服务。

(5)殡葬服务。

(6)残疾人员本人为社会提供的服务。

(7)医疗机构提供的医疗服务。

(8)从事学历教育的学校提供的教育服务。

(9)学生勤工俭学提供的服务。

(10)农业机耕、排灌、病虫害防治、植物保护、农牧保险以及相关技术培训业务,家禽、牲畜、水生动物的配种和疾病防治。

(11)纪念馆、博物馆、文化馆、文物保护单位管理机构、美术馆、展览馆、书画院、图书馆在自己的场所提供文化体育服务取得的第一道门票收入。

(12)寺院、宫观、清真寺和教堂举办文化、宗教活动的门票收入。

(13)行政单位之外的其他单位收取的政府性基金和行政事业性收费。

(14)个人转让著作权。

(15)个人销售自建自用住房。

(16)人民银行对金融机构的贷款。

(17)保险公司开办的一年期以上人身保险产品取得的保费收入。

(18)个人从事金融商品转让业务。

(19)金融同业往来利息收入。

(20)纳税人提供技术转让、技术开发和与之相关的技术咨询、技术服务。

(21)福利彩票、体育彩票的发行收入。

(12)起征点。

对个人销售额未达到规定起征点的,免征增值税。增值税起征点的适用范围限于个人,不包括认定为一般纳税人的个体工商户。

增值税起征点的幅度规定如下:

①销售货物的,为月销售额 5 000～20 000 元。

②销售应税劳务的,为月营业额 5 000～20 000 元。

③按次纳税的,为每次(日)销售额 300～500 元。

④"营改增"规定的应税行为的起征点:

按期纳税的,为月销售额 5 000～20 000 元(含本数)。

按次纳税的,为每次(日)销售额 300～500 元(含本数)。

纳税人兼营免税、减税项目的,应当分别核算免税、减税项目的销售额;未分别核算的,不得免税、减税。

五、应纳税额的计算

增值税应纳税额的计算分为一般纳税人、小规模纳税人和进口货物三种计税方法。

(一)一般纳税人应纳税额的计算

一般纳税人应纳税额计算,是指当期销项税额抵扣当期进项税额后的余额。应纳税额计算公式:

$$当期应纳增值税额＝当期销项税额－当期进项税额$$

当期销项税额小于当期进项税额不足抵扣时,其不足部分可以结转下期继续抵扣。

1.销项税额

纳税人销售货物、提供应税劳务、销售服务、无形资产或者不动产,按照销售额和税法规定的税率计算并向购买方收取的增值税额,为销项税额。

销项税额是销售货物或提供应税劳务的销售额与税率的乘积,其计算公式如下:

$$销项税额＝销售额×税率$$

(1)销售额的一般规定。

销售额为纳税人销售货物或提供应税劳务向购买方收取的全部价款和价外费用,但是不包括收取的销项税额。价外费用具体包括手续费、补贴、基金、集资费、返还利润、奖励费、违约金、延期付款利息、滞纳金、赔偿金、包装费、包装物租金、储备费、优质费、运输装卸费、代收款项、代垫款项及其他各种性质的价外收费。上述价外费用无论其会计制度如何核算,都应并入销售额计税。纳税人向购买方收取的价外费用和包装物押金,应视为含税收入,在并入销售额征税时,应将其换算为不含税收入再并入销售额征税。而且一律视为含增值税。但上述价外费用不包括以下费用:

①受托加工应征消费税的货物,而由受托方向委托方代收代缴的消费税。

②同时符合以下两个条件的代垫运费:承运部门的运费发票开具给购买方,并且由纳税人将该项发票转交给购买方的。在这种情况下,纳税人仅仅是为购货人代办运输业务,而未从中收取额外费用。

③同时符合以下条件代为收取的政府性基金或者行政事业性收费:由国务院或者财政部批准设立的政府性基金,由国务院或者省级人民政府及其财政、价格主管部门批准设立的行政事业性收费;收取时开具省级以上(含省级)财政部门监(印)制的财政票据;所收款项全额上缴财政。

④销售货物的同时代办保险等而向购买方收取的保险费,以及向购买方收取的代购买方缴纳的车辆购置税、车辆牌照费。

税法规定,纳税人销售货物和提供应税劳务时向购买方收取的各种价外费用均要并入计税销售额计算征税,目的是防止纳税人以各种名目的收费减少计税销售额逃避纳税。

(2)特殊销售方式的销售额。

①以折扣方式销售货物。

折扣销售是指销售方在销售货物、提供应税劳务,销售服务、无形资产或者不动产时,因购买方需求量大等原因,而给予的价格方面的优惠。按照现行税法规定:纳税人采取折扣方式销售货物,如果销售额和折扣额在同一张发票上分别注明,可以按折扣后的销售额征收增值税。在这里应该注意以下几点:一是税法中所指的折扣销售有别于现金折扣,现金折扣通常是为了鼓励购货方及时偿还货款而给予的折扣优待,现金折扣发生在销货之后,而折扣销售则是与实现销售同时发生的,销售折扣不得从销售额中减除。二是销售折扣与销售折让是不同的,销售折让通常是指由于货物的品种或质量等原因引起销售额的减少,即销货方给予购货方未予退货状况下的价格折让。销售折让可以通过开具红字专用发票从销售额中减除。

②以旧换新方式销售货物。

以旧换新销售,是纳税人在销售过程中,折价收回同类旧货物,并以折价款部分冲减货物价款的一种销售方式。纳税人采取以旧换新方式销售货物(金银首饰除外),应按新货物的同期销售价格确定销售额。金银首饰以旧换新,应按销售方实际收取的价格确定销售额。

③还本销售方式销售货物。

还本销售,指销货方将货物出售之后,按约定的时间,一次或分次将购货款部分或全部退还给购货方,退还的货款即为还本支出。纳税人采取还本销售货物的,不得从销售额中减除还本支出。

④采取以物易物方式销售。

以物易物,是指购销双方不是以货币结算,而是以同等价款的货物相互结算,实现货物购销的一种方式。以物易物双方都应作购销处理,以各自发出的货物核算销售额并计算销项税额,以各自收到的货物核算购货额及进项税额。

⑤包装物押金。

包装物是指纳税人包装本单位货物的各种物品。为了促使购货方尽早退回包装物以便周转使用,一般情况下,销货方向购货方收取包装物押金,购货方在规定的期间内返回包装物,销货方再将收取的包装物押金返还。根据税法规定,纳税人为销售货物而出租出借包装物收取的押金,单独记账的、时间在 1 年内、又未过期的,不并入销售额征税;但对逾期未收回不再退还的包装物押金,应按所包装货物的适用税率计算纳税。这里需要注意押金属于含税收入。

对销售除啤酒、黄酒以外的其他酒类产品收取的包装物押金,无论是否返还以及会计上如何核算,均应并入当期销售额征税。

(3)视同销售行为销售额的确定。

视同销售行为按照下列顺序计算其销售额:

①按纳税人最近时期同类货物的平均销售价格确定。

②按其他纳税人最近时期同类货物的平均销售价格确定。

③用以上两种方法均不能确定其销售额的情况下,可按组成计税价格确定销售额。公式为:

$$组成计税价格＝成本×(1＋成本利润率)$$

属于应征消费税的货物,其组成计税价格应加计消费税税额。计算公式为:

$$组成计税价格＝成本×(1＋成本利润率)＋消费税税额$$

或:

$$＝成本×(1＋成本利润率)/(1－消费税税率)$$

(4)含税销售额的换算。

商品零售企业或其他企业将货物或应税劳务出售给消费者、使用单位或小规模纳税人,只能开具普通发票。这样,在销售货物或提供应税劳务时,就会将价款和税款合并定价,发生销售额和增值税额合并收取的情况。

在这种情况下,就必须将开具在普通发票上的含税销售额换算成不含税销售额,作为增值税的税基。其换算公式如下:

$$不含税销售额＝含税销售额/(1＋税率)$$

(5)"营改增"行业的销售额。

①贷款服务,以提供贷款服务取得的全部利息及利息性质的收入为销售额。

②直接收费金融服务,以提供直接收费金融服务收取的手续费、佣金、酬金、管理费、服务费、经手费、开户费、过户费、结算费、转托管费等各类费用为销售额。

③金融商品转让,按照卖出价扣除买入价后的余额为销售额。

金融商品转让,不得开具增值税专用发票。

④经纪代理服务,以取得的全部价款和价外费用,扣除向委托方收取并代为支付的政府性基金或者行政事业性收费后的余额为销售额。

⑤一般纳税人提供客运场站服务,以其取得的全部价款和价外费用,扣除支付给承运方运费后的余额为销售额。

⑥纳税人提供旅游服务,以取得的全部价款和价外费用,扣除支付的住宿费、餐饮费、交通费、签证费、门票费和支付给接团的费用后的余额为销售额。

2.进项税额

进项税额,是指纳税人购进货物、加工修理修配劳务、服务、无形资产或者不动产,支付或者负担的增值税额。

(1)准予从销项税额中抵扣的进项税额。

①从销售方或提供方取得的增值税专用发票上注明的增值税额(含税控机动车销售统一发票)。

②从海关取得的海关进口增值税专用缴款书上注明的增值税额。

③购进农产品,按照农产品收购发票或者销售发票上注明的农产品买价和11%的扣除率计算的进项税额。计算公式为:

$$进项税额=买价×扣除率$$

买价包括纳税人购进农产品在农产品收购发票或者销售发票上注明的价款和按规定缴纳的烟叶税。烟叶收购单位收购烟叶时按照国家有关规定以现金形式直接补贴烟农的生产投入补贴(以下简称价外补贴),属于农产品买价,为"价款"的一部分。烟叶收购单位,应将价外补贴与烟叶收购价格在同一张农产品收购发票或者销售发票上分别注明,否则,价外补贴不得计算增值税进项税额进行抵扣。

(2)不得从销项税额中抵扣的进项税额。

下列项目的进项税额不得从销项税额中抵扣:

①用于简易计税方法计税项目、免征增值税项目、集体福利或者个人消费的购进货物、加工修理修配劳务、服务、无形资产和不动产。其中涉及的固定资产、无形资产、不动产,仅指专用于上述项目的固定资产、无形资产(不包括其他权益性无形资产)、不动产。

纳税人的交际应酬消费属于个人消费。

②非正常损失的购进货物,以及相关的加工修理修配劳务和交通运输服务。

③非正常损失的在产品、产成品所耗用的购进货物(不包括固定资产)、加工修理修配劳务和交通运输服务。

④非正常损失的不动产,以及该不动产所耗用的购进货物、设计服务和建筑服务。

⑤非正常损失的不动产在建工程所耗用的购进货物、设计服务和建筑服务。纳税人新建、改建、扩建、修缮、装饰不动产,均属于不动产在建工程。

⑥购进的旅客运输服务、贷款服务、餐饮服务、居民日常服务和娱乐服务。

⑦财政部和国家税务总局规定的其他情形。

上述第④项、第⑤项所称货物,是指构成不动产实体的材料和设备,包括建筑装饰材料和给排水、采暖、卫生、通风、照明、通信、煤气、消防、中央空调、电梯、电气、智能化楼宇设备及配套设施。

非正常损失,是指因管理不善造成货物被盗、丢失、霉烂变质,以及因违反法律法规造成货物或者不动产被依法没收、销毁、拆除的情形。

3.应纳税额的计算

在确定了销项税额和进项税额后,就可以得出实际应纳税额,基本计算公式为:

$$应纳税额=当期销项税额-当期进项税额$$

(1)计算应纳税额的时间界定。

①销项税额的时间界定。

销项税额的时间也就是纳税义务发生时间,销项税额的时间的确定不得滞后。销售货物或者提供应税劳务的纳税义务发生时间,按销售结算方式的不同,具体为:

　　a.采取直接收款方式销售货物,不论货物是否发出,均为收到销售款或取得索取销售款凭据的当天。

　　b.采取托收承付和委托银行收款方式销售货物,为发出货物并办妥托收手续的当天。

　　c.采取赊销和分期收款方式销售货物,为书面合同约定收款日期的当天。无书面合同或者书面合同没有约定收款日期的,为货物发出的当天。

　　d.采取预收货款方式销售货物,为货物发出的当天。但生产销售、生产工期超过 12 个月的大型机械设备、船舶、飞机等货物,为收到预收款或者书面合同约定的收款日期的当天。

　　e.委托其他纳税人代销货物,为收到代销单位销售的代销清单或者收到全部或者部分货款的当天;未收到代销清单及货款的,其纳税义务发生时间为发出代销货物满 180 日的当天。

　　f.销售应税劳务,为提供劳务同时收讫销售款或取得索取销售款的凭据的当天。

　　g.纳税人发生视同销售货物行为,为货物移送的当天。

　　h.纳税人提供建筑服务、租赁服务采取预收款方式的,其纳税义务发生时间为收到预收款的当天。

　　i.纳税人从事金融商品转让的,为金融商品所有权转移的当天。

　　j.纳税人发生视同销售服务、无形资产或者不动产情形的,其纳税义务发生时间为服务、无形资产转让完成的当天或者不动产权属变更的当天。

　　②进项税额抵扣时限的界定。

　　增值税专用发票认证是进项税额抵扣的前提。增值税发票认证是指通过增值税发票税控系统对增值税发票所包含的数据进行识别、确认。纳税人通过增值税发票税控系统开具发票时,系统会自动将发票上的开票日期、发票号码、发票代码、购买方纳税人识别号、销售方纳税人识别号、金额、税额等要素,经过加密形成防伪电子密文打印在发票上。认证时,税务机关利用扫描仪采集发票上的密文和明文图像,或由纳税人自行采集发票电子信息传送至税务机关,通过认证系统对密文解密还原,再与发票明文进行比对,比对一致则通过认证。

　　a.防伪税控专用发票进项税额的抵扣时限。

　　自 2017 年 7 月 1 日起,增值税一般纳税人取得的 2017 年 7 月 1 日及以后开具的增值税专用发票和机动车销售统一发票,应自开具之日起 360 日内认证或登录增值税发票选择确认平台进行确认,并在规定的纳税申报期内,向主管国税机关申报抵扣进项税额。

　　b.海关完税凭证进项税额的抵扣时限。

　　增值税一般纳税人取得的 2017 年 7 月 1 日及以后开具的海关进口增值税专用缴款书,应自开具之日起 360 日内向主管国税机关报送《海关完税凭证抵扣清单》,申请稽核比对。

　　纳税人取得的 2017 年 6 月 30 日前开具的增值税扣税凭证,仍按《国家税务总局关于调整增值税扣税凭证抵扣期限有关问题的通知》(国税函〔2009〕617 号)执行。

　　(2)扣减当期销项税额的规定。

　　纳税人在销售货物时,因货物质量、规格等原因而发生销货退回或销售折让,由于销货退回或折让不仅涉及销货价款或折让价款的退回,还涉及增值税的退回,因此,销货方应对当期销项税额进行调整。税法规定,一般纳税人因销货退回和折让而退还给购买方的增值税额,应从发生销货退回或折让当期的销项税额中扣减。

（3）扣减当期进项税额的规定。

①进货退出或折让的税务处理。

纳税人在购进货物时，因货物质量、规格等原因而发生进货退回或折让，购货方应对当期进项税额进行调整。税法规定，一般纳税人因进货退回和折让而从销货方收回的增值税额，应从发生进货退回或折让当期的进项税额中扣减。如不按规定扣减，造成进项税额虚增，不纳或少纳增值税，属于偷税行为，按偷税予以处罚。

②向供货方收取的返还收入的税务处理。

对商业企业向供货方收取的与商品销售量、销售额挂钩（如以一定比例、金额、数量计算）的各种返还收入，均应按平销返利行为的有关规定冲减当期增值税进项税额。

商业企业向供货方收取的各种返还收入，一律不得开具增值税专用发票。

③已经抵扣进项税额的购进货物发生用途改变的税务处理。

纳税人已经抵扣进项税额的购进货物或应税劳务如果事后改变用途，如用于职工福利或个人消费，购进货物发生非正常损失，在产品或产成品发生非正常损失，根据税法规定，应将购进货物或应税劳务的进项税额从当期的进项税额中扣减。

（4）进项税额不足抵扣的税务处理。

纳税人在计算应纳税额时，如果当期销项税额小于当期进项税额不足抵扣的部分，可以结转下期继续抵扣。

【例 1-1】　甲公司为增值税一般纳税人，主要生产和销售洗衣机。2017 年 3 月有关经济业务如下：

（1）购进一批原材料，取得增值税专用发票上注明的税额为 272 000 元；支付运输费，取得增值税专用发票上注明税额 2 750 元。

（2）购进低值易耗品，取得普通发票上注明的税额为 8 500 元。

（3）销售 A 型洗衣机 1 000 台，含增值税销售单价 3 510 元/台；另收取优质费 526 500 元、包装物租金 175 500 元。

（4）采取以旧换新方式销售 A 型洗衣机 50 台，旧洗衣机作价 117 元/台。

（5）向优秀职工发放 A 型洗衣机 10 台，生产成本 2 106 元/台。

已知：增值税税率为 17%，上期留抵增值税额 59 000 元，取得的增值税专用发票已通过税务机关认证。

要求：

根据上述资料，分析回答下列问题。

（1）计算甲公司 2017 年 3 月准予抵扣的增值税进项税额。

（2）计算甲公司 2017 年 3 月增值税销项税额。

（3）计算甲公司 2017 年 3 月应纳增值税税额。

解：

（1）甲公司 2017 年 3 月准予抵扣的增值税进项税额 = 272 000 + 2 750 + 59 000 = 333 750（元）

（2）计算甲公司 2017 年 3 月增值税销项税额 = （1 000 × 3 510 + 526 500 + 175 500）÷（1 + 17%）× 17% + 50 × 3 510 ÷（1 + 17%）× 17% + 10 × 3 510 ÷（1 + 17%）× 17% = 642 600（元）

（3）计算甲公司 2017 年 3 月应纳增值税税额 = 642 600 - 333 750 = 308 850（元）

【例 1-2】　甲制药厂为增值税一般纳税人，主要生产和销售降压药、降糖药及免税药。

2017 年 5 月有关经济业务如下：

（1）购进降压药原料，取得的增值税专用发票上注明的税额为 85 万元；支付其运输费取得的增值税专用发票上注明的税额为 1.32 万元。

（2）购进免税药原料，取得的增值税专用发票上注明的税额为 51 万元；支付其运输费取得的增值税专用发票上注明的税额为 0.88 万元。

（3）销售降压药 600 箱，取得含增值税价款 702 万元，没收逾期未退还包装箱押金 23.4 万元。

（4）将 10 箱自产的新型降压药赠送给某医院临床使用，成本 4.68 万元/箱，无同类药品销售价格。

（5）销售降糖药 500 箱，其中 450 箱不含增值税单价为 1.5 万元/箱，50 箱不含增值税单价为 1.6 万元/箱。

已知：降压药、降糖药增值税税率为 17%，成本利润率为 10%。取得的增值税专用发票已通过税务机关认证。

要求：

根据上述资料，分析回答下列问题。

（1）计算甲制药厂 2017 年 5 月准予抵扣的增值税进项税额。

（2）计算甲制药厂 2017 年 5 月增值税销项税额。

（3）计算甲制药厂 2017 年 5 月应纳增值税税额。

解：

（1）甲制药厂 2017 年 5 月准予抵扣的增值税进项税额＝85＋1.32＝86.32（万元）

（2）甲制药厂 2017 年 5 月增值税销项税额＝（702＋23.4）÷（1＋17%）×17%＋10×4.68×（1＋10%）×17%＋（1.5×450＋1.6×50）×17%＝242.501 6（万元）

（3）甲制药厂 2017 年 5 月应纳增值税税额＝242.501 6－86.32＝156.181 6（万元）

【任务实施】

飞达公司 2017 年 5 月应纳的增值税额：

（1）当期销项税额＝52×17%＋29.25÷（1＋17%）×17%＋20×（1＋10%）×17%

　　　　　　　　＝16.83（万元）

（2）当期进项税额＝5.95＋4×11%＋38×13%－1.36＋0.5＝10.47（万元）

（3）当期应纳的增值税额＝16.83－10.47＝6.36（万元）

（二）小规模纳税人应纳税额的计算

1. 应纳税额的计算公式

小规模纳税人销售货物或提供应税劳务和服务，按简易方法计算，即按销售额和规定征收率计算应纳税额，不得抵扣进项税额，同时，销售货物或提供应税劳务和服务也不得自行开具增值税专用发票。其应纳税额的计算公式为：

$$应纳税额＝销售额×征收率$$

公式中销售额是销售货物或提供应税劳务向购买方收取的全部价款和价外费用，但不包括收取的增值税税额。

小规模纳税人销售货物自行开具的发票是普通发票，发票上列示的是含税销售额，因此，

在计税时需要将其换算为不含税销售额。换算公式如下:

$$不含税销售额＝含税销售额÷(1＋征收率)$$

纳税人提供的适用简易计税方法计税的应税服务,因服务中止或者折让而退还给接受方的销售额,应当从当期销售额中扣减。扣减当期销售额后仍有余额造成多缴的税款,可以从以后的应纳税额中扣减。

2. 主管税务机关为小规模纳税人代开发票应纳税额的计算

小规模纳税人销售货物或提供应税劳务,可以申请由主管税务机关代开发票。主管税务机关为小规模纳税人(包括小规模纳税人中的企业、企业性单位及其他小规模纳税人,下同)代开专用发票,应在专用发票"单价"栏和"金额"栏分别填写不含增值税额的单价和销售额,因此,其应纳税额按销售额依照征收率计算。

主管税务机关为小规模纳税人代开专用发票后,发生退票的,可比照增值税一般纳税人开具专用发票后作废或开具红字发票的有关规定处理,由销售方到税务机关办理。对于重新开票的,应同时进行新开票税额与原开票税额的清算,多退少补;对无需重新开票的,退还其已征的税款或抵顶下期正常申报税款。

3. 小规模纳税人购进税控收款机的进项税额抵扣

增值税小规模纳税人购置税控收款机,经主管税务机关审核批准后,可凭购进税控收款机取得的增值税专用发票,按照发票上注明的增值税额,抵免当期应纳增值税,或者按照购进税控收款机取得的普通发票上注明的价款,依下列公式计算可抵免的税额:

$$可抵免的税额＝价款÷(1＋17\%)×17\%$$

当期应纳税额不足抵免的,未抵免的部分可在下期继续抵免。

【例 1-3】　某企业为增值税小规模纳税人,主要从事汽车修理和装潢业务。2016 年 11 月提供汽车修理业务取得收入 27 万元,销售汽车装饰用品取得收入 16 万元;购进的修理用配件被盗,账面成本 0.5 万元。计算该企业应纳增值税。

$$应纳增值税＝(27＋16)÷(1＋3\%)×3\%＝1.25(万元)$$

4. 小规模纳税人销售自己使用过的固定资产

小规模纳税人(除其他个人外)销售自己使用过的固定资产,减按 2% 征收增值税。

$$销售额＝含税销售额÷(1＋3\%)$$
$$应纳税额＝销售额×2\%$$

知识链接

"营改增"后一般纳税人按简易方法计税的规定

"营改增"一般纳税人发生下列应税行为可以选择适用简易计税方法计税:

1. 应税服务

(1)公共交通运输服务。

公共交通运输服务,包括轮客渡、公交客运、地铁、城市轻轨、出租车、长途客运、班车。班车,是指按固定路线、固定时间运营并在固定站点停靠的运送旅客的陆路运输服务。

（2）经认定的动漫企业为开发动漫产品提供的动漫脚本编撰、形象设计、背景设计、动画设计、分镜、动画制作、摄制、描线、上色、画面合成、配音、配乐、音效合成、剪辑、字幕制作、压缩转码（面向网络动漫、手机动漫格式适配）服务，以及在境内转让动漫版权（包括动漫品牌、形象或者内容的授权及再授权）。

（3）电影放映服务、仓储服务、装卸搬运服务、收派服务和文化体育服务。

（4）已纳入"营改增"试点之日前取得的有形动产为标的物提供的经营租赁服务。

（5）在纳入"营改增"试点之日前签订的尚未执行完毕的有形动产租赁合同。

2. 建筑服务

试点纳税人提供建筑服务适用简易计税方法的，以取得的全部价款和价外费用扣除支付的分包款后的余额为销售额。

（1）一般纳税人以清包工方式提供的建筑服务，可以选择适用简易计税方法计税。

以清包工方式提供建筑服务，是指施工方不采购建筑工程所需的材料或只采购辅助材料，并收取人工费、管理费或者其他费用的建筑服务。

（2）一般纳税人为甲供工程提供的建筑服务，可以选择适用简易计税方法计税。

甲供工程，是指全部或部分设备、材料、动力由工程发包方自行采购的建筑工程。

（3）一般纳税人为建筑工程老项目提供的建筑服务，可以选择适用简易计税方法计税。

建筑工程老项目，是指：

①建筑工程施工许可证注明的合同开工日期在 2016 年 4 月 30 日前的建筑工程项目；

②未取得建筑工程施工许可证的，建筑工程承包合同注明的开工日期在 2016 年 4 月 30 日前的建筑工程项目。

③一般纳税人跨县（市）提供建筑服务，选择适用简易计税方法计税的，应以取得的全部价款和价外费用扣除支付的分包款后的余额为销售额，按照 3％的征收率计算应纳税额。

3. 销售不动产

（1）一般纳税人销售其 2016 年 4 月 30 日前取得（不含自建）的不动产，可以选择适用简易计税方法，以取得的全部价款和价外费用减去该项不动产购置原价或者取得不动产时的作价后的余额为销售额，按照 5％的征收率计算应纳税额。

（2）一般纳税人销售其 2016 年 4 月 30 日前自建的不动产，可以选择适用简易计税方法，以取得的全部价款和价外费用为销售额，按照 5％的征收率计算应纳税额。纳税人应按照上述计税方法在不动产所在地预缴税款后，向机构所在地主管税务机关进行纳税申报。

（3）房地产开发企业中的一般纳税人，销售自行开发的房地产老项目，可以选择适用简易计税方法按照 5％的征收率计税。

（4）房地产开发企业采取预收款方式销售所开发的房地产项目，在收到预收款时按照 3％的预征率预缴增值税。

（5）个体工商户销售购买的住房，征免增值税。纳税人应按照上述计税方法在不动产所在地预缴税款后，向机构所在地主管税务机关进行纳税申报。

4. 不动产经营租赁服务

（1）一般纳税人出租其 2016 年 4 月 30 日前取得的不动产，可以选择适用简易计税方法，按照 5％的征收率计算应纳税额。纳税人出租其 2016 年 4 月 30 日前取得的与机构所在地不在同一县（市）的不动产，应按照上述计税方法在不动产所在地预缴税款后，向机构所在地主管税务机关进行纳税申报。

（2）公路经营企业中的一般纳税人收取试点前开工的高速公路的车辆通行费，可以选择适用简易计税方法，减按3％的征收率计算应纳税额。

试点前开工的高速公路，是指相关施工许可证明上注明的合同开工日期在2016年4月30日前的高速公路。

（3）一般纳税人出租其2016年5月1日后取得的、与机构所在地不在同一县（市）的不动产，应按照3％的预征率在不动产所在地预缴税款。

试点纳税人中的一般纳税人提供的铁路旅客运输服务，不得选择按照简易计税方法计算缴纳增值税。

【例1-4】 甲公司为增值税一般纳税人，主要从事货物运输服务，2016年8月有关经济业务如下：

（1）购进办公用小轿车1部，取得增值税专用发票上注明的税额为25 500元；购进货车用柴油，取得增值税专用发票上注明的税额为51 000元。

（2）购进办公室装修用材料，取得增值税专用发票上注明的税额为8 500元。

（3）提供货物运输服务，取得含增值税价款1 110 000元，另收取保价费2 220元。

（4）提供货物装卸搬运服务，取得含增值税价款31 800元，因损坏所搬运货物，向客户支付赔偿款5 300元。

（5）提供货物仓储服务，取得含增值税价款116 600元，另收取货物逾期保管费21 200元。

已知：交通运输业服务增值税税率为11％，物流辅助服务增值税税率为6％，上期留抵增值税税额6 800元，取得的增值税专用发票已通过税务机关认证。

要求：

根据上述资料，分析回答下列问题。

（1）计算甲公司2016年8月准予抵扣的增值税进项税额。

（2）计算甲公司2016年8月增值税销项税额。

（3）计算甲公司2016年8月应纳增值税税额。

解：

（1）甲公司2016年8月准予抵扣的增值税进项税额＝25 500＋51 000＋6 800＝83 300(元)

（2）甲公司2016年8月增值税销项税额＝(1 110 000＋2 220)÷(1＋11％)×11％＋31 800÷(1＋6％)×6％＋(116 600＋21 200)÷(1＋6％)×6％＝119 820(元)

（3）甲公司2016年8月应纳增值税税额＝119 820－83 300＝36 520(元)

5. 其他应税行为及规定

（1）增值税一般纳税人固定业户临时到外省、市销售货物的，必须向经营地税务机关出示"外出经营活动税收管理证明"回原地纳税，需要向购货方开具专用发票的，亦回原地补开。对未持"外出经营活动税收管理证明"的，经营地税务机关按3％的征收率征税。

（2）一般纳税人销售自产的下列货物，可选择按照简易办法依3％征收率计算缴纳增值税。

①县级及县级以下小型水力发电单位生产的电力。小型水力发电单位，是指各类投资主体建设的装机容量为5万千瓦以下(含5万千瓦)的小型水力发电单位。

②建筑用和生产建筑材料所用的砂、土、石料。

③以自己采掘的砂、土、石料或其他矿物连续生产的砖、瓦、石灰(不含黏土实心砖、瓦)。

④用微生物、微生物代谢产物、动物毒素、人或动物的血液或组织制成的生物制品。

⑤自来水。

⑥商品混凝土(仅限于以水泥为原料生产的水泥混凝土)。

(3)一般纳税人销售货物属于下列情形之一的,暂按简易办法依照3%征收率计算缴纳增值税。

①寄售商店代销寄售物品(包括居民个人寄售的物品在内);

②典当业销售死当物品;

③经国务院或国务院授权机关批准的免税商店零售的免税品。

(4)对属于一般纳税人的自来水公司销售自来水按简易办法依照3%征收率征收增值税,不得抵扣其购进自来水取得增值税扣税凭证上注明的增值税税款。

一般纳税人选择简易办法计算缴纳增值税后,36个月内不得变更。

(5)根据国家税务总局公告2015年第90号规定,自2016年2月1日起,纳税人销售自己使用过的固定资产,适用简易办法依照3%征收率减按2%征收增值税政策的,可以放弃减税,按照简易办法依照3%征收率缴纳增值税,并可以开具增值税专用发票。

一般纳税人销售自己使用过的除固定资产以外的物品,应当按照适用税率征收增值税。

(三)进口货物应纳税额的计算

1.组成计税价格的确定

进口货物增值税的组成计税价格中包括已纳关税税额,如果进口货物属于消费税应税消费品,其组成计税价格中还要包括进口环节已纳消费税税额。

组成计税价格的计算公式如下:

$$组成计税价格=关税完税价格+关税+消费税$$

或：　　　$$组成计税价格=关税完税价格+关税/(1-消费税税率)$$

2.进口货物应纳税额的计算

纳税人进口货物,按照组成计税价格和适用的税率计算应纳税额,不得抵扣任何税额,即在计算进口环节的应纳增值税税额时,不得抵扣发生在我国境外的各种税金。

$$应纳税额=组成计税价格×税率$$

进口货物在海关缴纳的增值税,符合抵扣范围的,凭借海关进口增值税专用缴款书,可以从当期销项税额中抵扣。

【例1-5】 某市日化厂为增值税一般纳税人,当年8月进口一批香水精,买价85万元,境外运费及保险费共计5万元。海关于8月15日开具了进口增值税专用缴款书。日化厂缴纳进口环节税金后海关放行。计算该日化厂进口环节应纳增值税(关税税率为50%,消费税税率为30%)。

关税完税价格=85+5=90(万元)

组成计税价格=90×(1+50%)/(1-30%)=192.86(万元)

进口环节缴纳增值税=192.86×17%=32.79(万元)

【例1-6】 某生产企业为增值税一般纳税人,2016年12月发生以下业务:

（1）进口一批生产用原材料，关税完税价格折合人民币 20 万元，关税税率 10%，缴纳进口环节税金后海关予以放行，取得海关进口增值税专用缴款书。

（2）从农民手中购入一批粮食，农产品收购发票上注明收购金额 5 万元，委托运输公司（增值税一般纳税人）将粮食运回企业，支付运费 0.8 万元，取得货物运输业增值税专用发票。当月因管理不善丢失 10%，剩余 90% 生产领用。

（3）购入一批实木地板用于装修办公楼，取得的增值税专用发票上注明价款 10 万元。

（4）购入一辆货车自用，取得的增值税专用发票上注明增值税税额 2.55 万元。

（5）采取分期收款方式销售一批产品，不含税金额共计 100 万元，合同约定当月收取货款的 60%，剩余 40% 货款于下月收取。

（6）将自产的一批产品无偿赠送给大客户，该批产品成本为 20 万元，已知同类产品不含税售价为 26 万元，成本利润率为 10%。

假设上述取得的发票都已经过认证并允许在当月抵扣。

要求：

根据上述资料，分析回答下列问题。

（1）计算该企业当月进口环节应缴纳的增值税。

（2）计算该企业当月国内购进业务中准予抵扣的增值税进项税额。

（3）计算该企业当月的增值税销项税额。

（4）计算该企业当月应纳的增值税税额。

解：

（1）该企业当月进口环节应缴纳的增值税 $=20\times(1+10\%)\times17\%=3.74$（万元）

（2）该企业当月国内购进业务中准予抵扣的增值税进项税额 $=(5\times13\%+0.8\times11\%)\times(1-10\%)+2.55=3.21$（万元）

（3）该企业当月的增值税销项税额 $=100\times60\%\times17\%+26\times17\%=14.62$（万元）

（4）该企业当月应纳的增值税税额 $=14.62-3.74-3.21=7.67$（万元）

六、出口货物或者劳务和服务增值税的退（免）税

出口货物劳务退（免）税是指在国际贸易业务中，对报关出口的货物或者劳务和服务退还在国内各生产环节和流转环节按税法规定已缴纳的增值税，或免征应缴纳的增值税。

（一）适用增值税退（免）税政策的出口货物劳务

对下列出口货物劳务，除适用增值税免税政策和征税政策的出口货物劳务规定的以外，实行免征和退还增值税。

（1）出口企业出口货物。

出口企业，是指依法办理工商登记、税务登记、对外贸易经营者备案登记，自营或委托出口货物的单位或个体工商户，以及依法办理工商登记、税务登记但未办理对外贸易经营者备案登记，委托出口货物的生产企业。

出口货物，是指向海关报关后实际离境并销售给境外单位或个人的货物，分为自营出口货物和委托出口货物两类。

生产企业，是指具有生产能力（包括加工修理修配能力）的单位或个体工商户。

(2)出口企业或其他单位视同出口货物。

①出口企业对外援助、对外承包、境外投资的出口货物。

②出口企业经海关报关进入国家批准的区域并销售给特殊区域内单位或境外单位、个人的货物。

③免税品经营企业销售的货物。

④出口企业或其他单位销售给用于国际金融组织或外国政府贷款国际招标建设项目的中标机电产品。

⑤生产企业向海上石油天然气开采企业销售的自产的海洋工程结构物。

⑥出口企业或其他单位销售给国际运输企业用于国际运输工具上的货物。

⑦出口企业或其他单位销售给特殊区域内生产企业生产耗用且不向海关报关而输入特殊区域的水(包括蒸汽)、电力、燃气。

(3)出口企业对外提供加工修理修配劳务。

对外提供加工修理修配劳务,是指对进境复出口货物或从事国际运输的运输工具进行的加工修理修配。

(4)一般纳税人提供适用增值税零税率的应税服务的退(免)税办法。

(二)增值税退(免)税办法

适用增值税退(免)税政策的出口货物劳务,按照下列规定实行增值税免抵退税或免退税办法。

(1)免抵退税办法。

生产企业出口自产货物和视同自产货物及对外提供加工修理修配劳务,以及按国家规定生产企业出口非自产货物,免征增值税,相应的进项税额抵减应纳增值税额(不包括适用增值税即征即退、先征后退政策的应纳增值税额),未抵减完的部分予以退还。

(2)免退税办法。

不具有生产能力的出口企业或其他单位出口货物劳务,免征增值税,相应的进项税额予以退还。

(3)境内的单位和个人提供适用增值税零税率的应税服务,如果属于适用简易计税方法的,实行免征增值税办法。如果属于适用增值税一般计税方法的,生产企业实行免抵退税办法,外贸企业外购研发服务和设计服务出口实行免退税办法,外贸企业自己开发的研发服务和设计服务出口,视同生产企业连同其出口货物统一实行免抵退税办法。

(4)境内的单位和个人提供适用增值税零税率应税服务的,可以放弃适用增值税零税率,选择免税或按规定缴纳增值税。放弃适用增值税零税率后,36个月内不得再申请适用增值税零税率。

(5)境内的单位和个人提供适用增值税零税率的应税服务,按月向主管退税的税务机关申报办理增值税免抵退税或免税手续。具体管理办法由国家税务总局商财政部另行制定。

(三)增值税出口退税率

1.退税率的一般规定

除财政部和国家税务总局根据国务院决定而明确的增值税出口退税率(以下称退税率)外,出口货物的退税率为其适用税率。国家税务总局根据上述规定将退税率通过出口货物劳务退税率文库予以发布,供征纳双方执行。退税率有调整的,除另有规定外,其执行时间以货物(包括被加工修理修配的货物)出口货物报关单(出口退税专用)上注明的出口日期为准。

2.出口应税服务的退税率

应税服务退税率为应税服务适用的增值税税率,即有形动产租赁服务退税率为17%;交通运输业服务、邮政业服务退税率为11%;现代服务业服务(有形动产租赁服务除外)退税率为6%。

(四)增值税退(免)税的计税依据

出口货物劳务服务的增值税退(免)税的计税依据,按出口货物劳务的出口发票(外销发票)、其他普通发票或购进出口货物劳务服务的增值税专用发票、海关进口增值税专用缴款书确定。

(五)增值税免抵退税和免退税的计算

(1)生产企业出口货物、劳务、服务增值税免抵退税,依下列公式计算:

①当期应纳税额的计算。

当期应纳税额=当期销项税额-(当期进项税额-当期不得免征和抵扣税额)

当期不得免征和抵扣税额=当期出口货物离岸价×外汇人民币折合率×(出口货物适用税率-出口货物退税率)-当期不得免征和抵扣税额抵减额

当期不得免征和抵扣税额抵减额=当期免税购进原材料价格×(出口货物适用税率-出口货物退税率)

②当期免抵退税额的计算。

当期免抵退税额=当期出口货物离岸价×外汇人民币折合率×出口货物退税率-当期免抵退税额抵减额

当期免抵退税额抵减额=当期免税购进原材料价格×出口货物退税率

③当期应退税额和免抵税额的计算。

a.当期期末留抵税额≤当期免抵退税额,则

当期应退税额=当期期末留抵税额

当期免抵税额=当期免抵退税额-当期应退税额

b.当期期末留抵税额>当期免抵退税额,则

当期应退税额=当期免抵退税额

当期免抵税额=0

当期期末留抵税额为当期增值税纳税申报表中"期末留抵税额"。

④当期免税购进原材料价格。

包括当期国内购进的无进项税额且不计提进项税额的免税原材料的价格和当期进料加工保税进口料件的价格,其中当期进料加工保税进口料件的价格为组成计税价格。

(2)外贸企业出口货物、劳务、服务增值税免退税,依下列公式计算:

①外贸企业出口委托加工修理修配货物以外的货物:

增值税应退税额=增值税退(免)税计税依据×出口货物退税率

②外贸企业出口委托加工修理修配货物:

出口委托加工修理修配货物的增值税应退税额=委托加工修理修配的增值税退(免)税计税依据×出口货物退税率

（3）退税率低于适用税率的，相应计算出的差额部分的税款计入出口货物劳务成本。

（4）出口企业既有适用增值税免抵退项目，也有增值税即征即退、先征后退项目的，增值税即征即退和先征后退项目不参与出口项目免抵退税计算。出口企业应分别核算增值税免抵退项目和增值税即征即退、先征后退项目，并分别申请享受增值税即征即退、先征后退和免抵退税政策。

七、征收管理

（一）增值税纳税义务发生时间

增值税纳税义务发生时间，是指增值税纳税义务人、扣缴义务人发生应税、扣缴税款行为应承担纳税义务、扣缴义务的时间。这一规定在增值税管理中非常重要，说明纳税义务发生时间一经确定，必须按此时间计算应缴税款。

销售货物或者提供应税劳务的纳税义务发生时间，按销售结算方式的不同，具体为：

（1）采取直接收款方式销售货物，不论货物是否发出，均为收到销售款或取得索取销售款凭据的当天。先开具发票的，为开具发票的当天。

（2）采取托收承付和委托银行收款方式销售货物，为发出货物并办妥托收手续的当天。

（3）采取赊销和分期收款方式销售货物，为书面合同约定收款日期的当天。无书面合同或者书面合同没有约定收款日期的，为货物发出的当天。

（4）采取预收货款方式销售货物，为货物发出的当天。但生产销售、生产工期超过 12 个月的大型机械设备、船舶、飞机等货物，为收到预收款或者书面合同约定的收款日期的当天。

（5）委托其他纳税人代销货物，为收到代销单位销售的代销清单或者收到全部或者部分货款的当天；未收到代销清单及货款的，其纳税义务发生时间为发出代销货物满 180 日的当天。

（6）销售应税劳务，为提供劳务同时收讫销售款或取得索取销售款的凭据的当天。

（7）纳税人发生视同销售货物行为，为货物移送的当天。

（8）纳税人提供建筑服务、租赁服务采取预收款方式的，其纳税义务发生时间为收到预收款的当天。

（9）纳税人从事金融商品转让的，为金融商品所有权转移的当天。

（10）纳税人发生视同销售服务、无形资产或者不动产情形的，其纳税义务发生时间为服务、无形资产转让完成的当天或者不动产权属变更的当天。

（11）增值税扣缴义务发生时间为纳税人增值税纳税义务发生的当天。

（二）纳税期限

1. 增值税纳税期限的规定

增值税的纳税期限规定为 1 日、3 日、5 日、10 日、15 日、1 个月或者 1 个季度，以 1 个季度为纳税期限的规定适用于小规模纳税人以及财政部和国家税务总局规定的其他纳税人。纳税人的具体纳税期限，由主管税务机关根据纳税人应纳税额的大小分别核定；不能按照固定期限纳税的，可以按次纳税。

"营改增"行业以 1 个季度为纳税期限的规定适用于小规模纳税人、银行、财务公司、信托投资公司、信用社，以及财政部和国家税务总局规定的其他纳税人；不能按照固定期限纳税的，可以按次纳税。

2.增值税报缴税款期限的规定

(1)纳税人以1个月或者1个季度为纳税期的,自期满之日起15日内申报纳税;以1日、3日、5日、10日或者15日为一期纳税的,自期满之日起5日内预缴税款,于次月1日起15日内申报纳税并结清上月应纳税款。

扣缴义务人解缴税款的期限,按照上述规定执行。

(2)纳税人进口货物,应当自海关填发海关进口增值税专用缴款书之日起15日内缴纳税款。

(三)纳税地点

(1)固定业户的纳税地点。

①固定业户应当向其机构所在地主管税务机关申报纳税。总机构和分支机构不在同一县(市)的,应当分别向各自所在地主管税务机关申报纳税;经国务院财政、税务主管部门或者其授权的财政、税务机关批准,可以由总机构汇总向总机构所在地主管税务机关申报纳税。

②固定业户到外县(市)销售货物或者提供应税劳务,应当向其机构所在地主管税务机关申请开具外出经营活动税收管理证明,向其机构所在地主管税务机关申报纳税。未开具证明的,应当向销售地或者劳务发生地主管税务机关申报纳税;未向销售地或者劳务发生地主管税务机关申报纳税的,由其机构所在地主管税务机关补征税款。

③固定业户(指增值税一般纳税人)临时到外省、市销售货物的,必须向经营地税务机关出示"外出经营活动税收管理证明"回原地纳税,需要向购货方开具专用发票的,也回原地补开。

(2)非固定业户增值税纳税地点。

非固定业户销售货物或者提供应税劳务和应税行为,应当向销售地或者劳务和应税行为发生地主管税务机关申报纳税。未向销售地或者劳务和应税行为发生地主管税务机关申报纳税的,由其机构所在地或居住地主管税务机关补征税款。

(3)其他个人提供建筑服务,销售或者租赁不动产,转让自然资源使用权,应向建筑服务发生地、不动产所在地、自然资源所在地主管税务机关申报纳税。

(4)纳税人跨县(市)提供建筑服务,在建筑服务发生地预缴税款后,向机构所在地主管税务机关进行纳税申报。

(5)纳税人销售不动产,在不动产所在地预缴税款后,向机构所在地主管税务机关进行纳税申报。

(6)纳税人租赁不动产,在不动产所在地预缴税款后,向机构所在地主管税务机关进行纳税申报。

(7)进口货物增值税纳税地点。

进口货物,应当由进口人或其代理人向报关地海关申报纳税。

扣缴义务人应当向其机构所在地或者居住地的主管税务机关申报缴纳其扣缴的税款。

(四)营业税改征增值税试点后增值税纳税申报

1.适用范围

中华人民共和国境内增值税纳税人均应按照公告的规定进行增值税纳税申报。

2.纳税申报资料

纳税申报资料包括纳税申报表及其附列资料和纳税申报其他资料。

(1)纳税申报表及其附列资料。

①增值税一般纳税人纳税申报表及其附列资料。

A.《增值税纳税申报表(一般纳税人适用)》,如表 1-1 所示。

B.《增值税纳税申报表附列资料(一)》(本期销售情况明细)。

C.《增值税纳税申报表附列资料(二)》(本期进项税额明细)。

D.《增值税纳税申报表附列资料(三)》(服务、不动产和无形资产扣除项目明细)。

一般纳税人销售服务、不动产和无形资产,在确定服务、不动产和无形资产销售额时,按照有关规定可以从取得的全部价款和价外费用中扣除价款的,需填报《增值税纳税申报表附列资料(三)》。其他情况不填写该附列资料。

E.《增值税纳税申报表附列资料(四)》(税额抵减情况表)。

F.《增值税纳税申报表附列资料(五)》(不动产分期抵扣计算表)。

G.《固定资产(不含不动产)进项税额抵扣情况表》。

H.《本期抵扣进项税额结构明细表》。

I.《增值税减免税申报明细表》。

表 1-1　增值税纳税申报表

(适用于增值税一般纳税人)

根据国家税收法律法规及增值税相关规定制定本表。纳税人不论有无销售额,均应按主管税务机关核定的纳税期限按期填报本表,并向当地税务机关申报。

税款所属时间:自　年　月　日至　年　月　日　填表日期:　年　月　日　　金额单位:元至角分

纳税人识别号			所属行业:		
纳税人名称	(公章)	法定代表人姓名		注册地址	生产经营地址
开户银行及账号		企业登记注册类型		电话号码	

项　目		栏次	一般项目		即征即退项目	
			本月数	本年累计	本月数	本年累计
销售额	(一)按适用税率计税销售额	1				
	其中:应税货物销售额	2				
	应税劳务销售额	3				
	纳税检查调整的销售额	4				
	(二)按简易办法计税销售额	5				
	其中:纳税检查调整的销售额	6				
	(三)免、抵、退办法出口销售额	7			—	—
	(四)免税销售额	8			—	—
	其中:免税货物销售额	9			—	—
	免税劳务销售额	10			—	—

续表 1-1

	项目	序号				
税款计算	销项税额	11				
	进项税额	12				
	上期留抵税额	13				—
	进项税额转出	14				
	免、抵、退应退税额	15			—	—
	按适用税率计算的纳税检查应补缴税额	16			—	—
	应抵扣税额合计	17＝12＋13－14－15＋16		—		—
	实际抵扣税额	18(如 17＜11,则为 17,否则为 11)				
	应纳税额	19＝11－18				
	期末留抵税额	20＝17－18				—
	按简易计税办法计算的应纳税额	21				
	按简易计税办法计算的纳税检查应补缴税额	22			—	—
	应纳税额减征额	23				
	应纳税额合计	24＝19＋21－23				
税款缴纳	期初未缴税额(多缴为负数)	25				
	实收出口开具专用缴款书退税额	26			—	—
	本期已缴税额	27＝28＋29＋30＋31				
	①分次预缴税额	28			—	—
	②出口开具专用缴款书预缴税额	29			—	—
	③本期缴纳上期应纳税额	30				
	④本期缴纳欠缴税额	31				
	期末未缴税额(多缴为负数)	32＝24＋25＋26－27				
	其中:欠缴税额(≥0)	33＝25＋26－27			—	—
	本期应补(退)税额	34＝24－28－29				
	即征即退实际退税额	35	—		—	
	期初未缴查补税额	36			—	—
	本期入库查补税额	37			—	—
	期末未缴查补税额	38＝16＋22＋36－37			—	—

授权声明	如果你已委托代理人申报,请填写下列资料: 　　为代理一切税务事宜,现授权 (地址)　　　　　　　　为本纳税人的代理申报人,任何与本申报表有关的往来文件,都可寄予此人。 　　　　　　　　　　授权人签字:	申报人声明	此纳税申报表是根据国家税收法律法规及相关规定填报的,我确定它是真实的、可靠的、完整的。 　　　　　　　　　　声明人签字:

主管税务机关:　　　　　　　接收人:　　　　　　　接收日期:

【表单说明】

本纳税申报表及其附列资料填写说明(以下简称本表及填写说明)适用于增值税一般纳税人(以下简称纳税人)。

一、名词解释

(1)本表及填写说明所称"应税货物",是指增值税的应税货物。

(2)本表及填写说明所称"应税劳务",是指增值税的应税加工、修理、修配劳务。

(3)本表及填写说明所称"应税服务",是指营业税改征增值税的应税服务。

(4)本表及填写说明所称"按适用税率计税"、"按适用税率计算"和"一般计税方法",均指按"应纳税额=当期销项税额-当期进项税额"公式计算增值税应纳税额的计税方法。

(5)本表及填写说明所称"按简易办法计税"、"按简易征收办法计算"和"简易计税方法",均指按"应纳税额=销售额×征收率"公式计算增值税应纳税额的计税方法。

(6)本表及填写说明所称"应税服务扣除项目",是指纳税人提供应税服务,在确定应税服务销售额时,按照有关规定允许其从取得的全部价款和价外费用中扣除价款的项目。

二、《增值税纳税申报表(一般纳税人适用)》填写说明

(1)"税款所属时间":指纳税人申报的增值税应纳税额的所属时间,应填写具体的起止年、月、日。

(2)"填表日期":指纳税人填写本表的具体日期。

(3)"纳税人识别号":填写纳税人的税务登记证件号码。

(4)"所属行业":按照国民经济行业分类与代码中的小类行业填写。

(5)"纳税人名称":填写纳税人单位名称全称。

(6)"法定代表人姓名":填写纳税人法定代表人的姓名。

(7)"注册地址":填写纳税人税务登记证件所注明的详细地址。

(8)"生产经营地址":填写纳税人实际生产经营地的详细地址。

(9)"开户银行及账号":填写纳税人开户银行的名称和纳税人在该银行的结算账户号码。

(10)"登记注册类型":按纳税人税务登记证件的栏目内容填写。

(11)"电话号码":填写可联系到纳税人的常用电话号码。

(12)"即征即退项目"列:填写纳税人按规定享受增值税即征即退政策的货物、劳务和服务、不动产、无形资产的征(退)税数据。

(13)"一般项目"列:填写除享受增值税即征即退政策以外的货物、劳务和服务、不动产、无形资产的征(免)税数据。

（14）"本年累计"列：一般填写本年度内各月"本月数"之和。其中，第13、20、25、32、36、38栏及第18栏"实际抵扣税额""一般项目"列的"本年累计"分别按本填写说明第(27)、(34)、(39)、(46)、(50)、(52)、(32)条要求填写。

（15）第1栏"（一）按适用税率计税销售额"：填写纳税人本期按一般计税方法计算缴纳增值税的销售额，包含：在财务上不作销售但按税法规定应缴纳增值税的视同销售和价外费用的销售额；外贸企业作价销售进料加工复出口货物的销售额；税务、财政、审计部门检查后按一般计税方法计算调整的销售额。

营业税改征增值税的纳税人，服务、不动产和无形资产有扣除项目的，本栏应填写扣除之前的不含税销售额。

本栏"一般项目"列"本月数"=《附列资料（一）》第9列第1至5行之和-第9列第6、7行之和；本栏"即征即退项目"列"本月数"=《附列资料（一）》第9列第6、7行之和。

（16）第2栏"其中：应税货物销售额"：填写纳税人本期按适用税率计算增值税的应税货物的销售额。包含在财务上不作销售但按税法规定应缴纳增值税的视同销售货物和价外费用销售额，以及外贸企业作价销售进料加工复出口货物的销售额。

（17）第3栏"应税劳务销售额"：填写纳税人本期按适用税率计算增值税的应税劳务的销售额。

（18）第4栏"纳税检查调整的销售额"：填写纳税人因税务、财政、审计部门检查，并按一般计税方法在本期计算调整的销售额。但享受增值税即征即退政策的货物、劳务和服务、不动产、无形资产，经纳税检查发现偷税的，不填入"即征即退项目"列，而应填入"一般项目"列。

营业税改征增值税的纳税人，服务、不动产和无形资产有扣除项目的，本栏应填写扣除之前的不含税销售额。

本栏"一般项目"列"本月数"=《附列资料（一）》第7列第1至5行之和。

（19）第5栏"按简易办法计税销售额"：填写纳税人本期按简易计税方法计算增值税的销售额。包含纳税检查调整按简易计税方法计算增值税的销售额。

营业税改征增值税的纳税人，服务、不动产和无形资产有扣除项目的，本栏应填写扣除之前的不含税销售额；服务、不动产和无形资产按规定汇总计算缴纳增值税的分支机构，其当期按预征率计算缴纳增值税的销售额也填入本栏。

本栏"一般项目"列"本月数"≥《附列资料（一）》第9列第8至13b行之和-第9列第14、15行之和；本栏"即征即退项目"列"本月数"≥《附列资料（一）》第9列第14、15行之和。

（20）第6栏"其中：纳税检查调整的销售额"：填写纳税人因税务、财政、审计部门检查，并按简易计税方法在本期计算调整的销售额。但享受增值税即征即退政策的货物、劳务和服务、不动产、无形资产，经纳税检查属于偷税的，不填入"即征即退项目"列，而应填入"一般项目"列。

营业税改征增值税的纳税人，服务、不动产和无形资产有扣除项目的，本栏应填写扣除之前的不含税销售额。

（21）第7栏"免、抵、退办法出口销售额"：填写纳税人本期适用免、抵、退税办法的出口货物、劳务和服务、无形资产的销售额。

营业税改征增值税的纳税人，服务、无形资产有扣除项目的，本栏应填写扣除之前的销售额。

本栏"一般项目"列"本月数"=《附列资料(一)》第 9 列第 16、17 行之和。

(22)第 8 栏"免税销售额":填写纳税人本期按照税法规定免征增值税的销售额和适用零税率的销售额,但零税率的销售额中不包括适用免、抵、退税办法的销售额。

营业税改征增值税的纳税人,服务、不动产和无形资产有扣除项目的,本栏应填写扣除之前的免税销售额。

本栏"一般项目"列"本月数"=《附列资料(一)》第 9 列第 18、19 行之和。

(23)第 9 栏"其中:免税货物销售额":填写纳税人本期按照税法规定免征增值税的货物销售额及适用零税率的货物销售额,但零税率的销售额中不包括适用免、抵、退税办法出口货物的销售额。

(24)第 10 栏"免税劳务销售额":填写纳税人本期按照税法规定免征增值税的劳务销售额及适用零税率的劳务销售额,但零税率的销售额中不包括适用免、抵、退税办法的劳务的销售额。

(25)第 11 栏"销项税额":填写纳税人本期按一般计税方法计税的货物、劳务和服务、不动产、无形资产的销项税额。

营业税改征增值税的纳税人,服务、不动产和无形资产有扣除项目的,本栏应填写扣除之后的销项税额。

本栏"一般项目"列"本月数"=《附列资料(一)》(第 10 列第 1、3 行之和-10 列第 6 行)+(第 14 列第 2、4、5 行之和-14 列第 7 行);

本栏"即征即退项目"列"本月数"=《附列资料(一)》第 10 列第 6 行+第 14 列第 7 行。

(26)第 12 栏"进项税额":填写纳税人本期申报抵扣的进项税额。

本栏"一般项目"列"本月数"+"即征即退项目"列"本月数"=《附列资料(二)》第 12 栏"税额"。

(27)第 13 栏"上期留抵税额"。

①上期留抵税额按规定须挂账的纳税人,按以下要求填写本栏的"本月数"和"本年累计"。

上期留抵税额按规定须挂账的纳税人是指试点实施之日前一个税款所属期的申报表第 20 栏"期末留抵税额""一般货物、劳务和应税服务"列"本月数"大于零,且兼有营业税改征增值税服务、不动产和无形资产的纳税人(下同)。其试点实施之日前一个税款所属期的申报表第 20 栏"期末留抵税额""一般货物、劳务和应税服务"列"本月数",以下称为货物和劳务挂账留抵税额。

A.本栏"一般项目"列"本月数":试点实施之日的税款所属期填写"0";以后各期按上期申报表第 20 栏"期末留抵税额""一般项目"列"本月数"填写。

B.本栏"一般项目"列"本年累计":反映货物和劳务挂账留抵税额本期期初余额。试点实施之日的税款所属期按试点实施之日前一个税款所属期的申报表第 20 栏"期末留抵税额""一般货物、劳务和应税服务"列"本月数"填写;以后各期按上期申报表第 20 栏"期末留抵税额""一般项目"列"本年累计"填写。

C.本栏"即征即退项目"列"本月数":按上期申报表第 20 栏"期末留抵税额""即征即退项目"列"本月数"填写。

②其他纳税人,按以下要求填写本栏"本月数"和"本年累计"。

其他纳税人是指除上期留抵税额按规定须挂账的纳税人之外的纳税人(下同)。

A. 本栏"一般项目"列"本月数"：按上期申报表第20栏"期末留抵税额""一般项目"列"本月数"填写。

B. 本栏"一般项目"列"本年累计"：填写"0"。

C. 本栏"即征即退项目"列"本月数"：按上期申报表第20栏"期末留抵税额""即征即退项目"列"本月数"填写。

(28)第14栏"进项税额转出"：填写纳税人已经抵扣，但按税法规定本期应转出的进项税额。

本栏"一般项目"列"本月数"＋"即征即退项目"列"本月数"＝《附列资料(二)》第13栏"税额"。

(29)第15栏"免、抵、退应退税额"：反映税务机关退税部门按照出口货物、劳务和服务、无形资产免、抵、退办法审批的增值税应退税额。

(30)第16栏"按适用税率计算的纳税检查应补缴税额"：填写税务、财政、审计部门检查，按一般计税方法计算的纳税检查应补缴的增值税税额。

本栏"一般项目"列"本月数"≤《附列资料(一)》第8列第1至5行之和＋《附列资料(二)》第19栏。

(31)第17栏"应抵扣税额合计"：填写纳税人本期应抵扣进项税额的合计数。按表中所列公式计算填写。

(32)第18栏"实际抵扣税额"。

①上期留抵税额按规定须挂账的纳税人，按以下要求填写本栏的"本月数"和"本年累计"。

A. 本栏"一般项目"列"本月数"：按表中所列公式计算填写。

B. 本栏"一般项目"列"本年累计"：填写货物和劳务挂账留抵税额本期实际抵减一般货物和劳务应纳税额的数额。将"货物和劳务挂账留抵税额本期期初余额"与"一般计税方法的一般货物及劳务应纳税额"两个数据相比较，取二者中小的数据。

其中：货物和劳务挂账留抵税额本期期初余额＝第13栏"上期留抵税额""一般项目"列"本年累计"；

一般计税方法的一般货物及劳务应纳税额＝（第11栏"销项税额""一般项目"列"本月数"－第18栏"实际抵扣税额""一般项目"列"本月数"）×一般货物及劳务销项税额比例；

一般货物及劳务销项税额比例＝（《附列资料(一)》第10列第1、3行之和－第10列第6行）÷第11栏"销项税额""一般项目"列"本月数"×100%。

C. 本栏"即征即退项目"列"本月数"：按表中所列公式计算填写。

②其他纳税人，按以下要求填写本栏的"本月数"和"本年累计"：

A. 本栏"一般项目"列"本月数"：按表中所列公式计算填写。

B. 本栏"一般项目"列"本年累计"：填写"0"。

C. 本栏"即征即退项目"列"本月数"：按表中所列公式计算填写。

(33)第19栏"应纳税额"：反映纳税人本期按一般计税方法计算并应缴纳的增值税额。按以下公式计算填写：

①本栏"一般项目"列"本月数"＝第11栏"销项税额""一般项目"列"本月数"－第18栏"实际抵扣税额""一般项目"列"本月数"－第18栏"实际抵扣税额""一般项目"列"本年累计"。

②本栏"即征即退项目"列"本月数"＝第11栏"销项税额""即征即退项目"列"本月数"－

第 18 栏"实际抵扣税额""即征即退项目"列"本月数"。

(34)第 20 栏"期末留抵税额"。

①上期留抵税额按规定须挂账的纳税人,按以下要求填写本栏的"本月数"和"本年累计":

A. 本栏"一般项目"列"本月数":反映试点实施以后,货物、劳务和服务、不动产、无形资产共同形成的留抵税额。按表中所列公式计算填写。

B. 本栏"一般项目"列"本年累计":反映货物和劳务挂账留抵税额,在试点实施以后抵减一般货物和劳务应纳税额后的余额。按以下公式计算填写:

本栏"一般项目"列"本年累计"=第 13 栏"上期留抵税额""一般项目"列"本年累计"—第 18 栏"实际抵扣税额""一般项目"列"本年累计"。

C. 本栏"即征即退项目"列"本月数":按表中所列公式计算填写。

②其他纳税人,按以下要求填写本栏"本月数"和"本年累计":

A. 本栏"一般项目"列"本月数":按表中所列公式计算填写。

B. 本栏"一般项目"列"本年累计":填写"0"。

C. 本栏"即征即退项目"列"本月数":按表中所列公式计算填写。

(35)第 21 栏"简易计税办法计算的应纳税额":反映纳税人本期按简易计税方法计算并应缴纳的增值税额,但不包括按简易计税方法计算的纳税检查应补缴税额。按以下公式计算填写:

本栏"一般项目"列"本月数"=《附列资料(一)》(第 10 列第 8、9a、10、11 行之和—第 10 列第 14 行)+(第 14 列第 9b、12、13a、13b 行之和—第 14 列第 15 行)。

本栏"即征即退项目"列"本月数"=《附列资料(一)》第 10 列第 14 行+第 14 列第 15 行。

营业税改征增值税的纳税人,服务、不动产和无形资产按规定汇总计算缴纳增值税的分支机构,应将预征增值税额填入本栏。预征增值税额=应预征增值税的销售额×预征率。

(36)第 22 栏"按简易计税办法计算的纳税检查应补缴税额":填写纳税人本期因税务、财政、审计部门检查并按简易计税方法计算的纳税检查应补缴税额。

(37)第 23 栏"应纳税额减征额":填写纳税人本期按照税法规定减征的增值税应纳税额。包含按照规定可在增值税应纳税额中全额抵减的增值税税控系统专用设备费用以及技术维护费。

当本期减征额小于或等于第 19 栏"应纳税额"与第 21 栏"简易计税办法计算的应纳税额"之和时,按本期减征额实际填写;当本期减征额大于第 19 栏"应纳税额"与第 21 栏"简易计税办法计算的应纳税额"之和时,按本期第 19 栏与第 21 栏之和填写。本期减征额不足抵减部分结转下期继续抵减。

(38)第 24 栏"应纳税额合计":反映纳税人本期应缴增值税的合计数。按表中所列公式计算填写。

(39)第 25 栏"期初未缴税额(多缴为负数)":"本月数"按上一税款所属期申报表第 32 栏"期末未缴税额(多缴为负数)""本月数"填写。"本年累计"按上年度最后一个税款所属期申报表第 32 栏"期末未缴税额(多缴为负数)""本年累计"填写。

(40)第 26 栏"实收出口开具专用缴款书退税额":本栏不填写。

(41)第 27 栏"本期已缴税额":反映纳税人本期实际缴纳的增值税额,但不包括本期入库的查补税款。按表中所列公式计算填写。

(42)第 28 栏"①分次预缴税额":填写纳税人本期已缴纳的准予在本期增值税应纳税额中

抵减的税额。

营业税改征增值税的纳税人，分以下几种情况填写：

①服务、不动产和无形资产按规定汇总计算缴纳增值税的总机构，其可以从本期增值税应纳税额中抵减的分支机构已缴纳的税款，按当期实际可抵减数填入本栏，不足抵减部分结转下期继续抵减。

②销售建筑服务并按规定预缴增值税的纳税人，其可以从本期增值税应纳税额中抵减的已缴纳的税款，按当期实际可抵减数填入本栏，不足抵减部分结转下期继续抵减。

③销售不动产并按规定预缴增值税的纳税人，其可以从本期增值税应纳税额中抵减的已缴纳的税款，按当期实际可抵减数填入本栏，不足抵减部分结转下期继续抵减。

④出租不动产并按规定预缴增值税的纳税人，其可以从本期增值税应纳税额中抵减的已缴纳的税款，按当期实际可抵减数填入本栏，不足抵减部分结转下期继续抵减。

(43)第29栏"②出口开具专用缴款书预缴税额"：本栏不填写。

(44)第30栏"③本期缴纳上期应纳税额"：填写纳税人本期缴纳上一税款所属期应缴未缴的增值税额。

(45)第31栏"④本期缴纳欠缴税额"：反映纳税人本期实际缴纳和留抵税额抵减的增值税欠税额，但不包括缴纳入库的查补增值税额。

(46)第32栏"期末未缴税额(多缴为负数)"："本月数"反映纳税人本期期末应缴未缴的增值税额，但不包括纳税检查应缴未缴的税额。按表中所列公式计算填写。"本年累计"与"本月数"相同。

(47)第33栏"其中：欠缴税额(≥0)"：反映纳税人按照税法规定已形成欠税的增值税额。按表中所列公式计算填写。

(48)第34栏"本期应补(退)税额"：反映纳税人本期应纳税额中应补缴或应退回的数额。按表中所列公式计算填写。

(49)第35栏"即征即退实际退税额"：反映纳税人本期因符合增值税即征即退政策规定，而实际收到的税务机关退回的增值税额。

(50)第36栏"期初未缴查补税额"："本月数"按上一税款所属期申报表第38栏"期末未缴查补税额""本月数"填写。"本年累计"按上年度最后一个税款所属期申报表第38栏"期末未缴查补税额""本年累计"填写。

(51)第37栏"本期入库查补税额"：反映纳税人本期因税务、财政、审计部门检查而实际入库的增值税额，包括按一般计税方法计算并实际缴纳的查补增值税额和按简易计税方法计算并实际缴纳的查补增值税额。

(52)第38栏"期末未缴查补税额"："本月数"反映纳税人接受纳税检查后应在本期期末缴纳而未缴纳的查补增值税额。按表中所列公式计算填写，"本年累计"与"本月数"相同。

②增值税小规模纳税人纳税申报表及其附列资料。

《增值税纳税申报表(小规模纳税人适用)》，如表1-2所示。

小规模纳税人销售服务，在确定服务销售额时，按照有关规定可以从取得的全部价款和价外费用中扣除价款的，需填报《增值税纳税申报表(小规模纳税人适用)附列资料》。其他情况不填写该附列资料。

表 1-2　增值税纳税申报表

(小规模纳税人适用)

纳税人识别号：□□□□□□□□□□□□□□□□□□□□

纳税人名称(公章)：　　　　　　　　　　　　　　　　　　　　　金额单位：元(列至角分)

税款所属期：　年　月　日至　年　月　日　　　　　　　　　　　填表日期：　年　月　日

项　目	栏　次	本期数		本年累计	
		货物及劳务	服务、不动产和无形资产	货物及劳务	服务、不动产和无形资产
一、计税依据 (一)应征增值税不含税销售额(3%征收率)	1				
税务机关代开的增值税专用发票不含税销售额	2				
税控器具开具的普通发票不含税销售额	3				
(二)应征增值税不含税销售额(5%征收率)	4	—		—	
税务机关代开的增值税专用发票不含税销售额	5	—		—	
税控器具开具的普通发票不含税销售额	6	—		—	
(三)销售使用过的固定资产不含税销售额	7(7≥8)		—		—
其中:税控器具开具的普通发票不含税销售额	8		—		—
(四)免税销售额	9=10+11+12				
其中:小微企业免税销售额	10				
未达起征点销售额	11				
其他免税销售额	12				
(五)出口免税销售额	13(13≥14)				
其中:税控器具开具的普通发票销售额	14				
二、税款计算 本期应纳税额	15				
本期应纳税额减征额	16				
本期免税额	17				
其中:小微企业免税额	18				
未达起征点免税额	19				
应纳税额合计	20=15-16				
本期预缴税额	21			—	—
本期应补(退)税额	22=20-21			—	—

纳税人或代理人声明：	如纳税人填报，由纳税人填写以下各栏：
本纳税申报表是根据国家税收法律法规及相关规定填报的,我确定它是真实的、可靠的、完整的。	办税人员：　　　　　　　　　财务负责人： 法定代表人：　　　　　　　　联系电话： 如委托代理人填报,由代理人填写以下各栏： 代理人名称(公章)：　　　　　　经办人(签章)： 联系电话：

主管税务机关：　　　　　　　　接收人：　　　　　　　接收日期：

【表单说明】

本纳税申报表及其附列资料填写说明(以下简称本表及填写说明)适用于增值税小规模纳税人(以下简称纳税人)。

一、名词解释

(1)本表及填写说明所称"货物",是指增值税的应税货物。

(2)本表及填写说明所称"劳务",是指增值税的应税加工、修理、修配劳务。

(3)本表及填写说明所称"服务、不动产和无形资产",是指销售服务、不动产和无形资产(以下简称应税行为)。

(4)本表及填写说明所称"扣除项目",是指纳税人发生应税行为,在确定销售额时,按照有关规定允许其从取得的全部价款和价外费用中扣除价款的项目。

二、《增值税纳税申报表(小规模纳税人适用)》填写说明

本表"货物及劳务"与"服务、不动产和无形资产"各项目应分别填写。

(1)"税款所属期"是指纳税人申报的增值税应纳税额的所属时间,应填写具体的起止年、月、日。

(2)"纳税人识别号"栏,填写纳税人的税务登记证件号码。

(3)"纳税人名称"栏,填写纳税人名称全称。

(4)第 1 栏"应征增值税不含税销售额(3%征收率)":填写本期销售货物及劳务、发生应税行为适用 3%征收率的不含税销售额,不包括应税行为适用 5%征收率的不含税销售额、销售使用过的固定资产和销售旧货的不含税销售额、免税销售额、出口免税销售额、查补销售额。

纳税人发生适用 3%征收率的应税行为且有扣除项目的,本栏填写扣除后的不含税销售额,与当期《增值税纳税申报表(小规模纳税人适用)附列资料》第 8 栏数据一致。

(5)第 2 栏"税务机关代开的增值税专用发票不含税销售额":填写税务机关代开的增值税专用发票销售额合计。

(6)第 3 栏"税控器具开具的普通发票不含税销售额":填写税控器具开具的货物及劳务、应税行为的普通发票金额换算的不含税销售额。

(7)第 4 栏"应征增值税不含税销售额(5%征收率)":填写本期发生应税行为适用 5%征收率的不含税销售额。

纳税人发生适用 5%征收率应税行为且有扣除项目的,本栏填写扣除后的不含税销售额,与当期《增值税纳税申报表(小规模纳税人适用)附列资料》第 16 栏数据一致。

(8)第 5 栏"税务机关代开的增值税专用发票不含税销售额":填写税务机关代开的增值税专用发票销售额合计。

(9)第 6 栏"税控器具开具的普通发票不含税销售额":填写税控器具开具的发生应税行为的普通发票金额换算的不含税销售额。

(10)第 7 栏"销售使用过的固定资产不含税销售额":填写销售自己使用过的固定资产(不含不动产,下同)和销售旧货的不含税销售额,销售额=含税销售额/(1+3%)。

(11)第 8 栏"税控器具开具的普通发票不含税销售额":填写税控器具开具的销售自己使用过的固定资产和销售旧货的普通发票金额换算的不含税销售额。

(12)第 9 栏"免税销售额":填写销售免征增值税的货物及劳务、应税行为的销售额,不包括出口免税销售额。

应税行为有扣除项目的纳税人,填写扣除之前的销售额。

(13)第10栏"小微企业免税销售额":填写符合小微企业免征增值税政策的免税销售额,不包括符合其他增值税免税政策的销售额。个体工商户和其他个人不填写本栏次。

(14)第11栏"未达起征点销售额":填写个体工商户和其他个人未达起征点(含支持小微企业免征增值税政策)的免税销售额,不包括符合其他增值税免税政策的销售额。本栏次由个体工商户和其他个人填写。

(15)第12栏"其他免税销售额":填写销售免征增值税的货物及劳务、应税行为的销售额,不包括符合小微企业免征增值税和未达起征点政策的免税销售额。

(16)第13栏"出口免税销售额":填写出口免征增值税货物及劳务、出口免征增值税应税行为的销售额。

应税行为有扣除项目的纳税人,填写扣除之前的销售额。

(17)第14栏"税控器具开具的普通发票销售额":填写税控器具开具的出口免征增值税货物及劳务、出口免征增值税应税行为的普通发票销售额。

(18)第15栏"本期应纳税额":填写本期按征收率计算缴纳的应纳税额。

(19)第16栏"本期应纳税额减征额":填写纳税人本期按照税法规定减征的增值税应纳税额。包含可在增值税应纳税额中全额抵减的增值税税控系统专用设备费用以及技术维护费,可在增值税应纳税额中抵免的购置税控收款机的增值税税额。

当本期减征额小于或等于第15栏"本期应纳税额"时,按本期减征额实际填写;当本期减征额大于第15栏"本期应纳税额"时,按本期第15栏填写,本期减征额不足抵减部分结转下期继续抵减。

(20)第17栏"本期免税额":填写纳税人本期增值税免税额,免税额根据第9栏"免税销售额"和征收率计算。

(21)第18栏"小微企业免税额":填写符合小微企业免征增值税政策的增值税免税额,免税额根据第10栏"小微企业免税销售额"和征收率计算。

(22)第19栏"未达起征点免税额":填写个体工商户和其他个人未达起征点(含支持小微企业免征增值税政策)的增值税免税额,免税额根据第11栏"未达起征点销售额"和征收率计算。

(23)第21栏"本期预缴税额":填写纳税人本期预缴的增值税额,但不包括查补缴纳的增值税额。

(2)纳税申报其他资料。

①已开具的税控机动车销售统一发票和普通发票的存根联。

②符合抵扣条件且在本期申报抵扣的增值税专用发票(含税控机动车销售统一发票)的抵扣联。

③符合抵扣条件且在本期申报抵扣的海关进口增值税专用缴款书、购进农产品取得的普通发票的复印件。

④符合抵扣条件且在本期申报抵扣的税收完税凭证及其清单,书面合同、付款证明和境外单位的对账单或者发票。

⑤已开具的农产品收购凭证的存根联或报查联。

⑥纳税人销售服务、不动产和无形资产,在确定服务、不动产和无形资产销售额时,按照有关规定从取得的全部价款和价外费用中扣除价款的合法凭证及其清单。

⑦主管税务机关规定的其他资料。

（3）相关要求。

纳税申报表及其附列资料为必报资料。纳税申报其他资料的报备要求由各省、自治区、直辖市和计划单列市国家税务局确定。

3.其他资料要求

纳税人跨县（市）提供建筑服务、房地产开发企业预售自行开发的房地产项目、纳税人出租与机构所在地不在同一县（市）的不动产,按规定需要在项目所在地或不动产所在地主管国税机关预缴税款的,需填写《增值税预缴税款表》。

（五）征收管理机关

国内增值税由国家税务局负责征收。营业税改征的增值税,由国家税务局负责征收。纳税人销售取得的不动产和其他个人出租不动产的增值税,国家税务局暂委托地方税务局代为征收。进口环节增值税由海关代征。

八、增值税专用发票的使用和管理

（一）增值税专用发票

增值税专用发票（以下简称专用发票）是增值税一般纳税人销售货物或者提供应税劳务开具的发票,是购买方支付增值税额并可按照增值税有关规定据以抵扣增值税进项税额的凭证。专用发票由基本联次或者基本联次附加其他联次构成,基本联次为三联:发票联、抵扣联和记账联。发票联,作为购买方核算采购成本和增值税进项税额的记账凭证;抵扣联,作为购买方报送主管税务机关认证和留存备查的凭证;记账联,作为销售方核算销售收入和增值税销项税额的记账凭证。其他联次用途,由一般纳税人自行确定。

一般纳税人应通过增值税防伪税控系统使用专用发票。使用,包括领购、开具、缴销、认证纸质专用发票及其相应的数据电文。防伪税控系统,是指经国务院同意推行的,使用专用设备和通用设备、运用数字密码和电子存储技术管理专用发票的计算机管理系统。专用设备,是指金税卡、IC卡、读卡器或金税盘、报税盘和其他设备。通用设备,是指计算机、打印机、扫描器具和其他设备。

（二）专用发票的领购范围

采用扣税办法计算征收增值税的一般纳税人以及采用简易办法或选择采用简易办法计算征收增值税的一般纳税人,可以领购并自行开具增值税专用发票。

按照规定,增值税专用发票只限于增值税一般纳税人领购使用,小规模纳税人和非增值税纳税人不得领购使用增值税专用发票。有下列情形之一的增值税一般纳税人不得领购使用增值税专用发票,已经领购使用的由税务机关收缴其尚未使用的增值税专用发票:

（1）会计核算不健全,不能向税务机关准确提供增值税销项税额、进项税额、应纳税额数据及其他有关增值税税务资料的。其他有关增值税税务资料的内容,由省、自治区、直辖市和计划单列市国家税务局确定。

（2）有《中华人民共和国税收征收管理法》规定的税收违法行为,拒不接受税务机关处理的。

(3)有下列行为之一,经税务机关责令限期改正而仍未改正的:

①虚开增值税专用发票;

②私自印制专用发票;

③向税务机关以外的单位和个人买取专用发票;

④借用他人专用发票;

⑤未按规定开具专用发票;

⑥未按规定保管专用发票和专用设备;

⑦未按规定申请办理防伪税控系统变更发行;

⑧未按规定接受税务机关检查。

有上述情形的,如已领购专用发票,主管税务机关应暂扣其结存的专用发票和 IC 卡。上述第⑥项未按规定保管专用发票和专用设备是指:未设专人保管专用发票和专用设备;未按税务机关要求存放专用发票和专用设备;未将认证相符的专用发票抵扣联、认证结果通知书和认证结果清单装订成册;未经税务机关查验,擅自销毁专用发票基本联次。

(4)销售的货物全部属于免税项目者。

此外,按照规定,纳税人当月购买增值税专用发票而未申报纳税的,不得向其发售增值税专用发票。

(三)专用发票的开具

1. 专用发票的开具范围

(1)一般纳税人销售货物或者提供应税劳务,应向购买方开具专用发票。

"营改增"纳税人发生应税行为,应当向索取增值税专用发票的购买方开具增值税专用发票,并在增值税专用发票上分别注明销售额和销项税额。

小规模纳税人发生应税行为,购买方索取增值税专用发票的,可以向主管税务机关申请代开。

(2)一般纳税人有下列销售情形,不得开具专用发票:

①商业企业一般纳税人零售的烟、酒、食品、服装、鞋帽(不包括劳保专用部分)、化妆品等消费品。

②销售免税货物。

③向消费者个人提供应税服务。

④适用免征增值税的应税服务。

2. 专用发票的开具要求

(1)项目齐全,与实际交易相符;

(2)字迹清楚,不得压线、错格;

(3)发票联和抵扣联加盖发票专用章;

(4)按照增值税纳税义务的发生时间开具。

对不符合上述要求的专用发票,购买方有权拒收。

一般纳税人销售货物或者提供应税劳务可汇总开具专用发票。汇总开具专用发票的,同时使用防伪税控系统开具"销售货物或者提供应税劳务清单",并加盖发票专用章。

（四）专用发票的作废处理

专用发票的作废处理有即时作废和符合条件作废两种。即时作废是指开具时发现有误的；符合条件作废是指一般纳税人在开具专用发票当月，发生销货退回、开票有误等情形，收到退回的发票联、抵扣联符合作废条件的。符合作废条件是指同时具有下列情形：

（1）收到退回的发票联、抵扣联时间未超过销售方开票当月；

（2）销售方未抄税并且未记账；

（3）购买方未认证或者认证结果为"纳税人识别号认证不符""专用发票代码、号码认证不符"。

作废专用发票须在防伪税控系统中将相应的数据电文按"作废"处理，在纸质专用发票（含未打印的专用发票）各联次上注明"作废"字样，全联次留存。

（五）专用发票数据采集

防伪税控报税子系统和防伪税控认证子系统采集的专用发票存根联数据（即纳税人增值税防伪税控系统管理的一般纳税人，运用防伪税控开票子系统开具增值税专用发票存根联电子信息）和抵扣联数据（即购货方取得的由销货方运用防伪税控开票子系统开具增值税专用发票抵扣联电子信息），是增值税计算机稽核系统发票比对的唯一数据来源。因此，税务征收机关应要求纳税人抄税、报税和专用发票的认证来采集专用发票数据。

1. 抄税、报税

一般纳税人开具专用发票后，应进行抄税和报税，以便税务机关将专用发票存根联数据采集到防伪税控报税子系统。

（1）抄税，是报税前用 IC 卡或者 IC 卡和软盘抄取开票数据电文。

（2）报税，是纳税人持 IC 卡或者 IC 卡和软盘向税务机关报送开票数据电文。

（3）不能正常报税的处理。

因 IC 卡、软盘质量等问题无法报税的，应更换 IC 卡、软盘。因硬盘损坏、更换金税卡等原因不能正常报税的，应提供已开具未向税务机关报税的专用发票记账联原件或者复印件，由主管税务机关补充采集开票数据。在具体处理时，又因开票子系统和产生原因不同，采取不同的处理方法。

2. 认证

认证，是税务机关通过防伪税控系统对专用发票所列数据的识别、确认。

税务机关运用认证子系统对企业报送的专用发票抵扣联或专用发票抵扣联软盘数据进行识伪认证，认证相符（包括计算机自动认证相符和人工校正认证相符）的，读入认证子系统。税务机关应要求利用软盘认证的企业，认证时必须同时携带专用发票抵扣联原件。

用于抵扣增值税进项税额的专用发票应经税务机关认证相符（国家税务总局另有规定的除外）。认证相符的专用发票应作为购买方的记账凭证，不得退还销售方。认证相符，是指纳税人识别号无误，专用发票所列密文解译后与明文一致。

延伸阅读1:《财政部 国家税务总局
关于供热企业增值税、房产税、
城镇土地使用税优惠政策的通知》

延伸阅读2:《国家税务总局 外交部关于
发布〈外国驻华使(领)馆及其馆员在华购买
货物和服务增值税退税管理办法〉的公告》

延伸阅读3:《财政部 国家税务总局关于
继续执行光伏发电增值税政策的通知》

延伸阅读4:《财政部 国家税务总局关于收
费公路通行费增值税抵扣有关问题的通知》

延伸阅读5:《财政部 国家税务总局
关于延续免征国产抗艾滋病病毒药品
增值税政策的通知》

延伸阅读6:《财政部 国家税务总局
关于国家大学科技园税收政策的通知》

延伸阅读7:《国家税务总局关于调整增值税一般纳税人留抵税额申报口径的公告》

延伸阅读8:《国家税务总局关于进一步做好增值税电子普通发票推行工作的指导意见》

延伸阅读9:《国家税务总局关于纳税人申请代开增值税发票办理流程的公告》

延伸阅读10:《国家税务总局关于纳税人转让不动产缴纳增值税差额扣除有关问题的公告》

延伸阅读11:《国家税务总局关于物业管理服务中收取的自来水水费增值税问题的公告》

延伸阅读12:《国家税务总局关于营改增试点若干征管问题的公告》

延伸阅读13：《国家税务总局
关于优化完善增值税发票选择确认平台
功能及系统维护有关事项的公告》

任务小结

增值税应纳税额的计算与申报：

● 增值税的征税范围包括销售货物、提供加工和修理修配劳务、销售服务、销售无形资产、销售不动产，以及进口货物。

● 一般纳税人根据当期销售额和适用税率计算出销项税额，然后对当期购进项目已经缴纳的税款进行抵扣，从而间接计算出对当期增值额部分的应纳税额。

● 小规模纳税人销售货物或者提供应税劳务，实行简易办法计算，并不得抵扣进项税额。

● 纳税人进口货物，按照组成计税价格和税率计算应纳税额。

● 正确开具增值税专用发票，填写纳税申报表，进行纳税申报，缴纳税款。

闯关考验

一、知识思考

1. 增值税征税范围包括哪些？
2. 销售额如何确定？
3. 一般纳税人应纳增值税如何计算？
4. 视同销售行为如何计算增值税？
5. 哪些进项税额允许抵扣？
6. 哪些进项税额不准抵扣？
7. 小规模纳税人应纳增值税如何计算？

8.进口货物应纳增值税如何计算?

9.简述增值税纳税义务发生时间。

10.简述增值税纳税期限。

二、技能测试

1.某农机生产企业为增值税一般纳税人,拥有自己的专业研发团队。2016年12月发生下列业务:

(1)外购A材料用于生产农机,取得的普通发票上注明金额6 000元;委托某运输企业(增值税一般纳税人)将A材料运回企业仓库,支付不含税运费2 600元,取得货物运输业增值税专用发票。

(2)从小规模纳税人处购入B材料用于生产农机,取得税务机关代开的增值税专用发票上注明价款4 000元。

(3)从一般纳税人处购进农机零配件,取得的增值税专用发票上注明价款7 000元,本月领用其中的80%用于生产农机。

(4)当月销售一批农机给甲企业,取得不含税价款为50 000元。

(5)为乙企业提供农机设计服务,取得价税合计金额为3 000元,同时将自己研发的一项生产技术所有权转让给乙企业,取得转让金额4 000元。

已知:农机的增值税税率为13%,农机零配件的增值税税率为17%,交通运输业增值税税率为11%,小规模纳税人适用的征收率为3%,设计服务增值税税率为6%。假设该企业取得的上述相关发票均已通过认证并在当月抵扣。

要求:

根据上述资料,回答下列问题。

(1)计算该企业2016年12月准予抵扣的增值税进项税额。

(2)计算该企业2016年12月增值税销项税额。

(3)计算该企业2016年12月应纳增值税税额。

2.甲商店为增值税一般纳税人,主要从事副食品批发、零售业务。2016年11月有关经营情况如下:

(1)向枣农收购一批红枣,农产品收购发票上注明买价30 000元。该批红枣一部分用于销售,一部分无偿赠送关联企业,一部分用于职工个人消费。

(2)销售烟酒商品取得含增值税价款4 095 000元,另收取食品袋价款2 340元。

(3)将一批自制糕点作为职工福利,成本7 020元。

(4)出租商铺取得租金收入50 000元,支付招租费用3 000元,管理人员工资5 000元。

已知:不动产租赁服务增值税税率为11%,增值税税率为17%,成本利润率为10%,农产品收购发票通过认证。

要求:

根据上述资料,分别回答下列问题。

(1)计算甲商店2016年11月准予抵扣的增值税进项税额。

(2)计算甲商店2016年11月增值税销项税额。

(3)计算甲商店2016年11月应纳增值税税额。

3. 甲公司为增值税一般纳税人,2017年4月发生以下经济业务:

(1)进口小轿车30辆,关税完税价格为460万元,向海关缴纳了关税,并取得了相关完税凭证。

(2)委托某运输公司将小轿车从海关运回甲公司,支付运输费用9万元,取得了运输发票。当月售出24辆小轿车,每辆取得含税销售额40万元。

已知:小轿车的关税税率为60%、消费税税率为9%。

要求:

根据上述资料,分析回答下列问题。

(1)计算甲公司在进口环节应缴纳的增值税。

(2)计算甲公司当月增值税可抵扣的进项税额。

(3)计算甲公司在国内销售环节增值税销项税额。

4. 甲木业制造有限责任公司(以下简称"甲公司")是增值税一般纳税人,从事实木地板的生产、销售,同时从事木质工艺品、筷子等的生产经营。

2016年8月,甲公司发生下列业务:

(1)购进油漆、修理零备件一批,取得增值税专用发票上注明的价款为50万元、税额8.5万元;支付运费1.4万元,取得增值税专用发票。

(2)购入原木,取得增值税专用发票上注明的价款为200万元、税额26万元。

(3)将橡木加工成A型实木地板,本月销售取得含税销售额81.9万元,将部分橡木做成工艺品进行销售,取得含税销售额52.65万元。

(4)销售自产B型实木地板4.5万平方米,不含税销售额为每平方米280元,开具增值税专用发票;另外收取包装费11.7万元,开具普通发票。

(5)将自产C型实木地板0.1万平方米用于本公司办公室装修,成本为5.43万元,C型实木地板没有同类销售价格;将自产的D型实木地板0.2万平方米无偿提供给某房地产公司,用于装修该房地产公司的样板间供客户参观,D型实木地板的成本为18万元,市场销售价为每平方米160元(不含增值税额)。

已知:实木地板消费税税率和成本利润率均为5%;相关发票已经主管税务机关认证。

要求:

根据上述资料,回答下列问题。

(1)计算甲公司8月份可抵扣的进项税额。

(2)计算甲公司8月份增值税销项税额。

(3)计算甲公司8月份应纳增值税税额。

三、理论测试

(一)单选题

1. 下列行为中,视同销售货物缴纳增值税的是(　　　)。

A. 将购进的货物用于集体福利　　　　B. 将购入的货物用于个人消费

C. 将购进的货物用于非增值税应税项目　　D. 将购进的货物用于对外投资

2. 某书店是增值税一般纳税人,2016年4月销售图书取得含税销售额6.78万元。根据增值税法律制度的规定,已知销售图书增值税税率为13%。该书店此项业务的增值税销项税额为(　　　)万元。

A. 0.78　　　　　　　B. 0.88　　　　　　　C. 0.99　　　　　　　D. 1.15

3. 纳税人采取分期收款方式销售货物,书面合同没有约定收款日期的,增值税的纳税义务发生时间为(　　　)。

A. 货物发出的当天　　　　　　　　　　B. 收到全部货款的当天

C. 收到第一期货物的当天　　　　　　　D. 取得索取销售额凭据的当天

4. 下列行为中,涉及的进项税额不得从销项税额中抵扣的是(　　　)。

A. 将外购的货物用于本单位集体福利　　B. 将外购的货物分配给股东和投资者

C. 将外购的货物无偿赠送给其他个人　　D. 将外购的货物作为投资提供给其他单位

5. 下列收入中,应当征收增值税的是(　　　)。

A. 电力公司向发电企业收取的过网费收入

B. 增值税纳税人收取的会员费收入

C. 燃油电厂从政府财政专户取得的发电补贴收入

D. 融资性售后回租业务中承租方出售资产取得的收入

6. 某企业为增值税小规模纳税人,3月份取得销售收入(含增值税)95 400元,购进原材料支付价款(含增值税)36 400元。已知小规模纳税人适用的增值税征收率为3%。根据增值税法律制度的规定,该企业3月份应缴纳的增值税税额为(　　　)元。

A. 3 540　　　　　　B. 5 400　　　　　　C. 5 724　　　　　　D. 2 778.64

7. 根据增值税法律制度的规定,增值税一般纳税人的下列行为中涉及的进项税额,不得从销项税额中抵扣的是(　　　)。

A. 食品厂将自产的月饼发给职工作为中秋节的福利

B. 商场将购进的服装发给职工用于运动会入场式

C. 电脑生产企业将自产的电脑分配给投资者

D. 纺织厂将自产的窗帘用于职工活动中心

8. 甲餐饮企业为增值税一般纳税人,2017年8月,甲餐饮企业提供餐饮服务取得不含税销售额80万元。该企业当月的销项税额为(　　　)万元。

A. 4.8　　　　　　　B. 8.8　　　　　　　C. 10.4　　　　　　　D. 13.6

9. 甲公司为增值税一般纳税人,2017年5月,甲公司将一套机器设备出租给乙公司,收取了不含税租金10万元。甲公司该笔收入的销项税额为(　　　)万元。

A. 1.7　　　　　　　B. 1.3　　　　　　　C. 1.1　　　　　　　D. 0.6

10. 根据增值税法律制度的规定,增值税一般纳税人从事的下列行为中,可以开具增值税专用发票的是(　　　)。

A. 商店向一般纳税人出售办公用品

B. 书店向个人销售图书

C. 律师事务所免费为社会公众提供法律咨询服务

D. 航空公司向旅客提供有偿运输服务

(二)多选题

1. 根据增值税法律制度的有关规定,下列各项中属于增值税纳税人的有(　　　)。

A. 提供加工劳务的企业　　　　　　　　B. 提供货物运输劳务的运输企业

C. 出租带宽业务的电信企业　　　　　　D. 提供保险业务的保险公司

2.根据增值税法律制度的有关规定,下列各项中,属于增值税征税范围的有(　　　)。

A.货物期货　　　　　　　　　　　　B.转让土地使用权

C.银行销售金银　　　　　　　　　　D.银行转让有价证券

3.下列行为中,应视同销售货物,征收增值税的有(　　　)。

A.将自产货物用于非应税项目　　　　B.将外购货物用于个人消费

C.将自产货物无偿赠送他人　　　　　D.将外购货物分配给股东

4.纳税人销售货物或提供应税劳务向购买方收取的费用,可以不并入销售额计算缴纳增值税的有(　　　)。

A.销售货物的同时收取的违约金

B.受托加工应征消费税的消费品所代收代缴的消费税

C.承运部门将运费发票开具给购买方,并由纳税人向购买方收取的代垫运费,发票转交给购买方

D.销售货物收取的代垫款项

5.根据增值税法律制度的有关规定,下列各项中,可以作为增值税进项税额抵扣或计算抵扣凭证的有(　　　)。

A.增值税专用发票　　　　　　　　　B.海关进口增值税专用缴款书

C.农产品收购发票　　　　　　　　　D.货物运输业增值税专用发票

6.下列关于增值税纳税义务发生时间的规定,正确的是(　　　)。

A.采取直接收款方式销售货物,不论货物是否发出,均为收到销售额或取得销售额的凭据并将提货单交给买主的当天

B.采取托收承付和委托银行收款方式销售货物,为发出货物并办妥托收手续的当天

C.采取赊销和分期收款方式销售货物,为按合同约定的收款日期的当天

D.委托其他纳税人代销货物,为代销货物交给受托方的当天

7.下列项目中,其进项税额不得从销项税额中抵扣的有(　　　)。

A.外购的待销售小轿车

B.因管理不善被盗窃的产成品所耗用的外购原材料

C.外购用于集体福利的货物

D.生产免税产品接受的劳务

8.下列情形中,增值税的一般纳税人不得开具增值税专用发票的有(　　　)。

A.向消费者个人销售应税货物　　　　B.向小规模纳税人销售应税货物

C.向一般纳税人销售应税货物　　　　D.销售免税货物

9.增值税一般纳税人外购货物(已经抵扣进项税额),发生的下列情形中,需要做进项税额转出的有(　　　)。

A.用于集体福利　　　　　　　　　　B.因管理不善丢失

C.用于个人消费　　　　　　　　　　D.用于生产免税项目

10.根据增值税法律制度的规定,下列各项中,免予缴纳增值税的有(　　　)。

A.果农销售自产水果　　　　　　　　B.提供电信业服务

C.销售的空调　　　　　　　　　　　D.直接用于教学的进口设备

（三）判断题

1.单位或者个体工商户聘用的员工为本单位或者雇主提供加工、修理修配劳务,不征收增值税。　　　　　　　　　　　　　　　　　　　　　　　　　　　　　（　　）

2.纳税人将购买的货物无偿赠送他人,应视同销售征收增值税。　　　（　　）

3.小规模纳税人销售货物或者提供应税劳务,可以自行开具增值税专用发票。　（　　）

4.纳税人委托其他纳税人代销货物的,其增值税纳税义务的发生时间为发出代销货物的当天。　　　　　　　　　　　　　　　　　　　　　　　　　　　　　　（　　）

5.包装物已作价随同应税货物销售,又另外收取押金并在规定期限内未予退还的,不应并入应税货物的销售额计征增值税。　　　　　　　　　　　　　　　　（　　）

6.增值税一般纳税人兼营不同税率的货物,应当分别核算货物的销售额,未分别核算的,从高适用税率计征增值税。　　　　　　　　　　　　　　　　　　（　　）

7.将自产、委托加工或者购买的货物用于集体福利或个人消费的,均视同销售,征收增值税。　　　　　　　　　　　　　　　　　　　　　　　　　　　　　　（　　）

8.体育彩票的发行收入,不征收增值税。　　　　　　　　　　　　　（　　）

9.纳税人采取折扣销售方式销售货物的,如果销售额和折扣额在同一张发票上分别注明的,可按折扣后的余额作为销售额计算增值税;如果将折扣额另开发票,不论其在财务上如何处理,均不得从销售额中减除折扣额。　　　　　　　　　　　　　　　（　　）

10.商业企业一般纳税人零售的烟、酒、食品、服装、鞋帽(不包括劳保专用部分)、化妆品等消费品不得开具专用发票。　　　　　　　　　　　　　　　　　　（　　）

四、拓展实训

实训课题:增值税防伪开票。

实训目的:掌握增值税一般纳税人开票业务。

实训组织:每3名学生为一组,分别担任办税员、税务主管、税务公务员。

实训内容:

本实训模拟以学员为主体的销货方,主营业务为办公用品经销,主要经销打印机、复印机、复印纸、计算器等办公用品。公司在申请一般纳税人资格认定时经主管税务机关核定其每月可领购20份最高开票限额为10万元增值税专用发票,价税合计金额不得超过117 000元。

参加实训的学生可彼此提供各自的销货方信息给对方,作为彼此在开具发票时购货方项目的填列信息,如此做学生可更换不同的开票单位作为开具发票的购货方。在开票系统中填列所要开具的购货方(以下简称A公司)信息。实训内容分a、b两个月进行,共19笔经济业务。

公司为加速资金周转,减少库存压力,对购买指定型号打印机产品给予适当商业折扣优惠,具体销售政策及开票经济业务如下:

购买LBP3500型号打印机的折扣政策如下:

数　　量	折扣比例
5～10 台	1%
11～15 台	1.5%
16～20 台	2.0%
大于 20 台	3%

购买 LBP3310 型号打印机的折扣政策如下：

数　量	折扣比例
3～5 台	0.5%
6～10 台	0.8%
11～15 台	1.2%
大于 15 台	2%

购买 LBP5060 型号打印机的折扣政策如下：

数　量	折扣比例
3～5 台	1%
6～10 台	1.5%
11～20 台	2%
大于 25 台	3%

根据以下要求开具增值税专用发票（注：开具发票时注意折扣信息）：

a 月实训销售资料如下：

1. 向 A 公司销售货物资料如下：请在备注栏内注明收款方式为：银行转账。

货物名称（型号）	数　量	不含税单价
打印机 LBP6108	5 台	3 600.00
复印机 ML-2245	2 台	8 960.00
复印纸	10 箱	250.00
价税合计		44 951.40

2. 向 A 公司销售货物资料如下：请在备注栏内注明收款方式为：银行转账。

货物名称（型号）	数　量	不含税单价
打印机 LBP2900	2 台	2 850.00
打印机 HP1000	5 台	3 300.00
打印机 LBP3095	2 台	3 600.00
复印机 ML-2245	3 台	8 960.00
A4 纸	4 箱	56.00
价税合计		66 109.68

3. 向 A 公司销售货物资料如下：请在备注栏内注明收款方式为：现金。

货物名称（型号）	数　量	不含税单价
打印机 LBP6108	2 台	3 600.00
复印机 ML-2245	2 台	8 960.00
A4 纸	100 箱	56.00
复印纸	50 箱	250.00
价税合计		50 567.40

4.向 A 公司销售货物资料如下：请在备注栏内注明收款方式为：银行转账。

货物名称（型号）	数　量	不含税单价
打印机 LBP5050	15 台	3 600.00
打印机 LBP7200	8 台	4 760.00
打印机 LBP3250	9 台	4 700.00
价税合计		157 224.60

5.通过"发票作废"功能，作废已开具的第二张发票。

第二张发票向 A 公司销售货物清单资料如下：请在备注栏内注明收款方式为：银行转账。

货物名称（型号）	数　量	不含税单价
打印机 LBP2900	2 台	2 850.00
打印机 HP1000	5 台	3 300.00
打印机 LBP3095	2 台	3 600.00
复印机 ML-2245	3 台	8 960.00
A4 纸	4 箱	56.00
价税合计		66 109.68

6.向 A 公司销售货物清单资料如下：请在备注栏内注明收款方式为：银行转账。

货物名称（型号）	数　量	不含税单价
打印机 LBP2900	2 台	2 850.00
打印机 LBP5050	3 台	3 600.00
打印机 HP1022	2 台	3 950.00
打印机 LBP3095	2 台	3 600.00
复印纸	10 箱	250.00
A4 纸	20 箱	56.00
打印机 HP1000	3 台	3 300.00
打印机 LBP6650	1 台	5 100.00
打印机 LBP6300	2 台	3 200.00
计算器	10 台	65.00
打印机 LBP3018	3 台	3 800.00
打印机 LBP7200	1 台	4 760.00
打印机 LBP5108	1 台	5 800.00
打印机 LBP3000	1 台	4 320.00
价税合计		97 753.50

7.向 A 公司销售货物资料如下：请在备注栏内注明收款方式为：银行转账。

货物名称（型号）	数　量	不含税单价
打印机 LBP6650	14 台	5 100.00
打印机 HP1020	2 台	3 600.00
复印纸	9 箱	250.00
价税合计		94 594.50

8.向 A 公司销售货物资料如下：请在备注栏内注明收款方式为：现金。

货物名称(型号)	数　量	不含税单价
打印机 LBP2900	1 台	2 850.00
计算器	2 台	65.00
复印纸	9 箱	250.00
价税合计		6 119.10

9.向 A 公司销售货物资料如下：请在备注栏内注明收款方式为：现金。

货物名称(型号)	数　量	不含税单价
打印机 LBP6200	1 台	4 500.00
复印纸	9 箱	250.00
价税合计		7 897.50

　　完成 a 月开具发票实训后，金税卡内时间可能还没有到次月的抄税期，为模拟纳税期 IC 卡抄税业务流程，此时学生可持 IC 卡向老师申请修改"金税卡时钟"授权，在获得授权后进入实训开票系统进行修改"金税卡时钟"操作，将开票系统金税卡时间修改为"b 月 1 日"，同时通过点击"抄税处理"功能进行开票系统的抄税工作。抄税成功后，学员可持以下资料到老师处模拟 IC 卡报税工作。

　　在报税成功后，可继续根据已经提供的 b 月资料利用开票系统完成增值税专用发票开具。

　　b 月实训销售资料如下：

1.向 A 公司销售货物资料如下：请在备注栏内注明收款方式为：银行转账。

货物名称(型号)	数　量	不含税单价
打印机 HP1022	6 台	3 950.00
打印机 HP1012	6 台	3 450.00
计算器	5 台	65.00
价税合计		52 328.25

2.向 A 公司销售货物资料如下：请在备注栏内注明收款方式为：现金(注折扣)。

货物名称(型号)	数　量	不含税单价
打印机 LBP3500	11 台	3 500.00
复印机 ML-2245	3 台	8 960.00
A4 纸	4 箱	56.00
价税合计		76 081.00

3.采用"发票复制"功能复制 a 月填开的第六张发票，向 A 公司销售货物资料如下：请在备注栏内注明收款方式为：银行转账。

货物名称(型号)	数　量	不含税单价
打印机 LBP2900	2 台	2 850.00
打印机 LBP5050	3 台	3 600.00
打印机 HP1022	2 台	3 950.00

续　表

货物名称(型号)	数　量	不含税单价
打印机 LBP3095	2 台	3 600.00
复印纸	10 箱	250.00
A4 纸	20 箱	56.00
打印机 HP1000	3 台	3 300.00
打印机 LBP6650	1 台	5 100.00
打印机 LBP6300	2 台	3 200.00
计算器	10 台	65.00
打印机 LBP3018	3 台	3 800.00
打印机 LBP7200	1 台	4 760.00
打印机 LBP5108	1 台	5 800.00
打印机 LBP3000	1 台	4 320.00
价税合计		97 753.50

4. 由于 a 月开具的第 9 张发票购货方申报进项税抵扣时无法认证通过,在 b 月购货方要求重新开具增值税专用发票,并对已开具的发票进行开具负数发票处理。

a 月向 A 公司开具的第 9 张销售资料如下:请在备注栏内注明收款方式为:现金。

货物名称(型号)	数　量	不含税单价
打印机 LBP6200	1 台	4 500.00
复印纸	9 箱	250.00
价税合计		7 897.50

5. 向 A 公司销售货物资料如下:请在备注栏内注明收款方式为:银行转账(注:一行折扣)。

货物名称(型号)	数　量	不含税单价
打印机 LBP5050	5 台	3 600.00
打印机 LBP6200	5 台	4 500.00
打印机 LBP3310	8 台	4 600.00
价税合计		90 096.55

6. 向 A 公司销售货物资料如下:请在备注栏内注明收款方式为:现金。

货物名称(型号)	数　量	不含税单价
打印机 LBP3000	1 台	4 320.00
价税合计		5 054.40

7. 向 A 公司销售货物资料如下:请在备注栏内注明收款方式为:现金。

货物名称(型号)	数　量	不含税单价
打印机 LBP3000	2 台	4 320.00
打印机 LBP3310	1 台	4 600.00
打印机 LBP5108	1 台	5 800.00
价税合计		22 276.80

8.将 b 月开具的第一张发票作废:b 月第一张发票向 A 公司销售货物资料如下:请在备注栏内注明收款方式为:银行转账。

货物名称(型号)	数　量	不含税单价
打印机 HP1022	6 台	3 950.00
打印机 HP1012	6 台	3 450.00
计算器	5 台	65.00
价税合计		52 328.25

9.向 A 公司销售货物资料如下:请在备注栏内注明收款方式为:现金。

货物名称(型号)	数　量	不含税单价
计算器	10 台	65.00
复印纸	5 台	250.00
价税合计		2 223.00

10.由于发生退货,请将 a 月第 8 张发票做红字发票处理:销售货物资料如下:请在备注栏内注明收款方式为:现金。

货物名称(型号)	数　量	不含税单价
打印机 LBP2900	1 台	2 850.00
计算器	2 台	65.00
复印纸	9 箱	250.00
价税合计		6 119.10

完成 b 月开具发票实训后,金税卡内时间如没到次月的抄税期,为模拟纳税期 IC 卡抄税业务流程,学员持 IC 卡向老师申请修改"金税卡时钟"授权,在获得授权后进入模拟开票系统进行修改"金税卡时钟"操作,将开票系统金税卡时间修改为"c 月 1 日",同时通过点击"抄税处理"功能进行开票系统的抄税工作,抄税成功,统计如 a 月的发票开具发票资料信息后,学员此时可持 IC 卡到老师处模拟 IC 卡报税工作。

至此 2 个月共 19 项全部经济业务模拟完成,如实习结束后仍有没用完的发票,学生应将已经领购但未填开的发票的电子信息在自己的防伪税控系统内做"发票退回"处理,并携带相关对应的纸制发票到主管老师处进行模拟所购发票的退回工作。

任务 2　消费税应纳税额计算与申报

1-2

【任务导入】

兴发白酒生产企业(以下简称甲企业)为增值税一般纳税人,2017 年 5 月发生以下业务:

(1)向某烟酒专卖店销售粮食白酒 30 吨,开具普通发票,取得含税收入 300 万元,另收取品牌使用费 50 万元、包装物租金 20 万元。

　　(2)提供 10 万元的原材料委托乙企业加工散装药酒 1 000 千克,收回时向乙企业支付不含增值税的加工费 1 万元,乙企业已代收代缴消费税。

　　(3)委托加工收回后将其中 900 千克散装药酒继续加工成瓶装药酒 1 800 瓶,以每瓶不含税售价 100 元通过非独立核算门市部销售完毕;将剩余 100 千克散装药酒作为福利分给职工,同类药酒的不含税销售价为每千克 150 元。

　　(说明:药酒的消费税税率为 10%,白酒的消费税税率为 20%加 0.5 元/500 克)

【任务要求】

　　(1)计算本月甲企业向专卖店销售白酒应缴纳的消费税。

　　(2)计算乙企业已代收代缴的消费税。

　　(3)计算本月甲企业销售瓶装药酒应缴纳的消费税。

　　(4)计算本月甲企业分给职工散装药酒应缴纳的消费税。

【知识准备】

　　消费税是对我国境内从事生产、委托加工和进口应税消费品的单位和个人,就其销售额或销售数量,在特定环节征收的一种流转税。简单地说,消费税就是对特定的消费品和消费行为征收的一种税。

　　我国消费税的特点:①征收范围具有选择性。我国消费税在征收范围上仅选择部分消费品征税,而不是对所有消费品都征收消费税。②征税环节具有单一性。主要在生产和进口环节征收,除少数消费品的纳税环节为零售环节外,再继续转销该消费品不再征收消费税。③消费税是价内税。④消费税应纳税额的计算,实行从价定率、从量定额和复合计税方法。

一、纳税人

　　在中华人民共和国境内生产、委托加工和进口应税消费品的单位和个人,为消费税的纳税人。

　　单位,是指企业、行政单位、事业单位、军事单位、社会团体及其他单位。

　　个人,是指个体工商户及其他个人。

　　在中华人民共和国境内,是指生产、委托加工和进口属于应当缴纳消费税的消费品的起运地或者所在地在境内。

二、征税范围

(一)生产应税消费品

　　生产应税消费品的销售是消费税征收的主要环节,因消费税具有单一环节征税的特点,在生产销售环节征税以后,货物在流通环节无论再转销多少次,不用再缴纳消费税。生产应税消费品除了直接对外销售应征收消费税外,纳税人将生产的应税消费品换取生产资料、消费资料、投资入股、偿还、债务,以及用于继续生产应税消费品以外的其他方面都应缴纳消费税。

　　另外,工业企业以外的单位和个人的下列行为视为应税消费品的生产行为,按规定征收消费税:

　　(1)将外购的消费税非应税产品以消费税应税产品对外销售的;

　　(2)将外购的消费税低税率应税产品以高税率应税产品对外销售的。

（二）委托加工应税消费品

委托加工应税消费品是指委托方提供原料和主要材料，受托方只收取加工费和代垫部分辅助材料加工的应税消费品。由受托方提供原材料或其他情形的一律不能视为加工应税消费品。委托加工的应税消费品收回后，再继续用于生产应税消费品销售的，其加工环节缴纳的消费税款可以扣除。

（三）进口应税消费品

单位和个人进口应税消费品，在进口环节要缴纳消费税。进口环节缴纳的消费税由海关代征。

（四）零售应税消费品

金银首饰消费税在零售环节征收，消费税的金银首饰仅限于金基、银基合金首饰以及金、银和金基、银基合金的镶嵌首饰，在纳税人销售金银首饰、钻石及钻石饰品时征收。

对既销售金银首饰，又销售非金银首饰的生产、经营单位，应将两类商品划分清楚，分别核算销售额。凡划分不清楚或不能分别核算的并在生产环节销售的，一律从高适用税率征收消费税；在零售环节销售的，一律按金银首饰征收消费税。金银首饰与其他产品组成成套消费品销售的，应按销售额全额征收消费税。

金银首饰连同包装物销售的，无论包装是否单独计价，也无论会计上如何核算，均应并入金银首饰的销售额，计征消费税。

带料加工的金银首饰，应按受托方销售同类金银首饰的销售价格确定计税依据征收消费税。没有同类金银首饰销售价格的，按照组成计税价格计算纳税。

纳税人采用以旧换新（含翻新改制）方式销售的金银首饰，应按实际收取的不含增值税的全部价款确定计税依据征收消费税。

三、税目与税率

（一）税目

（1）烟。包括卷烟（进口卷烟、白包卷烟、手工卷烟和未经国务院批准纳入计划的企业及个人生产的卷烟）、雪茄和烟丝。

甲类卷烟，是指每标准条（200 支，下同）调拨价格在 70 元（不含增值税）以上（含 70 元）的卷烟；乙类卷烟是指每标准条调拨价格在 70 元（不含增值税）以下的卷烟。

（2）酒。酒类包括白酒、黄酒、啤酒和其他酒。

啤酒每吨出厂价（含包装物及包装物押金）在 3 000 元（含 3 000 元，不含增值税）以上的是甲类啤酒，每吨出厂价（含包装物及包装物押金）在 3 000 元（不含增值税）以下的是乙类啤酒。对饮食业、商业、娱乐业举办的啤酒屋（啤酒坊）利用啤酒生产设备生产的啤酒，应当征收消费税。

其他配制酒，按照消费税税目税率表"白酒"适用税率征收消费税。

（3）高档化妆品。本税目征收范围包括高档美容、修饰类化妆品，高档护肤类化妆品和成套化妆品。

高档美容、修饰类化妆品和高档护肤类化妆品是指生产（进口）环节销售（完税）价格（不含增值税）在 10 元/毫升（克）或 15 元/片（张）及以上的美容、修饰类化妆品和护肤类化妆品。

（4）贵重首饰及珠宝玉石。包括：凡以金、银、白金、宝石、珍珠、钻石、翡翠、珊瑚、玛瑙等高贵稀有物质以及其他金属、人造宝石等制作的各种纯金银首饰及镶嵌首饰和经采掘、打磨、加工的各种珠宝玉石。对出国人员免税商店销售的金银首饰征收消费税。

(5)鞭炮、焰火。包括:各种鞭炮、焰火。体育上用的发令纸、鞭炮药引线,不按本税目征收。

(6)成品油。本税目包括汽油、柴油、石脑油、溶剂油、航空煤油、润滑油、燃料油 7 个子目;航空煤油暂缓征收。

(7)小汽车。汽车是指由动力驱动,具有四个或四个以上车轮的非轨道承载的车辆。

本税目征收范围包括含驾驶员座位在内最多不超过 9 个座位(含)的,在设计和技术特性上用于载运乘客和货物的各类乘用车和含驾驶员座位在内的座位数在 10～23 座(含 23 座)的在设计和技术特性上用于载运乘客和货物的各类中轻型商用客车。

用排气量小于 1.5 升(含)的乘用车底盘(车架)改装、改制的车辆属于乘用车征收范围。用排气量大于 1.5 升的乘用车底盘(车架)或用中轻型商用客车底盘(车架)改装、改制的车辆属于中轻型商用客车征收范围。

含驾驶员人数(额定载客)为区间值的(如 8～10 人、17～26 人)小汽车,按其区间值下限人数确定征收范围。

电动汽车不属于本税目征收范围。车身长度大于 7 米(含),并且座位在 10～23 座(含)以下的商用客车,不属于中轻型商用客车征税范围,不征收消费税。沙滩车、雪地车、卡丁车、高尔夫车不属于消费税征收范围,不征收消费税。

(8)摩托车。包括轻便摩托车和摩托车两种。对最大设计车速不超过 50km/h,发动机汽缸总工作容量不超过 50 毫升的三轮摩托车不征收消费税。

(9)高尔夫球及球具。高尔夫球及球具是指从事高尔夫球运动所需的各种专用装备,包括高尔夫球、高尔夫球杆及高尔夫球包(袋)等。

高尔夫球是指重量不超过 45.93 克、直径不超过 42.67 毫米的高尔夫球运动比赛、练习用球;高尔夫球杆是指被设计用来打高尔夫球的工具,由杆头、杆身和握把三部分组成;高尔夫球包(袋)是指专用于盛装高尔夫球及球杆的包(袋)。

本税目征收范围包括高尔夫球、高尔夫球杆、高尔夫球包(袋)。高尔夫球杆的杆头、杆身和握把属于本税目的征收范围。

(10)高档手表。高档手表是指销售价格(不含增值税)每只在 10 000 元(含)以上的各类手表。

(11)游艇。游艇是指长度大于 8 米小于 90 米,船体由玻璃钢、钢、铝合金、塑料等多种材料制作,可以在水上移动的水上浮载体。按照动力划分,游艇分为无动力艇、帆艇和机动艇。

本税目征收范围包括艇身长度大于 8 米(含)小于 90 米(含),内置发动机,可以在水上移动,一般为私人或团体购置,主要用于水上运动和休闲娱乐等非牟利活动的各类机动艇。

(12)木制一次性筷子。木制一次性筷子,又称卫生筷子,是指以木材为原料经过锯段、浸泡、旋切、刨切、烘干、筛选、打磨、倒角、包装等环节加工而成的各类一次性使用的筷子。

本税目征收范围包括各种规格的木制一次性筷子。未经打磨、倒角的木制一次性筷子属于本税目征税范围。

(13)实木地板。实木地板是指以木材为原料,经锯割、干燥、刨光、截断、开榫、涂漆等工序加工而成的块状或条状的地面装饰材料。实木地板按生产工艺不同,可分为独板(块)实木地板、实木指接地板、实木复合地板三类;按表面处理状态不同,可分为未涂饰地板(白坯板、素板)和漆饰地板两类。

本税目征收范围包括各类规格的实木地板、实木指接地板、实木复合地板及用于装饰墙壁、天棚的侧端面为榫、槽的实木装饰板。未经涂饰的素板也属于本税目征税范围。

（14）电池。电池，是一种将化学能、光能等直接转换为电能的装置，一般由电极、电解质、容器、极端，通常还有隔离层组成的基本功能单元，以及用一个或多个基本功能单元装配成的电池组。范围包括：原电池、蓄电池、燃料电池、太阳能电池和其他电池。

对无汞原电池、金属氢化物镍蓄电池、锂原电池、锂离子蓄电池、太阳能电池、燃料电池、全钒液流电池免征消费税。

（二）税率

消费税采用比例税率和定额税率两种形式。

消费税根据不同的税目或子目确定相应的税率或单位税额，见表1-3。

表1-3　消费税税目、税率

税　目	税　率
一、烟	
1.卷烟	
工业	
（1）甲类卷烟	56%加0.003元/支（生产环节）
（2）乙类卷烟	36%加0.003元/支（生产环节）
商业批发	11%加0.005元/支（批发环节）
2.雪茄	36%
3.烟丝	30%
二、酒	
1.白酒	20%加0.5元/500克（或者500毫升）
2.黄酒	240元/吨
3.啤酒	
（1）甲类啤酒	250元/吨
（2）乙类啤酒	220元/吨
4.其他酒	10%
三、高档化妆品	15%
四、贵重首饰及珠宝玉石	
1.金银首饰、铂金首饰和钻石及钻石饰品	5%
2.其他贵重首饰和珠宝玉石	10%
五、鞭炮、焰火	15%
六、成品油	
1.汽油	1.52元/升
2.柴油	1.2元/升
3.航空煤油	1.2元/升
4.石脑油	1.52元/升
5.溶剂油	1.52元/升
6.润滑油	1.52元/升
7.燃料油	1.2元/升

税　目	税　率
七、摩托车	
1.气缸容量为 250 毫升的	3%
2.气缸容量在 250 毫升以上的	10%
八、小汽车	
1.乘用车	
（1）气缸容量（排气量，下同）在 1.0 升（含 1.0 升）以下的	1%
（2）气缸容量在 1.0 升以上至 1.5 升（含 1.5 升）的	3%
（3）气缸容量在 1.5 升以上至 2.0 升（含 2.0 升）的	5%
（4）气缸容量在 2.0 升以上至 2.5 升（含 2.5 升）的	9%
（5）气缸容量在 2.5 升以上至 3.0 升（含 3.0 升）的	12%
（6）气缸容量在 3.0 升以上至 4.0 升（含 4.0 升）的	25%
（7）气缸容量在 4.0 升以上的	40%
2.中轻型商用客车	5%
九、高尔夫球及球具	10%
十、高档手表	20%
十一、游艇	10%
十二、木制一次性筷子	5%
十三、实木地板	5%
十四、电池	4%
十五、涂料	4%

四、计税依据

消费税应纳税额的计算主要分为从价计征、从量计征和从价从量复合计征三种方法。

（一）从价计征

在从价定率计算方法下，应纳税额等于应税消费品的销售额乘以适用税率，应纳税额的多少取决于应税消费品的销售额和适用税率两个因素。

1.销售额的确定

销售额为纳税人销售应税消费品向购买方收取的全部价款和价外费用。销售，是指有偿转让应税消费品的所有权；有偿，是指从购买方取得货币、货物或者其他经济利益；价外费用，是指价外向购买方收取的手续费、补贴、基金、集资费、返还利润、奖励费、违约金、滞纳金、延期付款利息、赔偿金、代收款项、代垫款项、包装费、包装物租金、储备费、优质费、运输装卸费以及其他各种性质的价外收费。但下列项目不包括在内：

（1）同时符合以下条件的代垫运输费用：

①承运部门的运输费用发票开具给购买方的；

②纳税人将该项发票转交给购买方的。

(2)同时符合以下条件代为收取的政府性基金或者行政事业性收费：

①由国务院或者财政部批准设立的政府性基金，由国务院或者省级人民政府及其财政、价格主管部门批准设立的行政事业性收费；

②收取时开具省级以上财政部门印制的财政票据；

③所收款项全额上缴财政。

其他价外费用，无论是否属于纳税人的收入，均应并入销售额计算征税。

实行从价定率办法计算应纳税额的应税消费品连同包装销售的，无论包装是否单独计价，也不论在会计上如何核算，均应并入应税消费品的销售额中征收消费税。如果包装物不作价随同产品销售，而是收取押金，此项押金则不应并入应税消费品的销售额中征税。但对因逾期未收回的包装物不再退还的或者已收取的时间超过 12 个月的押金，应并入应税消费品的销售额，按照应税消费品的适用税率缴纳消费税。

对既作价随同应税消费品销售，又另外收取押金的包装物的押金，凡纳税人在规定的期限内没有退还的，均应并入应税消费品的销售额，按照应税消费品的适用税率缴纳消费税。

纳税人销售的应税消费品，以外汇结算销售额的，其销售额的人民币折合率可以选择结算的当天或者当月 1 日的国家外汇牌价（原则上为中间价）。纳税人应在事先确定采取何种折合率，确定后 1 年内不得变更。

2.含增值税销售额的换算

应税消费品在缴纳消费税的同时，还应缴纳增值税。应税消费品的销售额，不包括应向购货方收取的增值税税款。如果纳税人应税消费品的销售额中未扣除增值税税款或者因不得开具增值税专用发票而发生价款和增值税税款合并收取的，在计算消费税时，应将含增值税的销售额换算为不含增值税税款的销售额。其换算公式为：

$$应税消费品的销售额＝含增值税的销售额÷(1＋增值税税率或征收率)$$

（二）从量计征

在从量定额计算方法下，应纳税额等于应税消费品的销售数量乘以单位税额，应纳税额的多少取决于应税消费品的销售数量和单位税额两个因素。

1.销售数量的确定

销售数量是指纳税人生产、加工和进口应税消费品的数量。具体规定为：

(1)销售应税消费品的，为应税消费品的销售数量。

(2)自产自用应税消费品的，为应税消费品的移送使用数量。

(3)委托加工应税消费品的，为纳税人收回的应税消费品数量。

(4)进口的应税消费品，为海关核定的应税消费品进口征税数量。

2.计量单位的换算标准

黄酒、啤酒以吨为税额单位；汽油、柴油以升为税额单位。吨与升两个计量单位的换算标准见表 1-4。

表 1-4　吨、升换算

1	黄酒	1 吨＝962 升
2	啤酒	1 吨＝988 升
3	汽油	1 吨＝1 388 升
4	柴油	1 吨＝1 176 升
5	航空煤油	1 吨＝1 246 升
6	石脑油	1 吨＝1 385 升
7	溶剂油	1 吨＝1 282 升
8	润滑油	1 吨＝1 126 升
9	燃料油	1 吨＝1 015 升

（三）从价从量复合计征

现行消费税的征税范围中,只有卷烟、白酒采用复合计征方法。应纳税额等于应税销售数量乘以定额税率再加上应税销售额乘以比例税率。

生产销售卷烟、白酒从量定额计税依据为实际销售数量。进口、委托加工、自产自用卷烟、白酒从量定额计税依据分别为海关核定的进口征税数量、委托方收回数量、移送使用数量。

（四）计税依据的特殊规定

(1)纳税人通过自设非独立核算门市部销售的自产应税消费品,应当按照门市部对外销售额或者销售数量征收消费税。

(2)纳税人用于换取生产资料和消费资料、投资入股和抵偿债务等方面的应税消费品,应当以纳税人同类应税消费品的最高销售价格作为计税依据计算消费税。

(3)白酒生产企业向商业销售单位收取的"品牌使用费"是随着应税白酒的销售而向购货方收取的,属于应税白酒销售价款的组成部分,因此,不论企业采取何种方式或以何种名义收取价款,均应并入白酒的销售额中缴纳消费税。

(4)兼营不同税率应税消费品的税务处理。

纳税人生产销售应税消费品,如果不是单一经营某一税率的产品,而是经营多种不同税率的产品,这就是兼营行为。

纳税人兼营不同税率的应税消费品,应当分别核算不同税率应税消费品的销售额、销售数量。未分别核算销售额、销售数量,或者将不同税率的应税消费品组成成套消费品销售的,从高适用税率。

纳税人兼营不同税率的应税消费品,是指纳税人生产销售两种税率以上的应税消费品。所谓"从高适用税率",就是对兼营高低不同税率的应税消费品,当不能分别核算销售额、销售数量,或者将不同税率的应税消费品组成成套消费品销售的,就以应税消费品中适用的高税率与混合在一起的销售额、销售数量相乘,得出应纳消费税额。

五、应纳税额的计算

（一）生产销售环节应纳消费税的计算

纳税人在生产销售环节应缴纳的消费税,包括直接对外销售应税消费品应缴纳的消费税和自产自用应税消费品应缴纳的消费税。

1.直接对外销售应纳消费税的计算

直接对外销售应税消费品可能涉及以下三种计算方法：

(1)从价定率计算。

在从价定率计算方法下,应纳消费税额等于销售额乘以适用税率。基本计算公式为：

$$应纳税额＝应税消费品的销售额×比例税率$$

【例1-7】　某化妆品生产企业为增值税一般纳税人。2017年3月15日向某大型商场销售高档化妆品一批,开具增值税专用发票,取得不含增值税销售额30万元,增值税额5.1万元;3月20日向某单位销售高档化妆品一批,开具普通发票,取得含增值税销售额4.68万元。计算该化妆品生产企业上述业务应缴纳的消费税额。

高档化妆品适用消费税税率15％。

高档化妆品的应税销售额＝30＋4.68÷(1＋17％)＝34(万元)

应缴纳的消费税额＝34×15％＝5.1(万元)

(2)从量定额计算。

在从量定额计算方法下,应纳税额等于应税消费品的销售数量乘以单位税额。基本计算公式为：

$$应纳税额＝应税消费品的销售数量×定额税率$$

【例1-8】　某啤酒厂2017年4月份销售乙类啤酒400吨,每吨出厂价格2 800元。计算4月该啤酒厂应纳消费税税额。

销售乙类啤酒,适用定额税率220元。

应纳税额＝销售数量×定额税率＝400×220＝88 000(元)

(3)从价定率和从量定额复合计算。

现行消费税的征税范围中,只有卷烟、白酒采用复合计算方法。基本计算公式为：

$$应纳税额＝应税销售数量×定额税率＋应税销售额×比例税率$$

【例1-9】　某白酒生产企业为增值税一般纳税人,2017年4月份销售白酒50吨,取得不含增值税的销售额150万元。计算白酒企业4月应缴纳的消费税额。

白酒适用比例税率20％,定额税率每500克0.5元。

应纳税额＝50×2 000×0.000 05＋150×20％＝35(万元)

2.自产自用应纳消费税的计算

所谓自产自用,就是纳税人生产应税消费品后,不是用于直接对外销售,而是用于自己连续生产应税消费品或用于其他方面。

(1)用于连续生产应税消费品。

纳税人自产自用的应税消费品,用于连续生产应税消费品的,不纳税。所谓"纳税人自产自用的应税消费品,用于连续生产应税消费品的",是指作为生产最终应税消费品的直接材料并构成最终产品实体的应税消费品。例如,卷烟厂生产出烟丝,烟丝已是应税消费品,卷烟厂再用生产出的烟丝连续生产卷烟,这样,用于连续生产卷烟的烟丝就不缴纳消费税,只对生产的卷烟征收消费税。当然,生产出的烟丝如果是直接销售的,则烟丝还是要缴纳消费税的。税法规定对自产自用的应税消费品,用于连续生产应税消费品的不征税,体现了税不重征且计税简便的原则。

（2）用于其他方面的应税消费品。

纳税人自产自用的应税消费品，除用于连续生产应税消费品外，凡用于其他方面的，于移送使用时纳税。用于其他方面的是指纳税人用于生产非应税消费品、在建工程、管理部门、非生产机构、提供劳务，以及用于馈赠、赞助、集资、广告、样品、职工福利、奖励等方面。所谓"用于生产非应税消费品"，是指把自产的应税消费品用于生产消费税条例税目、税率表所列15类产品以外的产品。例如：原油加工厂用生产出的应税消费品汽油调和制成溶剂汽油，该溶剂汽油就属于非应税消费品。所谓"用于在建工程"，是指把自产的应税消费品用于本单位的各项建设工程。例如，石化工厂把自己生产的柴油用于本厂基建工程的车辆、设备使用。所谓"用于管理部门、非生产机构"，是指把自己生产的应税消费品用于与本单位有隶属关系的管理部门或非生产机构。例如，汽车制造厂把生产出的小汽车提供给上级主管部门使用。所谓"用于馈赠、赞助、集资、广告、样品、职工福利、奖励"，是指把自己生产的应税消费品无偿赠送给他人或以资金的形式投资于外单位某些事业或作为商品广告、经销样品或以福利、奖励的形式发给职工。例如，摩托车厂把自己生产的摩托车赠送或赞助给摩托车拉力赛赛手使用，兼作商品广告；酒厂把生产的滋补药酒以福利的形式发给职工等。总之，企业自产的应税消费品虽然没有用于销售或连续生产应税消费品，但只要是用于税法所规定的范围的都要视同销售，依法缴纳消费税。

（3）组成计税价格及税额的计算。

纳税人自产自用的应税消费品，凡用于其他方面，应当纳税的，按照纳税人生产的同类消费品的销售价格计算纳税。同类消费品的销售价格是指纳税人当月销售的同类消费品的销售价格，如果当月同类消费品各期销售价格高低不同，应按销售数量加权平均计算。但销售的应税消费品有下列情况之一的，不得列入加权平均计算：

①销售价格明显偏低又无正当理由的；

②无销售价格的。

如果当月无销售或者当月未完结，应按照同类消费品上月或者最近月份的销售价格计算纳税。

没有同类消费品销售价格的，按照组成计税价格计算纳税。组成计税价格的计算公式是：

实行从价定率办法计算纳税的组成计税价格计算公式：

$$组成计税价格＝（成本＋利润）÷（1－比例税率）$$

$$应纳税额＝组成计税价格×比例税率$$

实行复合计税办法计算纳税的组成计税价格计算公式：

$$组成计税价格＝（成本＋利润＋自产自用数量×定额税率）÷（1－比例税率）$$

$$应纳税额＝组成计税价格×比例税率＋自产自用数量×定额税率$$

上述公式中所说的"成本"，是指应税消费品的产品生产成本。

上述公式中所说的"利润"，是指根据应税消费品的全国平均成本利润率计算的利润。应税消费品全国平均成本利润率由国家税务总局确定。

（4）应税消费品全国平均成本利润率。

应税消费品全国平均成本利润率见表1-5。

表 1-5　平均成本利润率　　　　　　　　　　　　单位：%

货物名称	利润率	货物名称	利润率
1. 甲类卷烟	10	11. 摩托车	6
2. 乙类卷烟	5	12. 高尔夫球及球具	10
3. 雪茄	5	13. 高档手表	20
4. 烟丝	5	14. 游艇	10
5. 粮食白酒	10	15. 木制一次性筷子	5
6. 薯类白酒	5	16. 实木地板	5
7. 其他酒	5	17. 乘用车	8
8. 高档化妆品	5	18. 中轻型商用客车	5
9. 鞭炮、焰火	5	19. 电池	4
10. 贵重首饰及珠宝玉石	6	20. 涂料	7

【例 1-10】　某化妆品公司将一批自产的高档化妆品用作职工福利，化妆品的成本 8 000 元，该化妆品无同类产品市场销售价格，但已知其成本利润率为 5%，消费税税率为 15%。计算该批化妆品应缴纳的消费税税额：

组成计税价格＝成本×(1＋成本利润率)÷(1－消费税税率)

＝8 000×(1＋5%)÷(1－15%)

＝8 400÷0.85＝9 882.35(元)

应纳税额＝9 882.35×15%＝1 482.35(元)

(二)委托加工环节应税消费品应纳税的计算

1. 委托加工应税消费品的确定

委托加工的应税消费品是指由委托方提供原料和主要材料，受托方只收取加工费和代垫部分辅助材料加工的应税消费品。对于由受托方提供原材料生产的应税消费品，或者受托方先将原材料卖给委托方，然后再接受加工的应税消费品，以及由受托方以委托方名义购进原材料生产的应税消费品，不论纳税人在财务上是否作销售处理，都不得作为委托加工应税消费品，而应当按照销售自制应税消费品缴纳消费税。

第一，它明确区分了什么是委托加工应税消费品，什么不是委托加工应税消费品。确定了区分的条件，就是由委托方提供原料和主要材料，受托方只收取加工费和代垫部分辅助材料；无论是委托方还是受托方凡不符合规定条件的，都不能按委托加工应税消费品进行税务处理。

第二，为什么要对委托加工应税消费品规定严格的限定条件呢？这是因为，委托加工应税消费品是由受托方代收代缴消费税的，且受托方只就其加工劳务缴纳增值税。如果委托方不能提供原料和主要材料，而是受托方以某种形式提供原料，那就不称其为委托加工，而是受托方在自制应税消费品了，在这种情况下，就会出现受托方确定计税价格偏低、代收代缴消费税虚假的现象，同时，受托方也只以加工劳务缴纳增值税，逃避了自制应税消费品要缴纳消费税的责任，这是税法所不允许的。因此，对委托加工应税消费品要规定严格的限定条件。

第三，对于不符合委托加工应税消费品限定条件的如何处理？税法规定了严格的处理方法，即：不论纳税人在财务上是否作销售处理，都不得作为委托加工应税消费品，而应当按照销售自制应税消费品缴纳消费税。也就是说，应确定由受托方按销售自制消费品缴纳消费税。

这种处理办法体现了税收管理的源泉控制原则,避免了应缴税款的流失。

2.代收代缴税款的规定

对于属于委托方提供原料和主要材料,受托方只收取加工费和代垫部分辅助材料加工的应税消费品,税法规定,由受托方在向委托方交货时代收代缴消费税。这样,受托方就是法定的代收代缴义务人。如果受托方对委托加工的应税消费品没有代收代缴或少代收代缴消费税,就要按照《中华人民共和国税收征收管理法》的规定,承担代收代缴的法律责任。因此,受托方必须严格履行代收代缴义务,正确计算和按时代缴税款。对委托个体经营者加工应税消费品纳税问题做了调整,由原定一律由受托方代收代缴税款,改为纳税人委托个体经营者加工应税消费品,一律于委托方收回后在委托方所在地缴纳消费税。

对于受托方没有按规定代收代缴税款的,并不能因此免除委托方补缴税款的责任。在对委托方进行税务检查中,如果发现其委托加工的应税消费品受托方没有代收代缴税款,委托方要补缴税款(对受托方不再重复补税了,但要按《中华人民共和国税收征收管理法》的规定,处以应代收代缴税款 50% 以上 3 倍以下的罚款)。对委托方补征税款的计税依据是:

如果在检查时,收回的应税消费品已经直接销售的,按销售额计税;收回的应税消费品尚未销售或不能直接销售的(如收回后用于连续生产等),按组成计税价格计税。

委托加工的应税消费品,受托方在交货时已代收代缴消费税,委托方收回后直接销售的,不再征收消费税。

3.组成计税价格及应纳税额的计算

委托加工的应税消费品,按照受托方的同类消费品的销售价格计算纳税,同类消费品的销售价格是指受托方(即代收代缴义务人)当月销售的同类消费品的销售价格,如果当月同类消费品各期销售价格高低不同,应按销售数量加权平均计算。但销售的应税消费品有下列情况之一的,不得列入加权平均计算:

①销售价格明显偏低又无正当理由的;

②无销售价格的。

如果当月无销售或者当月未完结,应按照同类消费品上月或最近月份的销售价格计算纳税。没有同类消费品销售价格的,按照组成计税价格计算纳税。组成计税价格的计算公式为:

实行从价定率办法计算纳税的组成计税价格计算公式:

$$组成计税价格＝(材料成本＋加工费)÷(1－比例税率)$$

实行复合计税办法计算纳税的组成计税价格计算公式:

$$组成计税价格＝(材料成本＋加工费＋委托加工数量×定额税率)÷(1－比例税率)$$

上述组成计税价格公式中有两个重要的专用名词需要解释。

(1)材料成本。"材料成本"是指委托方所提供加工材料的实际成本。

委托加工应税消费品的纳税人,必须在委托加工合同上如实注明(或以其他方式提供)材料成本,凡未提供材料成本的,受托方所在地主管税务机关有权核定其材料成本。从这一条规定可以看出,税法对委托方提供原料和主要材料,并要以明确的方式如实提供材料成本,要求是很严格的,其目的就是为了防止假冒委托加工应税消费品或少报材料成本,逃避纳税的现象。

(2)加工费。"加工费"是指受托方加工应税消费品向委托方所收取的全部费用(包括代垫辅助材料的实际成本,不包括增值税税金),这是税法对受托方的要求。受托方必须如实提供向委托方收取的全部费用,这样才能既保证组成计税价格及代收代缴消费税准确地计算出来,也使受托方按加工费得以正确计算其应纳的增值税。

【例 1-11】 某鞭炮企业 2017 年 4 月受托为某单位加工一批鞭炮,委托单位提供的原材料金额为 30 万元,收取委托单位不含增值税的加工费 4 万元,鞭炮企业当地无加工鞭炮的同类产品市场价格。计算鞭炮企业应代收代缴的消费税。

鞭炮的适用税率 15%。

组成计税价格=(30+4)÷(1-15%)=40(万元)

应代收代缴消费税=40×15%=6(万元)

(三)进口环节应纳消费税的计算

进口的应税消费品,于报关进口时缴纳消费税;进口的应税消费品的消费税由海关代征;进口的应税消费品,由进口人或者其代理人向报关地海关申报纳税;纳税人进口应税消费品,按照关税征收管理的相关规定,应当自海关填发海关进口消费税专用缴款书之日起 15 日内缴纳税款。

纳税人进口应税消费品,按照组成计税价格和规定的税率计算应纳税额。计算方法如下:

(1)从价定率征税的应税消费品应纳税额的计算公式。

组成计税价格=(关税完税价格+关税)÷(1-消费税比例税率)

应纳税额=组成计税价格×消费税比例税率

公式中所称"关税完税价格",是指海关核定的关税计税价格。

【例 1-12】 某商贸公司,2017 年 7 月从国外进口一批应税消费品,已知该批应税消费品的关税完税价格为 90 万元,按规定应缴纳关税 18 万元。假定进口的应税消费品的消费税税率为 10%。请计算该批消费品进口环节应缴纳的消费税税额。

组成计税价格=(90+18)÷(1-10%)=120(万元)

应缴纳消费税税额=120×10%=12(万元)

(2)从量定额征税的应税消费品应纳税额的计算公式。

应纳税额=应税消费品数量×消费税定额税率

(3)从价定率和从量定额复合征税的应税消费品应纳税额的计算公式。

组成计税价格=(关税完税价格+关税+进口数量×消费税定额税率)÷(1-消费税比例税率)

应纳税额=组成计税价格×消费税税率+应税消费品进口数量×消费税定额税额

进口环节消费税除国务院另有规定者外,一律不得给予减税、免税。

(四)已纳消费税扣除的计算

为了避免重复征税,现行消费税规定,将外购应税消费品和委托加工收回的应税消费品继续生产应税消费品销售的,可以将外购应税消费品和委托加工收回应税消费品已缴纳的消费税给予扣除。

1.外购应税消费品已纳税款的扣除

由于某些应税消费品是用外购已缴纳消费税的应税消费品连续生产出来的,在对这些连续生产出来的应税消费品计算征税时,税法规定应按当期生产领用数量计算准予扣除外购的应税消费品已纳的消费税税款。扣除范围包括:

（1）外购已税烟丝生产的卷烟；

（2）外购已税高档化妆品原料生产的高档化妆品；

（3）外购已税珠宝、玉石原料生产的贵重首饰及珠宝、玉石；

（4）外购已税鞭炮、焰火原料生产的鞭炮、焰火；

（5）外购已税杆头、杆身和握把为原料生产的高尔夫球杆；

（6）外购已税木制一次性筷子原料生产的木制一次性筷子；

（7）外购已税实木地板原料生产的实木地板；

（8）外购已税汽油、柴油、石脑油、燃料油、润滑油用于连续生产应税成品油；

（9）外购已税摩托车连续生产应税摩托车（如用外购两轮摩托车改装三轮摩托车）。

上述当期准予扣除外购应税消费品已纳消费税税款的计算公式为：

当期准予扣除的外购应税消费品已纳税款＝当期准予扣除的外购应税消费品买价×外购应税消费品适用税率

当期准予扣除的外购应税消费品买价＝期初库存的外购应税消费品的买价＋当期购进的应税消费品的买价－期末库存的外购应税消费品的买价

【例 1-13】 某卷烟生产企业，某月初库存外购应税烟丝金额 20 万元，当月又外购应税烟丝金额 50 万元（不含增值税），月末库存烟丝金额 10 万元，其余被当月生产卷烟领用。请计算卷烟厂当月准许扣除的外购烟丝已缴纳的消费税税额。

烟丝适用的消费税税率为 30%。

当期准许扣除的外购烟丝买价＝20＋50－10＝60（万元）

当月准许扣除的外购烟丝已缴纳的消费税税额＝60×30%＝18（万元）

外购已税消费品的买价是指购货发票上注明的销售额（不包括增值税税款）。

需要说明的是，纳税人用外购的已税珠宝、玉石原料生产的改在零售环节征收消费税的金银首饰（镶嵌首饰），在计税时一律不得扣除外购珠宝、玉石的已纳税款。

对自己不生产应税消费品，而只是购进后再销售应税消费品的工业企业，其销售的高档化妆品、鞭炮、焰火和珠宝、玉石，凡不能构成最终消费品直接进入消费品市场，而需进一步生产加工的，应当征收消费税，同时允许扣除上述外购应税消费品的已纳税款。

允许扣除已纳税款的应税消费品只限于从工业企业购进的应税消费品和进口环节已缴纳消费税的应税消费品，对从境内商业企业购进应税消费品的已纳税款一律不得扣除。

2.委托加工收回的应税消费品已纳税款的扣除

委托加工的应税消费品因为已由受托方代收代缴消费税，因此，委托方收回货物后用于连续生产应税消费品的，其已纳税款准予按照规定从连续生产的应税消费品应纳消费税税额中抵扣。按照国家税务总局的规定，下列连续生产的应税消费品准予从应纳消费税税额中按当期生产领用数量计算扣除委托加工收回的应税消费品已纳消费税税款：

（1）以委托加工收回的已税烟丝生产的卷烟；

（2）以委托加工收回的已税高档化妆品原料生产的高档化妆品；

（3）以委托加工收回的已税珠宝、玉石原料生产的贵重首饰及珠宝、玉石；

（4）以委托加工收回的已税鞭炮、焰火原料生产的鞭炮、焰火；

（5）以委托加工收回的已税杆头、杆身和握把为原料生产的高尔夫球杆；

（6）以委托加工收回的已税木制一次性筷子原料生产的木制一次性筷子；

(7)以委托加工收回的已税实木地板原料生产的实木地板;

(8)以委托加工收回的已税汽油、柴油、石脑油、燃料油、润滑油用于连续生产应税成品油;

(9)以委托加工收回的已税摩托车连续生产应税摩托车(如用外购两轮摩托车改装三轮摩托车)。

上述当期准予扣除委托加工收回的应税消费品已纳消费税税款的计算公式是:

当期准予扣除的委托加工应税消费品已纳税款＝期初库存的委托加工应税消费品已纳税款＋当期收回的委托加工应税消费品已纳税款－期末库存的委托加工应税消费品已纳税款

需要说明的是,纳税人用委托加工收回的已税珠宝、玉石原料生产的改在零售环节征收消费税的金银首饰,在计税时一律不得扣除委托加工收回的珠宝、玉石原料的已纳消费税税款。

【任务实施】

(1)本月甲企业向专卖店销售白酒应缴纳消费税＝(300＋50＋20)÷1.17×20％＋30×2 000×0.5÷10 000＝65.25(万元)

(2)乙企业已代收代缴消费税＝(10＋1)÷(1－10％)×10％＝1.22(万元)

(3)本月甲企业销售瓶装药酒应缴纳消费税＝1 800×100÷10 000×10％＝1.8(万元)

(4)甲企业分给职工散装药酒不缴纳消费税。

知识链接

消费税出口退税

纳税人出口应税消费品同时涉及退(免)增值税和消费税,且退(免)消费税与出口货物退(免)增值税在退(免)税范围的限定、退(免)税办理程序、退(免)税审核及管理上都有许多一致的地方。

(一)出口退税率的规定

计算出口应税消费品应退消费税的税率或单位税额,依据《中华人民共和国消费税暂行条例》所附消费税税目税率(税额)表执行。这是退(免)消费税与退(免)增值税的一个重要区别。当出口的货物是应税消费品时,其退还增值税要按规定的退税率计算,其退还消费税则按该应税消费品所适用的消费税税率计算。企业应将不同消费税税率的出口应税消费品分开核算和申报,凡划分不清适用税率的,一律从低适用税率计算应退消费税税额。

(二)出口应税消费品退(免)税政策

出口应税消费品退(免)消费税在政策上分为以下三种情况:

1.出口免税并退税

有出口经营权的外贸企业购进应税消费品直接出口,以及外贸企业受其他外贸企业委托代理出口应税消费品。这里需要重申的是,外贸企业只有受其他外贸企业委托,代理出口应税消费品才可办理退税,外贸企业受其他企业(主要是非生产性的商贸企业)委托,代理出口应税消费品是不予退(免)税的。

2.出口免税但不退税

有出口经营权的生产性企业自营出口或生产企业委托外贸企业代理出口自产的应税消费品,依据其实际出口数量免征消费税,不予办理退还消费税。这里,免征消费税是指对生产性企业按其实际出口数量免征生产环节的消费税。不予办理退还消费税,是指因已免征生产环节的消费税,该应税消费品出口时,已不含有消费税,所以也无须再办理退还消费税了。

3.出口不免税也不退税

除生产企业、外贸企业外的其他企业,具体是指一般商贸企业,这类企业委托外贸企业代理出口应税消费品一律不予退(免)税。

(三)应退消费税的计税依据

(1)从价定率计征消费税的:为已征且未在内销应税消费品应纳税额中抵扣的购进出口货物金额;

(2)从量定额计征消费税:为已征且未在内销应税消费品应纳税额中抵扣的购进出口货物的数量;

(3)复合计征消费税:按从价定率和从量定额的计税依据分别确定。

(四)出口应税消费品办理退(免)税后的管理

出口的应税消费品办理退税后,发生退关,或者国外退货进口时予以免税的,报关出口者必须及时向其所在地主管税务机关申报补缴已退的消费税税款。

纳税人直接出口的应税消费品办理免税后发生退关或国外退货,进口时已予以免税的,经所在地主管税务机关批准,可暂不办理补税,待其转为国内销售时,再向其主管税务机关申报补缴消费税。

六、征收管理

(一)纳税义务发生时间

纳税人生产的应税消费品于销售时纳税,进口消费品应当于应税消费品报关进口环节纳税,但金银首饰、钻石及钻石饰品在零售环节纳税。消费税纳税义务发生的时间,以货款结算方式或行为发生时间分别确定。

(1)纳税人销售的应税消费品,其纳税义务的发生时间为:

①纳税人采取赊销和分期收款结算方式的,其纳税义务的发生时间,为销售合同约定的收款日期的当天,书面合同没有约定收款日期或者无书面合同的,为发出应税消费品的当天。

②纳税人采取预收货款结算方式的,其纳税义务的发生时间,为发出应税消费品的当天。

③纳税人采取托收承付和委托银行收款方式销售的应税消费品,其纳税义务的发生时间,为发出应税消费品并办妥托收手续的当天。

④纳税人采取其他结算方式的,其纳税义务的发生时间,为收讫销售款或者取得索取销售款的凭据的当天。

(2)纳税人自产自用的应税消费品,其纳税义务的发生时间,为移送使用的当天。

(3)纳税人委托加工的应税消费品,其纳税义务的发生时间,为纳税人提货的当天。

(4)纳税人进口的应税消费品,其纳税义务的发生时间,为报关进口的当天。

(二)纳税期限

按照《中华人民共和国消费税暂行条例》规定,消费税的纳税期限分别为 1 日、3 日、5 日、10 日、15 日、1 个月或者 1 个季度;纳税人的具体纳税期限,由主管税务机关根据纳税人应纳税额的大小分别核定;不能按照固定期限纳税的,可以按次纳税。

纳税人以 1 个月或 1 个季度为 1 个纳税期的,自期满之日起 15 日内申报纳税;以 1 日、3 日、5 日、10 日或者 15 日为 1 个纳税期的,自期满之日起 5 日内预缴税款,于次月 1 日起至 15 日内申报纳税并结清上月应纳税款。

纳税人进口应税消费品,应当自海关填发海关进口消费税专用缴款书之日起 15 日内缴纳税款。

如果纳税人不能按照规定的纳税期限依法纳税,将按《中华人民共和国税收征收管理法》的有关规定处理。

(三)纳税地点

消费税具体纳税地点有:

(1)纳税人销售的应税消费品,以及自产自用的应税消费品,除国家另有规定的外,应当向纳税人核算地主管税务机关申报纳税。

(2)委托个人加工的应税消费品,由委托方向其机构所在地或者居住地主管税务机关申报纳税。除此之外,由受托方向所在地主管税务机关代收代缴消费税税款。

(3)进口的应税消费品,由进口人或者其代理人向报关地海关申报纳税。

(4)纳税人到外县(市)销售或者委托外县(市)代销自产应税消费品的,于应税消费品销售后,向机构所在地或者居住地主管税务机关申报纳税。

纳税人的总机构与分支机构不在同一县(市)的,应当分别向各自机构所在地的主管税务机关申报纳税;经财政部、国家税务总局或者其授权的财政、税务机关批准,可以由总机构汇总向总机构所在地的主管税务机关申报纳税。

(5)纳税人销售的应税消费品,如因质量等原因由购买者退回时,经所在地主管税务机关审核批准后,可退还已征收的消费税税款,但不能自行直接抵减应纳税款。

(四)纳税申报

消费税纳税人应按有关规定及时办理纳税申报,并应如实填写"消费税纳税申报表"(见表 1-6、表 1-7)。

表 1-6　酒类应税消费品消费税纳税申报表

税款所属期:　　　年　月　日至　　　年　月　日

纳税人名称(公章):

纳税人识别号:

填表日期:　　　年　月　日

金额单位:元(列至角分)

应税消费品名称 \ 项目	适用税率		销售数量	销售额	应纳税额
	定额税率	比例税率			
粮食白酒	0.5 元/斤	20%			
薯类白酒	0.5 元/斤	20%			
啤酒	250 元/吨	—			
啤酒	220 元/吨	—			

黄酒	240 元/吨	—		
其他酒	—	10％		
合 计	—	—	—	—

<table>
<tr><td colspan="2">

本期准予抵减税额：

本期减（免）税额：

期初未缴税额：

本期缴纳前期应纳税额：

本期预缴税额：

本期应补（退）税额：

期末未缴税额：

</td><td>

声　明

　　此纳税申报表是根据国家税收法律的规定填报的，我确定它是真实的、可靠的、完整的。

经办人（签章）：

财务负责人（签章）：

联系电话：

（如果你已委托代理人申报，请填写）

授权声明

　　为代理一切税务事宜，现授权_____（地址）_____为本纳税人的代理申报人，任何与本申报表有关的往来文件，都可寄予此人。

授权人签章：

</td></tr>
</table>

以下由税务机关填写

受理人（签章）：　　　　受理日期：　年　月　日　　　　受理税务机关（章）：

表 1-7　其他应税消费品消费税纳税申报表

税款所属期：　年　月　日至　　年　月　日

纳税人名称（公章）：

纳税人识别号：□□□□□□□□□□□□□□□□□

填表日期：　年　月　日　　　　　　　　　　　　金额单位:元(列至角分)

项目 应税 消费品名称	适用税率	销售数量	销售额	应纳税额
合　计	—	—	—	

	声明
本期准予抵减税额：	此纳税申报表是根据国家税收法律的规定填报的,我确定它是真实的、可靠的、完整的。
本期减(免)税额：	
期初未缴税额：	经办人(签章)： 财务负责人(签章)： 联系电话：
本期缴纳前期应纳税额：	(如果你已委托代理人申报,请填写) 　　　　　　授权声明
本期预缴税额：	为代理一切税务事宜,现授权_____ (地址)_____为本纳税人的代理申
本期应补(退)税额：	报人,任何与本申报表有关的往来文件, 都可寄予此人。
期末未缴税额：	授权人签章：

以下由税务机关填写

受理人(签章)：　　　　　受理日期：　年　月　日　　　　受理税务机关(章)：

延伸阅读1:《财政部 国家税务总局关于调整小汽车进口环节消费税的通知》

延伸阅读2:《国家税务总局关于高档化妆品消费税征收管理事项的公告》

任务小结

消费税应纳税额的计算与申报：

● 消费税的征税范围包括生产应税消费品、委托加工应税消费品、进口的应税消费品,以及零售的应税消费品。

● 采用从价定率计算方法,应纳税额等于应税消费品的销售额乘以适用税率;采用从量定额计算方法,应纳税额等于应税消费品的销售数量乘以单位税额;采用复合计征方法,应纳税额等于应税销售数量乘以定额税率再加上应税销售额乘以比例税率。

●将外购应税消费品和委托加工收回的应税消费品继续生产应税消费品销售的,可以将外购应税消费品和委托加工收回应税消费品已缴纳的消费税给予扣除。

●消费税纳税人应按有关规定及时办理纳税申报,并应如实填写"消费税纳税申报表"。

闯关考验

一、知识思考

1.消费税有哪些税目?

2.简述从价定率征收消费税的计算方法。

3.销售应税消费品销售额如何确定?

4.简述从量定额征收消费税的计算方法。

5.销售应税消费品的实际销售数量如何确定?

6.简述外购和委托加工收回的应税消费品已纳消费税的抵扣。

7.简述消费税的纳税环节。

二、技能测试

1.甲化妆品公司为增值税一般纳税人,主要从事高档化妆品的生产、进口和销售业务,2016年11月发生以下经济业务:

(1)从国外进口一批高档化妆品,海关核定的关税完税价格为112万元,公司按规定向海关缴纳了关税、消费税和进口环节增值税,并取得了相关完税凭证。

(2)向公司员工发放一批新研发的高档化妆品作为职工福利,该批化妆品不含增值税的销售价格为75万元。

(3)委托乙公司加工一批高档化妆品,提供的材料成本为86万元,支付乙公司加工费5万元,当月收回该批委托加工的化妆品,乙公司没有同类消费品销售价格。

已知:高档化妆品适用的消费税税率为15%,关税税率为25%。

要求:

(1)计算该公司当月进口环节应缴纳的消费税税额。

(2)计算该公司当月作为职工福利发放的高档化妆品应缴纳的消费税税额。

(3)计算乙公司受托加工的高档化妆品在交货时应代收代缴的消费税税额。

2.甲企业为高尔夫球及球具生产厂家,是增值税一般纳税人。2016年10月发生以下业务:

(1)购进一批PU材料,增值税专用发票注明价款10万元、增值税税款1.7万元,委托乙企业将其加工成100个高尔夫球包,支付加工费2万元、增值税税款0.34万元;乙企业当月销售同类球包不含税销售价格为0.25万元/个。

(2)将委托加工收回的球包批发给代理商,收到不含税价款28万元。

(3)购进一批碳素材料、钛合金,增值税专用发票注明价款150万元、增值税税款25.5万元,委托丙企业将其加工成高尔夫球杆,支付加工费用30万元、增值税税款5.1万元。

(4)委托加工收回的高尔夫球杆80%当月已经销售,收到不含税价款300万元,尚有

20%留存仓库。

(5)主管税务机关在11月初对甲企业进行税务检查时发现,乙企业已经履行了代收代缴消费税义务,丙企业未履行代收代缴消费税义务。(其他相关资料:高尔夫球及球具消费税税率为10%,以上取得的增值税专用发票均已通过主管税务机关认证。)

要求:根据上述资料,回答下列问题。

(1)计算乙企业应已代收代缴的消费税。

(2)计算甲企业批发球包应缴纳的消费税。

(3)计算甲企业销售高尔夫球杆应缴纳的消费税。

(4)计算甲企业留存仓库的高尔夫球杆应缴纳的消费税。

(5)计算甲企业当月应缴纳的增值税。

(6)主管税务机关对丙企业未代收代缴消费税的行为应如何处理?

3.某首饰商城为增值税一般纳税人,2017年5月发生以下业务:

(1)零售金银首饰与镀金首饰组成的套装礼盒,取得收入29.25万元,其中金银首饰收入20万元,镀金首饰收入9.25万元;

(2)采取"以旧换新"方式向消费者销售金项链2 000条,新项链每条零售价0.25万元,旧项链每条作价0.22万元,每条项链取得差价款0.03万元;

(3)用300条银基项链抵偿债务,该批项链账面成本为39万元,零售价70.2万元;

(4)外购金银首饰一批,取得的普通发票上注明的价款400万元;外购镀金首饰一批,取得经税务机关认可的增值税专用发票,注明价款50万元、增值税8.5万元。

(其他相关资料:金银首饰零售环节消费税税率5%。)

要求:根据上述资料,分析回答下列问题。

(1)该商城销售成套礼盒应缴纳的消费税税额。

(2)该商城"以旧换新"销售金项链应缴纳的消费税税额。

(3)该商城用银基项链抵偿债务应缴纳的消费税税额。

(4)该商城5月份应缴纳的增值税税额。

三、理论测试

(一)单选题

1.下列消费品中,不属于消费税征税范围的是(　　)。

A.小汽车　　　　B.网球及球具　　　　C.烟丝　　　　D.实木地板

2.甲烟草公司提供烟叶委托乙公司加工一批烟丝。甲公司将已收回烟丝中的一部分用于生产卷烟,另一部分烟丝卖给丙公司。在这项委托加工烟丝的业务中,消费税的纳税义务人是(　　)。

A.甲公司　　　　B.乙公司　　　　C.丙公司　　　　D.甲公司和丙公司

3.纳税人自产的用于下列用途的应税消费品中,不需要缴纳消费税的是(　　)。

A.用于赞助的消费品　　　　　　　　B.用于职工福利的消费品

C.用于广告的消费品　　　　　　　　D.用于连续生产应税消费品的消费品

4.下列应税消费品种,适用复合计税方法计征消费税的是(　　)。

A.粮食白酒　　　B.酒精　　　　C.成品油　　　　D.摩托车

5. 根据消费税法律制度的规定,下列关于消费税纳税义务发生时间的表述中,正确的有( )。

A. 采取预收货款方式销售货物的,为货物发出的当天

B. 采取直接收款方式销售货物的,为货物发出的当天

C. 委托他人代销货物的,为受托方售出货物的当天

D. 进口货物,为报关进口的当天

6. 2017年3月甲公司进口一批高档手表,海关审定的关税完税价格为100万元,缴纳关税30万元,已知高档手表消费税税率为20%,甲公司当月进口高档手表应缴纳消费税税额的下列计算中,正确的是( )。

A. (100+30)×20%=26(万元)

B. (100+30)÷(1-20%)×20%=32.5(万元)

C. 100×20%=20(万元)

D. 100÷(1-20%)×20%=25(万元)

7. 某啤酒生产企业为增值税一般纳税人,2016年12月份销售乙类啤酒1 000吨,取得含税销售额234万元,则该啤酒生产企业当月应缴纳消费税为( )万元。(乙类啤酒消费税税率为220元/吨)

A. 95.88　　　　B. 98.13　　　　C. 75.87　　　　D. 22

8. 某白酒生产企业为增值税一般纳税人,2017年5月份销售白酒2吨,取得含税销售额234万元,则该白酒生产企业当月应缴纳消费税为( )万元。(白酒的消费税税率为20%加0.5元/500克)

A. 95.88　　　　B. 46.8　　　　C. 47　　　　D. 40.2

9. 下列关于消费税纳税义务发生时间的表述中,不正确的是( )。

A. 委托其他纳税人代销货物,为代销货物移送给委托方的当天

B. 销售应税劳务,为提供劳务同时收讫销售款或者取得索取销售款凭据的当天

C. 采取委托承付和委托银行收款方式销售货物,为发出货物并办妥托收手续的当天

D. 采取直接收款方式销售货物,为收到销售或者取得索取销售款凭据的当天

10. 下列关于消费税纳税环节的表述中,不正确的是( )。

A. 纳税人生产应税消费品对外销售的,在销售时纳税

B. 纳税人自产自用应税消费品,不用于连续生产应税消费品而用于其他方面的,在移送使用时纳税

C. 纳税人委托加工应税消费品,收回后直接销售的,在销售时纳税

D. 纳税人委托加工应税消费品,由受托方向委托方交货时代收代缴税款,但受托方为个人和个体工商户的除外

(二)多选题

1. 下列各项中,属于消费税征税范围的消费品有( )。

A. 高档手表　　B. 木制一次性筷子　　C. 实木地板　　D. 高档西服

2. 根据消费税的相关规定,下列各项中应计算缴纳消费税的有( )。

A. 外贸公司进口高档化妆品　　　　B. 日化厂销售自产高档化妆品

C. 商贸企业批发高档化妆品　　　　D. 超市零售高档化妆品

3.下列各项中,既征收增值税又征收消费税的有(　　　　)。

A. 批发环节销售的白酒　　　　　　　　B. 生产销售小汽车

C. 零售环节销售的金银首饰　　　　　　D. 进口的高档化妆品

4.对下列各项应税消费品,在计算应纳消费税额时采用定额税率从量计征的有(　　　)。

A. 烟丝　　　　　　B. 白酒　　　　　　C. 汽油　　　　　　D. 黄酒

5. 根据消费税法律制度的规定,下列关于消费税纳税义务发生时间的表述中,正确的有(　　　)。

A. 采取预收货款方式销售货物的,为货物发出的当天

B. 采取直接收款方式销售货物的,为货物发出的当天

C. 委托他人代销货物的,为受托方售出货物的当天

D. 进口货物,为报关进口的当天

6.纳税人用于(　　　)的应税消费品,应当以纳税人同类应税消费品的最高销售价格作为计税依据计算征收消费税。

A. 换取生产资料　　　　　　　　　　B. 换取消费资料

C. 投资入股　　　　　　　　　　　　D. 抵偿债务

7.下列各项中,符合应税消费品销售数量规定的有(　　　)。

A. 生产销售应税消费品的,为应税消费品的销售数量

B. 自产自用应税消费品的,为应税消费品的生产数量

C. 委托加工应税消费品的,为纳税人收回的应税消费品数量

D. 进口应税消费品的,为海关核定的应税消费品进口征税数量

8.下列各项中,外购应税消费已纳消费税款准予扣除的有(　　　)。

A. 外购已税烟丝生产的卷烟

B. 外购已税小汽车生产的小轿车

C. 外购已税珠宝原料生产的金银镶嵌首饰

D. 外购已税石脑油为原料生产的应税消费品

9.根据消费税法律制度的规定,下列各项中,应并入白酒的销售额计征消费税的有(　　　)。

A. 优质费　　　　　　　　　　　　B. 逾期付款违约金

C. 包装物的押金　　　　　　　　　　D. 品牌使用费

10.下列各项中,既征收增值税又征收消费税的有(　　　　)。

A. 批发环节销售的卷烟　　　　　　　　B. 生产销售摩托车

C. 零售环节销售的金银首饰　　　　　　D. 进口的咖啡

(三)判断题

1.将自产、委托加工或者购买的货物用于集体福利或个人消费的,均视同销售,征收增值税。　　　　　　　　　　　　　　　　　　　　　　　　　　　　(　　　)

2.某 KTV 自办的啤酒屋利用啤酒生产设备生产的啤酒,不属于消费税的征税范围。

(　　　)

3.纳税人将自产应税消费品用于连续生产应税消费品的,应缴纳消费税。　　(　　　)

4.包装物已作价随同应税消费品销售,又另外收取押金并在规定期限内未予退还的押金,

应并入应税消费品的销售额计征消费税。 （　　）

5.某卷烟厂通过自设独立核算门市部销售自产卷烟,应当按照门市部对外销售额或销售数量计算征收消费税。 （　　）

6.白酒包装物收取押金,并在规定期限内退还的押金,不应并入应税消费品的销售额计征消费税。 （　　）

7.消费税的纳税人采取预收货款结算方式的,其纳税义务发生时间为销售合同规定的收款日期的当天。 （　　）

8.用外购已税消费品连续生产应税消费品征税时,应按当期生产销售数量计算准予扣除外购的应税消费品的已纳消费税税款。 （　　）

9.采取从量定额计征的消费税,以不含增值税的销售额为计税依据,按照税法规定的税率计算。 （　　）

10.消费税的征税环节与增值税一样,都是从生产到流通的所有环节。 （　　）

四、拓展实训

实训课题: 消费税网上申报。

实训目的: 熟悉消费税纳税申报流程,掌握消费税纳税申报表及附表的填制。

实训组织: 每3名学生为一组,分别担任办税员、税务主管、税务公务员。

实训内容:

衡信电源有限公司为增值税一般纳税人,主要从事锂电池、磷酸亚铁锂电池等电池生产销售业务。2016年6月,生产销售的电池业务情况如下:

(1)6月12日,向浙江电子产品检验所销售一批自主生产的原电池,取得不含税收入58 267元(其中,无汞原电池19 975元,锂原电池14 352元)。

(2)6月20日,向杭州万达文化有限公司销售一批自主生产的太阳能电池,取得不含税收入 19 981 元。

浙江增值税专用发票　　**NO** 31375118

3301154140

记账联

开票日期: 2016年06月20日

	名　称：	杭州万达文化有限公司					5<-/566<273>21/0990//		加密版本：01	
购货单位	纳税人识别号：	330100976734521				密码区	>/59220556+4/75>+980/		3301154140	
	地址、电话：	杭州市滨江区滨康路23号 56661111					-7->-0008+8//525889<0		31375118	
	开户行及账号：	农行杭州高新支行0453110142387					*1>-28*036+55-170>>0+			
货物或应税劳务名称	规格型号	单位	数量	单价		金额	税率	税额	
太阳能电池		只	377.00	53.00		19981.00	17%	3396.77	
合　计						¥ 19981.00		¥ 3396.77	
价税合计(大写)		贰万叁仟叁佰柒拾柒元柒角柒分					(小写)　¥ 23377.77			
销货单位	名　称：	衡信电源有限公司				备注				
	纳税人识别号：	330100697058580								
	地址、电话：	杭州市滨江区南环路 86868102								
	开户行及账号：	农业银行杭州高新支行 045301040010061								

收款人：　　　复核：　　　开票人：　　　销货单位：章

第一联：记账联 销货方记账凭证

国税发〔2012〕3145号厦门市税政股份有限公司

（3）6 月 24 日，向上海湘中印刷有限公司销售一批自主生产的燃料电池，取得不含税收入 29 795 元。

根据以上案例资料，将纳税申报表填写完整保存后，在"发送报表"中将已经保存成功的报表上报税务机关，通过"申报查询"功能将已报送成功的报表打印出来留存备查。企业如当月申报有税款的可通过"网上缴税"申请网上扣缴税款。

项目二 所得税纳税实务

知识目标

● 理解企业所得税的基本法规知识；

● 掌握应纳税所得额和应纳税额的计算；

● 理解企业所得税的月(季)度预缴,年终汇算清缴；

● 理解个人所得税的基本法规知识；

● 掌握应纳税所得额和应纳税额的计算；

● 掌握个人所得税自行申报和源泉扣缴的申报方式。

能力目标

● 会判断居民企业和非居民企业纳税人；

● 能根据业务资料计算企业所得税应纳税额；

● 会填制企业所得税纳税申报表,能办理企业所得税年终汇算清缴工作；

● 会判断居民和非居民纳税人；

● 能根据个人所得计算个人所得税应纳税额；

● 会填制个人所得税纳税申报表,能办理个人所得税代扣代缴工作。

项目描述

所得税纳税实务项目,包含企业所得税应纳税额的计算与申报和个人所得税应纳税额的计算与申报两个学习任务。

企业所得税是对我国境内的企业和其他取得收入的组织的生产经营所得和其他所得征收的一种税。企业所得税应纳税所得额的计算,是在会计利润总额的基础上加或减按照税法规定调整的项目金额后,即为应纳税所得额。

个人所得税是以自然人取得的各类应税所得为征税对象而征收的一种所得税。个人所得税应纳税所得额,以某项应税项目的收入额减去税法规定的该项费用减除标准后的余额,为该项所得的应纳税所得额。

任务 1　企业所得税应纳税额计算与申报

【任务导入】

红光公司是境内工业企业,2016 年度生产经营情况如下:

(1)销售收入 5 700 万元;销售成本 2 000 万元;实际缴纳的增值税 700 万元,税金及附加 80 万元。

(2)其他业务收入 300 万元。

(3)销售费用 1 500 万元,其中包括广告费 1 000 万元、业务宣传费 20 万元。

(4)管理费用 500 万元,其中包括业务招待费 70 万元、新产品研究开发费用 40 万元。

(5)财务费用 80 万元,其中包括向非金融机构借款 1 年的利息支出 50 万元,年利息率为 10%(银行同期同类贷款年利率为 6%)。

(6)营业外支出 30 万元,其中包括向供货商支付违约金 5 万元,接受工商局罚款 1 万元,通过市民政部门向灾区捐赠 20 万元。

(7)投资收益 18 万元,其中包括从直接投资外地居民公司分回的税后利润 17 万元(该居民公司适用的企业所得税税率为 15%)和国债利息收入 1 万元。

已知:该企业账面会计利润 628 万元,该企业适用的企业所得税税率为 25%。

【任务要求】

计算红光公司 2016 年度应纳的企业所得税税额。

【知识准备】

一、纳税义务人、征税对象与税率

企业所得税是对我国境内的企业和其他取得收入的组织的生产经营所得和其他所得征收的一种税。企业所得税的计税依据是应纳税所得额,它以利润为主要依据,但不是直接意义上的会计利润,更不是收入总额。在计算所得税时,计税依据的计算涉及纳税人的成本、费用、税收激励或限制措施等各个方面,因此所得税计税依据的计算较为复杂。

(一)纳税义务人

企业所得税的纳税义务人,是指在中华人民共和国境内的企业和其他取得收入的组织。除个人独资企业、合伙企业不适用企业所得税法外,凡在我国境内的企业和其他取得收入的组织(以下统称企业)为企业所得税的纳税人,依照税法规定缴纳企业所得税。

企业所得税的纳税人分为居民企业和非居民企业,这是根据企业纳税义务范围的宽窄进行的分类方法,不同的企业在向中国政府缴纳所得税时,纳税义务不同。把企业分为居民企业和非居民企业,是为了更好地保障我国税收管辖权的有效行使。税收管辖权是一国政府在征税方面的主权,是国家主权的重要组成部分。根据国际上的通行做法,我国选择了地域管辖权和居民管辖权的双重管辖权标准,最大限度地维护我国的税收利益。

1.居民企业

居民企业是指依法在中国境内成立,或者依照外国(地区)法律成立但实际管理机构在中国境内的企业。这里的企业包括国有企业、集体企业、私营企业、联营企业、股份制企业、外商投资企业、外国企业,以及有生产、经营所得和其他所得的其他组织。其中,有生产、经营所得和其他所得的其他组织,是指经国家有关部门批准,依法注册、登记的事业单位、社会团体等组织。由于我国的一些社会团体组织、事业单位在完成国家事业计划的过程中,开展多种经营和有偿服务活动,取得除财政部门各项拨款、财政部和国家价格主管部门批准的各项规费收入以外的经营收入,具有经营的特点,应当视同企业纳入征税范围。其中,实际管理机构是指对企业的生产经营、人员、账务、财产等实施实质性全面管理和控制的机构。

2.非居民企业

非居民企业是指依照外国(地区)法律成立且实际管理机构不在中国境内,但在中国境内设立机构、场所的,或者在中国境内未设立机构、场所,但有来源于中国境内所得的企业。

上述所称机构、场所是指在中国境内从事生产经营活动的机构、场所,包括:

(1)管理机构、营业机构、办事机构。

(2)工厂、农场、开采自然资源的场所。

(3)提供劳务的场所。

(4)从事建筑、安装、装配、修理、勘探等工程作业的场所。

(5)其他从事生产经营活动的机构、场所。

非居民企业委托营业代理人在中国境内从事生产经营活动的,包括委托单位或者个人经常代其签订合同,或者储存、交付货物等,该营业代理人视为非居民企业在中国境内设立的机构、场所。

(二)征税对象

企业所得税的征税对象是指企业的生产经营所得、其他所得和清算所得。

1.居民企业的征税对象

居民企业应就来源于中国境内、境外的所得作为征税对象。所得,包括销售货物所得、提供劳务所得、转让财产所得、股息红利等权益性投资所得,以及利息所得、租金所得、特许权使用费所得、接受捐赠所得和其他所得。

2.非居民企业的征税对象

非居民企业在中国境内设立机构、场所的,应当就其所设机构、场所取得的来源于中国境内的所得,以及发生在中国境外但与其所设机构、场所有实际联系的所得,缴纳企业所得税。非居民企业在中国境内未设立机构、场所的,或者虽设立机构、场所但取得的所得与其所设机构、场所没有实际联系的,应当就其来源于中国境内的所得缴纳企业所得税。

上述所称实际联系,是指非居民企业在中国境内设立的机构、场所拥有的据以取得所得的股权、债权,以及拥有、管理、控制据以取得所得的财产等。

![知识链接]

所得来源的确定

(1)销售货物所得,按照交易活动发生地确定。

(2)提供劳务所得,按照劳务发生地确定。

(3)转让财产所得。①不动产转让所得按照不动产所在地确定。②动产转让所得按照转让动产的企业或者机构、场所所在地确定。③权益性投资资产转让所得按照被投资企业所在地确定。

(4)股息、红利等权益性投资所得,按照分配所得的企业所在地确定。

(5)利息所得、租金所得、特许权使用费所得,按照负担、支付所得的企业或者机构、场所所在地确定,或者按照负担、支付所得的个人的住所地确定。

(6)其他所得,由国务院财政、税务主管部门确定。

(三)税率

企业所得税实行比例税率。比例税率简便易行,透明度高,不会因征税而改变企业间收入分配比例,有利于促进效率的提高。现行规定是:

(1)基本税率为25%。适用于居民企业和在中国境内设有机构、场所且所得与机构、场所有关联的非居民企业。

(2)低税率为20%。适用于小型微利企业。

(3)税率为15%。适用于国家需要重点扶持的高新技术企业。

(4)税率为10%。适用于在中国境内未设立机构、场所的,或者虽设立机构、场所但取得的所得与其所设机构、场所没有实际联系的非居民企业。

二、应纳税所得额的计算

应纳税所得额是企业所得税的计税依据,按照《中华人民共和国企业所得税法》的规定,应纳税所得额为企业每一个纳税年度的收入总额,减除不征税收入、免税收入、各项扣除以及允许弥补的以前年度亏损后的余额。计算公式为:

应纳税所得额＝收入总额－不征税收入－免税收入－各项扣除－允许弥补的以前年度亏损

企业应纳税所得额的计算以权责发生制为原则,属于当期的收入和费用,不论款项是否收付,均作为当期的收入和费用;不属于当期的收入和费用,即使款项已经在当期收付,均不作为当期的收入和费用。应纳税所得额的正确计算直接关系到国家财政收入和企业的税收负担,并且同成本、费用核算关系密切。因此,企业所得税法对应纳税所得额计算做了明确规定,主要内容包括收入总额、扣除范围和标准、资产的税务处理、亏损弥补等。

在实际工作中,应纳税所得额的计算是在会计利润总额的基础上加或减按照税法规定调整的项目金额。计算公式为:

应纳税所得额＝会计利润总额±纳税调整项目金额

税收调整项目金额包括两方面的内容,一是企业的财务会计处理和税收规定不一致的应予以调整的金额;二是企业按税法规定准予扣除的税收金额。

(一)收入总额

企业的收入总额包括以货币形式和非货币形式从各种来源取得的收入,具体有:销售货物收入,提供劳务收入,转让财产收入,股息、红利等权益性投资收益,利息收入,租金收入,特许权使用费收入,接受捐赠收入,其他收入。

企业取得收入的货币形式,包括现金、存款、应收账款、应收票据、准备持有至到期的债券投资以及债务的豁免等;纳税人以非货币形式取得的收入,包括固定资产、生物资产、无形资产、股权投资、存货、不准备持有至到期的债券投资、劳务以及有关权益等,这些非货币资产应当按照公允价值确定收入额,公允价值是指按照市场价格确定的价值。收入的具体构成为:

1.一般收入的确认

(1)销售货物收入,是指企业销售商品、产品、原材料、包装物、低值易耗品以及其他存货取得的收入。

(2)劳务收入,是指企业从事建筑安装、修理修配、交通运输、仓储租赁、金融保险、邮电通信、咨询经纪、文化体育、科学研究、技术服务、教育培训、餐饮住宿、中介代理、卫生保健、社区服务、旅游、娱乐、加工以及其他劳务服务活动取得的收入。

(3)财产转让收入,是指企业转让固定资产、生物资产、无形资产、股权、债权等财产取得的收入。

(4)股息、红利等权益性投资收益,是指企业因权益性投资从被投资方取得的收入。股息、红利等权益性投资收益,除国务院财政、税务主管部门另有规定外,按照被投资方作出利润分配决定的日期确认收入的实现。

(5)利息收入,是指企业将资金提供他人使用但不构成权益性投资,或者因他人占用企业资金取得的收入,包括存款利息、贷款利息、债券利息、欠款利息等收入。利息收入,按照合同约定的债务人应付利息的日期确认收入的实现。

(6)租金收入,是指企业提供固定资产、包装物或者其他有形资产的使用权取得的收入。租金收入,按照合同约定的承租人应付租金的日期确认收入的实现。

(7)特许权使用费收入,是指企业提供专利权、非专利技术、商标权、著作权以及其他特许权的使用权而取得的收入。特许权使用费收入,按照合同约定的特许权使用人应付特许权使用费的日期确认收入的实现。

(8)接受捐赠收入,是指企业接受的来自其他企业、组织或者个人无偿给予的货币性资产、非货币性资产。接受捐赠收入,按照实际收到的捐赠资产的日期确认收入的实现。

(9)其他收入,是指企业取得的除以上收入外的其他收入,包括企业资产溢余收入、逾期未退包装物押金收入、确实无法偿付的应付款项、已作坏账损失处理后又收回的应收款项、债务重组收入、补贴收入、违约金收入、汇兑收益等。

2.特殊收入的确认

(1)以分期收款方式销售货物的,按照合同约定的收款日期确认收入的实现。

(2)企业受托加工制造大型机械设备、船舶、飞机,以及从事建筑、安装、装配工程业务或者提供其他劳务等,持续时间超过 12 个月的,按照纳税年度内完工进度或者完成的工作量确认收入的实现。

（3）采取产品分成方式取得收入的，按照企业分得产品的日期确认收入的实现，其收入额按照产品的公允价值确定。

（4）企业发生非货币性资产交换，以及将货物、财产、劳务用于捐赠、偿债、赞助、集资、广告、样品、职工福利或者利润分配等用途的，应当视同销售货物、转让财产或者提供劳务，但国务院财政、税务主管部门另有规定的除外。

3. 处置资产收入的确认

（1）内部处置资产：不确认收入。

①将资产用于生产、制造、加工另一产品。

②改变资产形状、结构或性能。

③改变资产用途（如自建商品房转为自用或经营）。

④将资产在总机构及其分支机构之间转移（限于境内）。

⑤上述两种或两种以上情形的混合。

⑥其他不改变所有权的用途。

（2）移送他人：按视同销售确认收入。

①用于市场推广或销售。

②用于交际应酬。

③用于职工奖励或福利。

④用于股息分配。

⑤用于对外捐赠。

⑥其他改变资产所有权属的用途。

（3）收入计量。

自制资产，按同类同期对外售价确定销售收入（按移送的存货成本结转成本）；外购资产，按购入价格确定销售收入（按购入时的价格结转成本）。

4. 相关收入实现的确认

除《中华人民共和国企业所得税法》及实施条例前述收入的规定外，企业销售收入的确认，必须遵循权责发生制原则和实质重于形式原则。

（1）企业销售商品同时满足下列条件的，应确认收入的实现：

①商品销售合同已经签订，企业已将商品所有权相关的主要风险和报酬转移给购货方。

②企业对已售出的商品既没有保留通常与所有权相联系的继续管理权，也没有实施有效控制。

③收入的金额能够可靠地计量。

④已发生或将发生的销售方的成本能够可靠地核算。

（2）符合上款收入确认条件，采取下列商品销售方式的，应按以下规定确认收入实现时间：

①销售商品采用托收承付方式的，在办妥托收手续时确认收入。

②销售商品采取预收款方式的，在发出商品时确认收入。

③销售商品需要安装和检验的，在购买方接受商品以及安装和检验完毕时确认收入。如果安装程序比较简单，可在发出商品时确认收入。

④销售商品采用支付手续费方式委托代销的，在收到代销清单时确认收入。

（3）采用售后回购方式销售商品的，销售的商品按售价确认收入，回购的商品作为购进商品处理。有证据表明不符合销售收入确认条件的，如以销售商品方式进行融资，收到的款项应确认为负债，回购价格大于原售价的，差额应在回购期间确认为利息费用。

（4）销售商品以旧换新的，销售商品应当按照销售商品收入确认条件确认收入，回收的商品作为购进商品处理。

（5）企业为促进商品销售而在商品价格上给予的价格扣除属于商业折扣，商品销售涉及商业折扣的，应当按照扣除商业折扣后的金额确定销售商品收入金额。

债权人为鼓励债务人在规定的期限内付款而向债务人提供的债务扣除属于现金折扣，销售商品涉及现金折扣的，应当按扣除现金折扣前的金额确定销售商品收入金额，现金折扣在实际发生时作为财务费用扣除。

企业因售出商品的质量不合格等原因而在售价上给予的减让属于销售折让；企业因售出商品质量、品种不符合要求等原因而发生的退货属于销售退回。企业已经确认销售收入的售出商品发生销售折让和销售退回，应当在发生当期冲减当期销售商品收入。

（6）企业在各个纳税期末，提供劳务交易的结果能够可靠估计的，应采用完工进度（完工百分比）法确认提供劳务收入。

①安装费。应根据安装完工进度确认收入。安装工作是商品销售附带条件的，安装费在确认商品销售实现时确认收入。

②宣传媒介的收费。应在相关的广告或商业行为出现于公众面前时确认收入。广告的制作费，应根据制作广告的完工进度确认收入。

③软件费。为特定客户开发软件的收费，应根据开发的完工进度确认收入。

④服务费。包含在商品售价内可区分的服务费，在提供服务的期间分期确认收入。

⑤艺术表演、招待宴会和其他特殊活动的收费。在相关活动发生时确认收入。收费涉及几项活动的，预收的款项应合理分配给每项活动，分别确认收入。

⑥会员费。申请入会或加入会员，只允许取得会籍，所有其他服务或商品都要另行收费的，在取得该会员费时确认收入。申请入会或加入会员后，会员在会员期内不再付费就可得到各种服务或商品，或者以低于非会员的价格销售商品或提供服务的，该会员费应在整个受益期内分期确认收入。

⑦特许权费。属于提供设备和其他有形资产的特许权费，在交付资产或转移资产所有权时确认收入；属于提供初始及后续服务的特许权费，在提供服务时确认收入。

⑧劳务费。长期为客户提供重复的劳务收取的劳务费，在相关劳务活动发生时确认收入。

（7）企业以买一赠一等方式组合销售本企业商品的，不属于捐赠，应将总的销售金额按各项商品的公允价值的比例来分摊确认各项的销售收入。

（8）企业取得财产（包括各类资产、股权、债权等）转让收入、债务重组收入、接受捐赠收入、无法偿付的应付款收入等，不论是以货币形式还是非货币形式体现，除另有规定外，均应一次性计入确认收入，计算缴纳企业所得税。

（二）不征税收入和免税收入

国家为了扶持和鼓励某些特殊的纳税人和特定的项目，或者避免因征税影响企业的正常经营，对企业取得的某些收入予以不征税或免税的特殊政策，以减轻企业的负担，促进经济的协调发展。或准予抵扣应纳税所得额，或者是对专项用途的资金作为非税收入处理，减轻企业的税负,增加企业可用资金。

1.不征税收入

(1)财政拨款,是指各级人民政府对纳入预算管理的事业单位、社会团体等组织拨付的财政资金,但国务院和国务院财政、税务主管部门另有规定的除外。

(2)依法收取并纳入财政管理的行政事业性收费、政府性基金。行政事业性收费是指依照法律法规等有关规定,按照国务院规定程序批准,在实施社会公共管理,以及在向公民、法人或者其他组织提供特定公共服务过程中,向特定对象收取并纳入财政管理的费用。政府性基金,是指企业依照法律、行政法规等有关规定,代政府收取的具有专项用途的财政资金。

(3)国务院规定的其他不征税收入,是指企业取得的,由国务院财政、税务主管部门规定专项用途并经国务院批准的财政性资金。

2.免税收入

(1)国债利息收入。为鼓励企业积极购买国债,支援国家建设项目,税法规定,企业因购买国债所得的利息收入,免征企业所得税。

(2)符合条件的居民企业之间的股息、红利等权益性收益。这是指居民企业直接投资于其他居民企业取得的投资收益。

(3)在中国境内设立机构、场所的非居民企业从居民企业取得与该机构、场所有实际联系的股息、红利等权益性投资收益。该收益都不包括连续持有居民企业公开发行并上市流通的股票不足 12 个月取得的投资收益。

(4)符合条件的非营利组织的收入。符合条件的非营利组织的收入是指:

①接受其他单位或者个人捐赠的收入。

②除财政拨款以外的其他政府补助收入,但不包括因政府购买服务取得的收入。

③按照省级以上民政部门规定收取的会费。

④不征税收入和免税收入孳生的银行存款利息收入。

⑤财政部、国家税务总局规定的其他收入。

(三)扣除原则和范围

1.税前扣除项目的原则

企业申报的扣除项目和金额要真实、合法。所谓真实是指能提供证明有关支出确属已经实际发生;合法是指符合国家税法的规定,若其他法规规定与税收法规规定不一致,应以税收法规的规定为标准。除税收法规另有规定外,税前扣除一般应遵循以下原则:

(1)权责发生制原则。企业费用应在发生的所属期扣除,而不是在实际支付时确认扣除。

(2)配比原则。企业发生的费用应当与收入配比扣除。除特殊规定外,企业发生的费用不得提前或滞后申报扣除。

(3)相关性原则。企业可扣除的费用从性质和根源上必须与取得应税收入直接相关。

(4)确定性原则。即企业可扣除的费用不论何时支付,其金额必须是确定的。

(5)合理性原则。符合生产经营活动常规,应当计入当期损益或者有关资产成本的必要和正常的支出。

2.扣除项目的范围

《中华人民共和国企业所得税法》规定,企业实际发生的与取得收入有关的、合理的支出,包括成本、费用、税金、损失和其他支出,准予在计算应纳税所得额时扣除。在实际中,计算应纳税所得额时还应注意三方面的内容:①企业发生的支出应当区分收益性支出和资本性支出。收益性支出在发生当期直接扣除;资本性支出应当分期扣除或者计入有关资产成本,不得在发生当期直接扣除。②企业的不征税收入用于支出所形成的费用或者财产,不得扣除或者计算对应的折旧、摊销扣除。③除《中华人民共和国企业所得税法》和《中华人民共和国所得税法实施条例》另有规定外,企业实际发生的成本、费用、税金、损失和其他支出,不得重复扣除。

(1)成本。成本是指企业在生产经营活动中发生的销售成本、销货成本、业务支出,以及其他耗费,即企业销售商品(产品、材料、下脚料、废料、废旧物资等)、提供劳务、转让固定资产和无形资产(包括技术转让)的成本。

企业必须将经营活动中发生的成本合理划分为直接成本和间接成本。直接成本是指可直接计入有关成本计算对象或劳务的经营成本中的直接材料、直接人工等。间接成本是指多个部门为同一成本对象提供服务的共同成本,或者同一种投入可以制造、提供两种或两种以上的产品或劳务的联合成本。

直接成本可根据有关会计凭证、记录直接计入有关成本计算对象或劳务的经营成本中。间接成本必须根据与成本计算对象之间的因果关系、成本计算对象的产量等,以合理的方法分配计入有关成本计算对象中。

(2)费用。费用是指企业每一个纳税年度为生产、经营商品和提供劳务等所发生的销售(经营)费用、管理费用和财务费用,已计入成本的有关费用除外。

销售费用是指应由企业负担的为销售商品而发生的费用,包括广告费、运输费、装卸费、包装费、展览费、保险费、销售佣金(能直接认定的进口佣金调整商品进价成本)、代销手续费、经营性租赁费及销售部门发生的差旅费、工资、福利费等费用。

管理费用是指企业的行政管理部门为管理组织经营活动提供各项支援性服务而发生的费用。

财务费用是指企业筹集经营性资金而发生的费用,包括利息净支出、汇兑净损失、金融机构手续费以及其他非资本化支出。

(3)税金。税金是指企业发生的除企业所得税和允许抵扣的增值税以外的企业缴纳的各项税金及其附加,即企业按规定缴纳的消费税、城市维护建设税、关税、资源税、土地增值税、房产税、车船税、土地使用税、印花税、教育费附加等产品销售税金及附加。这些已纳税金准予税前扣除。准许扣除的税金有两种方式:一是在发生当期扣除;二是在发生当期计入相关资产的成本,在以后各期分摊扣除。

(4)损失。损失是指企业在生产经营活动中发生的固定资产和存货的盘亏、毁损、报废损失,转让财产损失,呆账损失,坏账损失,自然灾害等不可抗力因素造成的损失以及其他损失。

企业发生的损失减除责任人赔偿和保险赔款后的余额,依照国务院财政、税务主管部门的规定扣除。

企业已经作为损失处理的资产,在以后纳税年度又全部收回或者部分收回时,应当计入当期收入。

(5)扣除的其他支出。其他支出是指除成本、费用、税金、损失外,企业在生产经营活动中发生的与生产经营活动有关的、合理的支出。

3.扣除项目的标准

在计算应纳税所得额时,下列项目可按照实际发生额或规定的标准扣除。

(1)工资、薪金支出。

企业发生的合理的工资、薪金支出准予据实扣除。工资、薪金支出是指企业每一纳税年度支付给本企业任职或与其有雇佣关系的员工的所有现金或非现金形式的劳动报酬,包括基本工资、资金、津贴、补贴、年终加薪、加班工资,以及与员工任职或者受雇有关的其他支出。

"合理工资、薪金",是指企业按照股东大会、董事会、薪酬委员会或相关管理机构制定的工资薪金制度规定实际发放给员工的工资、薪金。

(2)职工福利费、工会经费、职工教育经费。

企业发生的职工福利费、工会经费、职工教育经费按标准扣除,未超过标准的按实际数扣除,超过标准的只能按标准扣除。

①企业发生的职工福利费支出,不超过工资、薪金总额14%的部分准予扣除。

企业职工福利费,包括以下内容:

尚未实行分离办社会职能的企业,其内设福利部门所发生的设备、设施和人员费用,包括职工食堂、职工浴室、理发室、医务所、托儿所、疗养院等集体福利部门的设备、设施及维修保养费用和福利部门工作人员的工资、薪金、社会保险费、住房公积金、劳务费等。

为职工卫生保健、生活、住房、交通等所发放的各项补贴和非货币性福利,包括企业向职工发放的因公外地就医费用、未实行医疗统筹企业职工医疗费用、职工供养直系亲属医疗补贴、供暖费补贴、职工防暑降温费、职工困难补贴、救济费、职工食堂经费补贴、职工交通补贴等。

按照其他规定发生的其他职工福利费,包括丧葬补助费、抚恤费、安家费、探亲假路费等。

值得注意的是:企业发生的职工福利费,应该单独设置账册,进行准确核算。没有单独设置账册准确核算的,税务机关应责令企业在规定的期限内进行改正。逾期仍未改正的,税务机关可对企业发生的职工福利费进行合理的核定。

②企业拨缴的工会经费,不超过工资、薪金总额2%的部分准予扣除。

③除国务院财政、税务主管部门另有规定外,企业发生的职工教育经费支出,不超过工资、薪金总额2.5%的部分准予扣除,超过部分准予结转以后纳税年度扣除。

上述计算职工福利费、工会经费、职工教育经费的"工资、薪金总额",是指企业按照上述第(1)条规定实际发放的工资、薪金总和,不包括企业的职工福利费、职工教育经费、工会经费以及养老保险费、医疗保险费、失业保险费、工伤保险费、生育保险费等社会保险费和住房公积金。属于国有性质的企业,其工资、薪金,不得超过政府有关部门给予的限定数额;超过部分,不得计入企业工资、薪金总额,也不得在计算企业应纳税所得额时扣除。

(3)社会保险费。

①企业依照国务院有关主管部门或者省级人民政府规定的范围和标准为职工缴纳的"五险一金",即基本养老保险费、基本医疗保险费、失业保险费、工伤保险费、生育保险费等基本社会保险费和住房公积金,准予扣除。

②企业为投资者或者职工支付的补充养老保险费、补充医疗保险费,在国务院财政、税务主管部门规定的范围和标准内,准予扣除。企业依照国家有关规定为特殊工种职工支付的人身安全保险费和符合国务院财政、税务主管部门规定可以扣除的商业保险费准予扣除。

③企业参加财产保险,按照规定缴纳的保险费,准予扣除。企业为投资者或者职工支付的

商业保险费,不得扣除。

（4）利息费用。

企业在生产、经营活动中发生的利息费用,按下列规定扣除。

①非金融企业向金融企业借款的利息支出、金融企业的各项存款利息支出和同业拆借利息支出、企业经批准发行债券的利息支出可据实扣除。

②非金融企业向非金融企业借款的利息支出,不超过按照金融企业同期同类贷款利率计算的数额的部分可据实扣除,超过部分不许扣除。

其中,所谓金融机构,是指各类银行、保险公司及经中国人民银行批准从事金融业务的非银行金融机构。其包括国家专业银行、区域性银行、股份制银行、外资银行、中外合资银行以及其他综合性银行,还包括全国性保险企业、区域性保险企业、股份制保险企业、中外合资保险企业以及其他专业性保险企业,城市、农村信用社、各类财务公司,以及其他从事信托投资、租赁等业务的专业和综合性非银行金融机构。非金融机构,是指除上述金融机构以外的所有企业、事业单位以及社会团体等企业或组织。

（5）借款费用。

①企业在生产经营活动中发生的合理的不需要资本化的借款费用,准予扣除。

②企业为购置、建造固定资产、无形资产和经过 12 个月以上的建造才能达到预定可销售状态的存货发生借款的,在有关资产购置、建造期间发生的合理的借款费用,应予以资本化,作为资本性支出计入有关资产的成本;有关资产交付使用后发生的借款利息,可在发生当期扣除。

（6）汇兑损失。

企业在货币交易中,以及纳税年度终了时将人民币以外的货币性资产、负债按照期末即期人民币汇率中间价折算为人民币时产生的汇兑损失,除已经计入有关资产成本以及与向所有者进行利润分配相关的部分外,准予扣除。

（7）业务招待费。

企业发生的与其生产、经营业务有关的业务招待费支出,按照发生额的 60% 扣除,但最高不得超过当年销售（营业）收入的 5‰。

（8）广告费和业务宣传费。

企业发生的符合条件的广告费和业务宣传费支出,除国务院财政、税务主管部门另有规定外,不超过当年销售（营业）收入 15% 的部分,准予扣除;超过部分,准予结转以后纳税年度扣除。

企业申报扣除的广告费支出应与赞助支出严格区分。企业申报扣除的广告费支出,必须符合下列条件:广告是通过工商部门批准的专门机构制作的;已实际支付费用,并已取得相应发票;通过一定的媒体传播。

（9）环境保护专项资金。

企业依照法律、行政法规有关规定提取的用于环境保护、生态恢复等方面的专项资金,准予扣除。上述专项资金提取后改变用途的,不得扣除。

（10）保险费。

企业参加财产保险,按照规定缴纳的保险费,准予扣除。

（11）租赁费。

企业根据生产经营活动的需要租入固定资产支付的租赁费,按照以下方法扣除:

①以经营租赁方式租入固定资产发生的租赁费支出,按照租赁期限均匀扣除。经营性租赁是指所有权不转移的租赁。

②以融资租赁方式租入固定资产发生的租赁费支出,按照规定构成融资租入固定资产价值的部分应当提取折旧费用,分期扣除。融资租赁是指在实质上转移与一项资产所有权有关的全部风险和报酬的一种租赁。

（12）劳动保护费。

企业发生的合理的劳动保护支出,准予扣除。

（13）公益性捐赠支出。

公益性捐赠,是指企业通过公益性社会团体或者县级以上人民政府及其部门,用于《中华人民共和国公益事业捐赠法》规定的公益事业的捐赠。

企业发生的公益性捐赠支出,不超过年度利润总额12％的部分,准予扣除。

年度利润总额,是指企业依照国家统一会计制度的规定计算的年度会计利润。

公益事业的捐赠支出,具体范围包括:

①救助灾害、救济贫困、扶助残疾人等困难的社会群体和个人的活动。

②教育、科学、文化、卫生、体育事业。

③环境保护、社会公共设施建设。

④促进社会发展和进步的其他社会公共和福利事业。

⑤企事业单位、社会团体以及其他组织捐赠住房作为廉租住房的视同公益性捐赠,按上述规定执行。

（14）有关资产的费用。

企业转让各类固定资产发生的费用,允许扣除。企业按规定计算的固定资产折旧费、无形资产和递延资产的摊销费,准予扣除。

（15）总机构分摊的费用。

非居民企业在中国境内设立的机构、场所,就其中国境外总机构发生的与该机构、场所生产经营有关的费用,能够提供总机构出具的费用汇集范围、定额、分配依据和方法等证明文件,并合理分摊的,准予扣除。

（16）资产损失。

企业当期发生的固定资产和流动资产盘亏、毁损净损失,由其提供清查盘存资料经主管税务机关审核后,准予扣除;企业因存货盘亏、毁损、报废等原因不得从销项税金中抵扣的进项税金,应视同企业财产损失,准予与存货损失一起在所得税前按规定扣除。

（17）依照有关法律、行政法规和国家有关税法规定准予扣除的其他项目。如会员费、合理的会议费、差旅费、违约金、诉讼费等。

（18）手续费及佣金支出。

①保险企业:财产保险企业按当年全部保费收入扣除退保金等后余额的15％计算限额;人身保险企业按当年全部保费收入扣除退保金等后余额的10％计算限额。

②其他企业:按与具有合法经营资格中介服务机构或个人所签订服务协议或合同确认的收入金额的5％计算限额。

（四）不得扣除的项目

在计算应纳税所得额时,下列支出不得扣除:

(1)向投资者支付的股息、红利等权益性投资收益款项。

(2)企业所得税税款。

(3)税收滞纳金,是指纳税人违反税收法规,被税务机关处以的滞纳金。

(4)罚金、罚款和被没收财物的损失,是指纳税人违反国家有关法律、法规规定,被有关部门处以的罚款,以及被司法机关处以的罚金和被没收财物。

(5)超过规定标准的捐赠支出。

(6)赞助支出,是指企业发生的与生产经营活动无关的各种非广告性质支出。

(7)未经核定的准备金支出,是指不符合国务院财政、税务主管部门规定的各项资产减值准备、风险准备等准备金支出。

(8)企业之间支付的管理费、企业内营业机构之间支付的租金和特许权使用费,以及非银行企业内营业机构之间支付的利息。

(9)与取得收入无关的其他支出。

（五）亏损弥补

亏损,是指企业依照《中华人民共和国企业所得税法》及其实施条例的规定,将每一纳税年度的收入总额减除不征税收入、免税收入和各项扣除后小于零的数额。税法规定,企业某一纳税年度发生的亏损可以用下一年度的所得弥补,下一年度的所得不足以弥补的,可以逐年延续弥补,但最长不得超过5年。

企业在汇总计算缴纳企业所得税时,其境外营业机构的亏损不得抵减境内营业机构的盈利。

企业筹办期间不计算为亏损年度,企业自开始生产经营的年度,为开始计算企业损益的年度。企业从事生产经营之前进行筹办活动期间发生的筹办费用支出,不得计算为当期的亏损,企业可以在开始经营之日的当年一次性扣除,也可以按照税法有关长期待摊费用的处理,但一经选定,不得改变。

三、资产的税务处理

资产是由于资本投资而形成的财产,对于资本性支出以及无形资产受让、开办、开发费用,不允许作为成本、费用从纳税人的收入总额中做一次性扣除,只能采取分次计提折旧或分次返销的方式予以扣除。即纳税人经营活动中使用的固定资产的折旧费用、无形资产和长期待摊费用的摊销费用可以扣除。税法规定,纳入税务处理范围的资产形式主要有固定资产、生物资产、无形资产、长期待摊费用、投资资产、存货等,均以历史成本为计税基础。历史成本是指企业取得该项资产时实际发生的支出。企业持有各项资产期间资产增值或者减值,除国务院财政、税务主管部门规定可以确认损益外,不得调整该资产的计税基础。

（一）固定资产的税务处理

固定资产是指企业为生产产品、提供劳务、出租或者经营管理而持有的、使用期限超过12个月的非货币性资产,包括房屋、建筑物、机器、机械、运输工具,以及其他与生产经营活动有关的设备、器具、工具等。

1.固定资产计税基础

(1)外购的固定资产,以购买价款和支付的相关税费以及直接归属于使该资产达到预定用途发生的其他支出为计税基础。

(2)自行建造的固定资产,以竣工结算前发生的支出为计税基础。

(3)融资租入的固定资产,以租赁合同约定的付款总额和承租人在签订租赁合同过程中发生的相关费用为计税基础,租赁合同未约定付款总额的,以该资产的公允价值和承租人在签订租赁合同过程中发生的相关费用为计税基础。

(4)盘盈的固定资产,以同类固定资产的重置完全价值为计税基础。

(5)通过捐赠、投资、非货币性资产交换、债务重组等方式取得的固定资产,以该资产的公允价值和支付的相关税费为计税基础。

(6)改建的固定资产,除已足额提取折旧的固定资产和租入的固定资产以外的其他固定资产,以改建过程中发生的改建支出增加计税基础。

2.固定资产折旧的范围

在计算应纳税所得额时,企业按照规定计算的固定资产折旧,准予扣除。下列固定资产不得计算折旧扣除:

(1)房屋、建筑物以外未投入使用的固定资产。

(2)以经营租赁方式租入的固定资产。

(3)以融资租赁方式租出的固定资产。

(4)已提足折旧继续使用的固定资产。

(5)与经营活动无关的固定资产。

(6)单独估价作为固定资产入账的土地。

(7)其他不得计提折旧扣除的固定资产。

3.固定资产折旧的计提方法

(1)企业应当自固定资产投入使用月份的次月起计提折旧;停止使用的固定资产,应当从停止使用月份的次月起停止计提折旧。

(2)企业应当根据固定资产的性质和使用情况,合理确定固定资产的预计净残值。固定资产的预计净残值一经确定,不得变更。

(3)固定资产按照直线法计算的折旧,准予扣除。

4.固定资产折旧的计提年限

除国务院财政、税务主管部门另有规定外,固定资产计算折旧的最低年限如下:

(1)房屋、建筑物,为20年。

(2)飞机、火车、轮船、机器、机械和其他生产设备,为10年。

(3)与生产经营活动有关的器具、工具、家具等,为5年。

(4)飞机、火车、轮船以外的运输工具,为4年。

(5)电子设备,为3年。

从事开采石油、天然气等矿产资源的企业,在开始商业性生产前发生的费用和有关固定资产的折耗、折旧方法,由国务院财政、税务主管部门另行规定。

（二）生物资产的税务处理

生物资产是指有生命的动物和植物。生物资产分为消耗性生物资产、生产性生物资产和公益性生物资产。消耗性生物资产，是指为出售而持有的，或在将来收获为农产品的生物资产，包括生长中的农田作物、蔬菜、用材林以及存栏待售的牲畜等。生产性生物资产，是指为产出农产品、提供劳务或出租等目的而持有的生物资产，包括经济林、薪炭林、产畜和役畜等。公益性生物资产，是指以防护、环境保护为主要目的的生物资产，包括防风固沙林、水土保持林和水源涵养林等。

1.生物资产的计税基础

生产性生物资产按照以下方法确定计税基础：

（1）外购的生产性生物资产，以购买价款和支付的相关税费为计税基础。

（2）通过捐赠、投资、非货币性资产交换、债务重组等方式取得的生产性生物资产，以该资产的公允价值和支付的相关税费为计税基础。

2.生物资产的折旧方法和折旧年限

生产性生物资产按照直线法计算的折旧，准予扣除。企业应当自生产性生物资产投入使用月份的次月起计算折旧；停止使用的生产性生物资产应当自停止使用月份的次月起停止计算折旧。

企业应当根据生产性生物资产的性质和使用情况，合理确定生产性生物资产的预计净残值。生产性生物资产的预计净残值一经确定，不得变更。

生产性生物资产计算折旧的最低年限如下：

（1）林木类生产性生物资产，为10年。

（2）畜类生产性生物资产，为3年。

（三）无形资产的税务处理

无形资产是指企业长期使用但没有实物形态的资产，包括专利权、商标权、著作权、土地使用权、非专利技术、商誉等。

1.无形资产的计税基础

无形资产按照以下方法确定计税基础：

（1）外购的无形资产，以购买价款和支付的相关税费，以及直接归属于使该资产达到预定用途发生的其他支出为计税基础。

（2）自行开发的无形资产，以开发过程中该资产符合资本化条件后至达到预定用途前发生的支出为计税基础。

（3）通过捐赠、投资、非货币性资产交换、债务重组等方式取得的无形资产，以该资产的公允价值和支付的相关税费为计税基础。

2.无形资产摊销的范围

在计算应纳税所得额时，企业按照规定计算的无形资产摊销费用，准予扣除。

下列无形资产不得计算摊销费用扣除：

（1）自行开发的支出已在计算应纳税所得额时扣除的无形资产。

（2）自创商誉。

(3)与经营活动无关的无形资产。

(4)其他不得计算摊销费用扣除的无形资产。

3.无形资产的摊销方法及年限

无形资产的摊销采取直线法计算。无形资产的摊销年限不得低于 10 年。作为投资或者受让的无形资产,有关法律规定或者合同约定了使用年限的,可以按照规定或者约定的使用年限分期摊销。外购商誉的支出,在企业整体转让或者清算时准予扣除。

(四)长期待摊费用的税务处理

长期待摊费用,是指企业发生的应在一个年度以上或几个年度进行摊销的费用。在计算应纳税所得额时,企业发生的下列支出作为长期待摊费用,按照规定摊销的,准予扣除:

(1)已足额提取折旧的固定资产的改建支出。

(2)租入固定资产的改建支出。

(3)固定资产的大修理支出。

(4)其他应当作为长期待摊费用的支出。

企业的固定资产修理支出可在发生当期直接扣除。企业的固定资产改良支出,如果有关固定资产尚未提足折旧,可增加固定资产价值;如有关固定资产已提足折旧,可作为长期待摊费用,在规定的期间内平均摊销。

固定资产的改建支出,是指改变房屋或者建筑物结构、延长使用年限等发生的支出。已足额提取折旧的固定资产的改建支出,按照固定资产预计尚可使用年限分期摊销;租入固定资产的改建支出,按照合同约定的剩余租赁期限分期摊销;改建的固定资产延长使用年限的,除已足额提取折旧的固定资产、租入固定资产的改建支出外,其他的固定资产发生改建支出,应当适当延长折旧年限。

大修理支出,按照固定资产尚可使用年限分期摊销。

《中华人民共和国企业所得税法》所指固定资产的大修理支出,是指同时符合下列条件的支出:

(1)修理支出达到取得固定资产时的计税基础 50% 以上。

(2)修理后固定资产的使用年限延长 2 年以上。

其他应当作为长期待摊费用的支出,自支出发生月份的次月起,分期摊销,摊销年限不得低于 3 年。

(五)存货的税务处理

存货,是指企业持有以备出售的产品或者商品、处在生产过程中的在产品、在生产或者提供劳务过程中耗用的材料和物料等。

1.存货的计税基础

存货按照以下方法确定成本:

(1)通过支付现金方式取得的存货,以购买价款和支付的相关税费为成本。

(2)通过支付现金以外的方式取得的存货,以该存货的公允价值和支付的相关税费为成本。

(3)生产性生物资产收获的农产品,以产出或者采收过程中发生的材料费、人工费和分摊的间接费用等必要支出为成本。

2.存货的成本计算方法

企业使用或者销售的存货的成本计算方法,可以在先进先出法、加权平均法、个别计价法中选用一种。计价方法一经选用,不得随意变更。

企业转让以上资产,在计算企业应纳税所得额时,资产的净值允许扣除。其中,资产的净值是指有关资产、财产的计税基础减除已经按照规定扣除的折旧、折耗、摊销、准备金等后的余额。

除国务院财政、税务主管部门另有规定外,企业在重组过程中,应当在交易发生时确认有关资产的转让所得或者损失,相关资产应当按照交易价格重新确定计税基础。

(六)投资资产的税务处理

投资资产,是指企业对外进行权益性投资和债权性投资而形成的资产。

1.投资资产的成本

投资资产按以下方法确定投资成本:

(1)通过支付现金方式取得的投资资产,以购买价款为成本。

(2)通过支付现金以外的方式取得的投资资产,以该资产的公允价值和支付的相关税费为成本。

2.投资资产成本的扣除方法

企业对外投资期间,投资资产的成本在计算应纳税所得额时不得扣除,企业在转让或者处置投资资产时,投资资产的成本准予扣除。

知识链接

税法规定与会计规定差异的处理

税法规定与会计规定差异的处理,是指企业在财务会计核算中与税法规定不一致的,应当依照税法规定予以调整。即企业在平时进行会计核算时,可以按会计制度的有关规定进行账务处理,但在申报纳税时,对税法规定和会计制度规定有差异的,要按税法规定进行纳税调整。

(1)企业不能提供完整、准确的收入及成本、费用凭证,不能正确计算应纳税所得额的,由税务机关核定其应纳税所得额。

(2)企业依法清算时,以其清算终了后的清算所得为应纳税所得额,按规定缴纳企业所得税。所谓清算所得,是指企业清算时的全部资产可变现价值或交易价格减除资产净值、清算费用以及相关税费后的余额。

投资方企业从被清算企业分得的剩余资产,其中相当于从被清算企业累计未分配利润和累计盈余公积中应分得的部分,应当确认为股利所得;剩余资产减除上述股利所得后的余额,超过或者低于投资成本的部分,应当确认为投资资产转让所得或损失。

(3)企业应纳税所得额是根据税收法规计算出来的,它在数额上与依据财务会计制度计算的利润总额往往不一致。因此,税法规定:对企业按照有关财务会计规定计算的利润总额,要按照税法的规定进行必要调整后,才能作为应纳税所得额计算缴纳所得税。

四、税收优惠

税收优惠，是指国家运用税收政策在税收法律、行政法规中规定对某一部分特定企业和课税对象给予减轻或免除税收负担的一种措施。税法规定的企业所得税的税收优惠方式包括免税、减税、加计扣除、加速折旧、减计收入、税额抵免等。

（一）免征与减征优惠

企业的下列所得，可以免征、减征企业所得税。企业如果从事国家限制和禁止发展的项目，不得享受企业所得税优惠。

1. 从事农、林、牧、渔业项目的所得

企业从事农、林、牧、渔业项目的所得，包括免征和减征两部分。

（1）企业从事下列项目的所得，免征企业所得税：

①蔬菜、谷物、薯类、油料、豆类、棉花、麻类、糖料、水果、坚果的种植。

②农作物新品种的选育。

③中药材的种植。

④林木的培育和种植。

⑤牲畜、家禽的饲养。

⑥林产品的采集。

⑦灌溉、农产品初加工、兽医、农技推广、农机作业和维修等农、林、牧、渔服务业项目。

⑧远洋捕捞。

（2）企业从事下列项目的所得，减半征收企业所得税。

①花卉、茶以及其他饮料作物和香料作物的种植。

②海水养殖、内陆养殖。

2. 从事国家重点扶持的公共基础设施项目投资经营的所得

《中华人民共和国企业所得税法》所称国家重点扶持的公共基础设施项目，是指《公共基础设施项目企业所得税优惠目录》规定的港口码头、机场、铁路、公路、城市公共交通、电力、水利等项目。

企业从事国家重点扶持的公共基础设施项目的投资经营的所得，自项目取得第一笔生产经营收入所属纳税年度起，第 1 年至第 3 年免征企业所得税，第 4 年至第 6 年减半征收企业所得税。

企业承包经营、承包建设和内部自建自用上述规定的项目，不得享受上述规定的企业所得税优惠。

3. 从事符合条件的环境保护、节能节水项目的所得

环境保护、节能节水项目的所得，自项目取得第一笔生产经营收入所属纳税年度起，第 1 年至第 3 年免征企业所得税，第 4 年至第 6 年减半征收企业所得税。

符合条件的环境保护、节能节水项目，包括公共污水处理、公共垃圾处理、沼气综合开发利用、节能减排技术改造、海水淡化等。项目的具体条件和范围由国务院财政、税务主管部门同国务院有关部门制定，报国务院批准后公布施行。

但是以上规定享受减免税优惠的项目，在减免税期限内转让的，受让方自受让之日起，可

以在剩余期限内享受规定的减免税优惠;减免税期限届满后转让的,受让方不得就该项目重复享受减免税优惠。

4.符合条件的技术转让所得

《中华人民共和国企业所得税法》所称符合条件的技术转让所得免征、减征企业所得税,是指一个纳税年度内,居民企业转让技术所有权所得不超过 500 万元的部分,免征企业所得税;超过 500 万元的部分,减半征收企业所得税。

(二)高新技术企业优惠

国家需要重点扶持的高新技术企业减按 15% 的所得税税率征收企业所得税。国家需要重点扶持的高新技术企业,是指拥有核心自主知识产权,并同时符合下列 6 方面条件的企业:

(1)拥有核心自主知识产权,是指在中国境内(不含港、澳、台地区)注册的企业,近 3 年内通过自主研发、受让、受赠、并购等方式,或通过 5 年以上的独占许可方式,对其主要产品(服务)的核心技术拥有自主知识产权。

(2)产品(服务)属于《国家重点支持的高新技术领域》规定的范围。

(3)研究开发费用占销售收入的比例不低于规定比例。这是指企业为获得科学技术(不包括人文、社会科学)新知识,创造性运用科学技术新知识,或实质性改进技术、产品(服务)而持续进行了研究开发活动,且近 3 个会计年度的研究开发费用总额占销售收入总额的比例符合如下要求:

①最近一年销售收入小于 5 000 万元的企业,比例不低于 6%。

②最近一年销售收入在 5 000 万元至 20 000 万元的企业,比例不低于 4%。

③最近一年销售收入在 20 000 万元以上的企业,比例不低于 3%。

其中,企业在中国境内发生的研究开发费用总额占全部研究开发费用总额的比例不低于 60%。企业注册成立时间不足 3 年的,按实际经营年限计算。

(4)高新技术产品(服务)收入占企业总收入的比例不低于规定比例。这是指高新技术产品(服务)收入占企业当年总收入的 60% 以上。

(5)科技人员占企业职工总数的比例不低于规定比例。这是指具有大学专科以上学历的科技人员占企业当年职工总数的 30% 以上,其中研发人员占企业当年职工总数的 10% 以上。

(6)高新技术企业认定管理办法规定的其他条件。《国家重点支持的高新技术领域》和《高新技术企业认定管理办法》由国务院科技、财政、税务主管部门商国务院有关部门制定,报国务院批准后公布施行。

(三)小型微利企业优惠

小型微利企业减按 20% 的所得税税率征收企业所得税。小型微利企业的条件如下:

(1)工业企业,年度应纳税所得额不超过 30 万元,从业人数不超过 100 人,资产总额不超过 3 000 万元。

(2)其他企业,年度应纳税所得额不超过 30 万元,从业人数不超过 80 人,资产总额不超过 1 000 万元。

上述"从业人数"按企业全年平均从业人数计算,"资产总额"按企业年初和年末的资产总额平均计算。

小型微利企业,是指企业的全部生产经营活动产生的所得均负有我国企业所得税纳税义务的企业。仅就来源于我国所得负有我国纳税义务的非居民企业,不适用上述规定。

（四）加计扣除优惠

加计扣除优惠包括以下两项内容：

1. 研究开发费

研究开发费,是指企业为开发新技术、新产品、新工艺发生的研究开发费用,末形成无形资产计入当期损益的,在按照规定据实扣除的基础上,按照研究开发费用的 50% 加计扣除；形成无形资产的,按照无形资产成本的 150% 摊销。

2. 企业安置残疾人员所支付的工资

企业安置残疾人员所支付工资费用的加计扣除,是指企业安置残疾人员的,在按照支付给残疾职工工资据实扣除的基础上,按照支付给残疾职工工资的 100% 加计扣除。残疾人员的范围适用《中华人民共和国残疾人保障法》的有关规定。企业安置国家鼓励安置的其他就业人员所支付的工资的加计扣除办法,由国务院另行规定。

（五）创投企业优惠

创投企业从事国家需要重点扶持和鼓励的创业投资,可以按投资额的一定比例抵扣应纳税所得额。

创投企业优惠,是指创业投资企业采取股权投资方式投资于未上市的中小高新技术企业 2 年以上的,可以按照其投资额的 70% 在股权持有满 2 年的当年抵扣该创业投资企业的应纳税所得额,当年不足抵扣的,可以在以后纳税年度结转抵扣。

例如：甲企业 2015 年 1 月 1 日向乙企业（未上市的中小高新技术企业）投资 100 万元、股权持有到 2016 年 12 月 31 日。甲企业 2016 年度可抵扣的应纳税所得额为 70 万元。

（六）加速折旧优惠

企业的固定资产由于技术进步等原因,确需加速折旧的,可以缩短折旧年限或者采取加速折旧的方法。可采用以上折旧方法的固定资产是指：

(1)由于技术进步,产品更新换代较快的固定资产。

(2)常年处于强震动、高腐蚀状态的固定资产。

采取缩短折旧年限方法的,最低折旧年限不得低于规定折旧年限的 60%；采取加速折旧方法的,可以采取双倍余额递减法或者年数总和法。

（七）减计收入优惠

减计收入优惠,是企业综合利用资源,生产符合国家产业政策规定的产品所取得的收入,可以在计算应纳税所得额时减计收入。

综合利用资源,是指企业以《资源综合利用企业所得税优惠目录》规定的资源作为主要原材料,生产国家非限制和禁止并符合国家和行业相关标准的产品取得的收入,减按 90% 计入收入总额。

上述所称原材料占生产产品材料的比例不得低于《资源综合利用企业所得税优惠目录》规定的标准。

（八）税额抵免优惠

税额抵免,是指企业购置并实际使用《环境保护专用设备企业所得税优惠目录》、《节能节水专用设备企业所得税优惠目录》和《安全生产专用设备企业所得税优惠目录》规定的环境保护、节能节水、安全生产等专用设备的,该专用设备的投资额的 10% 可以从企业当年的应纳税额中抵免;当年不足抵免的,可以在以后 5 个纳税年度结转抵免。

企业同时从事适用不同企业所得税待遇的项目的,其优惠项目应当单独计算所得,并合理分摊企业的期间费用;没有单独计算的,不得享受企业所得税优惠。

(九)民族自治地方的优惠

民族自治地方的自治机关对本民族自治地方的企业应缴纳的企业所得税中属于地方分享的部分,可以决定减征或者免征。自治州、自治县决定减征或者免征的,须报省、自治区、直辖市人民政府批准。

《中华人民共和国企业所得税法》所称民族自治地方,是指依照《中华人民共和国民族区域自治法》的规定,实行民族区域自治的自治区、自治州、自治县。

对民族自治地方内国家限制和禁止行业的企业,不得减征或者免征企业所得税。

(十)非居民企业优惠

非居民企业减按 10% 的所得税税率征收企业所得税。这里的非居民企业,是指在中国境内未设立机构、场所的,或者虽设立机构、场所但取得的所得与其所设机构、场所没有实际联系的企业。该类非居民企业取得下列所得免征企业所得税:

(1)外国政府向中国政府提供贷款取得的利息所得。

(2)国际金融组织向中国政府和居民企业提供优惠贷款取得的利息所得。

(3)经国务院批准的其他所得。

知识链接

特殊行业的优惠

(1)集成电路线宽小于 0.8 微米(含)集成电路产品的生产企业,经认定后,自获利年度起,第 1 年和第 2 年免征企业所得税,第 3 年至第 5 年按照 25% 的税率减半征收企业所得税,并享受至期满为止。

(2)集成电路线宽小于 0.25 微米或投资额超过 80 亿元人民币的生产企业,经认定后,减按 15% 的税率征收企业所得税,其中经营期在 15 年以上的,在 2017 年 12 月 31 日前自获利年度起计算优惠期,第 1 年至第 5 年免征企业所得税,第 6 年至第 10 年按照 25% 的税率减半征收企业所得税,并享受至期满为止。

(3)我国境内新办的集成电路设计企业和符合条件的软件企业,经认定后,在 2017 年 12 月 31 日前自获利年度起计算优惠期,第 1 年至第 2 年免征企业所得税,第 3 年至第 5 年按照 25% 的税率减半征收企业所得税,并享受至期满为止。

(4)国家规划布局内的重点软件生产企业和集成电路设计企业,如当年未享受免税优惠的,可减按 10% 的税率征收企业所得税。

(5)对证券投资基金从证券市场中取得的收入,包括买卖股票、债券的差价收入,股权的股息、红利收入,债券的利息收入及其他收入,暂不征收企业所得税。

（6）对投资者从证券投资基金分配中取得的收入，暂不征收企业所得税。

（7）对证券投资基金管理人运用基金买卖股票、债券的差价收入，暂不征收企业所得税。

（8）对符合条件的节能服务公司实施合同能源管理项目的，自项目取得第一笔生产经营收入所属纳税年度起第 1 年至第 2 年免征企业所得税，第 3 年至第 5 年按照 25％的税率减半征收企业所得税。

（9）居民企业从事符合条件和标准的电网的新建项目，可依法享受"三免三减半"的企业所得税优惠政策。

五、应纳税额的计算

（一）居民企业应纳税额的计算

居民企业应缴纳所得税额等于应纳税所得额乘以适用税率，减去减免税额和抵免税额，基本计算公式为：

$$应纳税额＝应纳税所得额×适用税率－减免税额－抵免税额$$

根据计算公式可以看出，居民企业应纳税额的多少，取决于应纳税所得额和适用税率两个因素。在实际过程中，应纳税所得额的计算一般有两种方法。

1. 直接计算法

在直接计算法下，居民企业每一纳税年度的收入总额减除不征税收入、免税收入、各项扣除以及允许弥补的以前年度亏损后的余额为应纳税所得额。计算公式与前述相同，即为：

$$应纳税所得额＝收入总额－不征税收入－免税收入－各项扣除金额－弥补亏损$$

2. 间接计算法

在间接计算法下，在会计利润总额的基础上加或减按照税法规定调整的项目金额后，即为应纳税所得额。计算公式为：

$$应纳税所得额＝会计利润总额±纳税调整项目金额$$

税收调整项目金额包括两方面的内容：一是企业的财务会计处理和税收规定不一致的应予以调整的金额；二是企业按税法规定准予扣除的税收金额。

【例 2-1】 某企业为居民企业，2016 年经营业务如下：

（1）取得产品销售收入 4 000 万元。

（2）发生产品销售成本 2 600 万元。

（3）发生销售费用 770 万元（其中广告费 650 万元）；管理费用 480 万元（其中业务招待费 25 万元）；财务费用 60 万元。

（4）销售税金 160 万元（含增值税 120 万元）。

（5）营业外收入 80 万元，营业外支出 50 万元（含通过公益性社会团体向贫困山区捐款 30 万元，支付税收滞纳金 6 万元）。

（6）计入成本、费用中的实发工资总额 200 万元、拨缴职工工会经费 5 万元、支出职工福利费 31 万元，发生职工教育经费 7 万元。

要求：计算该企业 2016 年度实际应纳的企业所得税。

解：

(1)会计利润总额＝4 000＋80－2 600－770－480－60－40－50＝80(万元)

(2)广告费和业务宣传费调增所得额＝650－4 000×15％＝650－600＝50(万元)

(3)业务招待费调增所得额＝25－25×60％＝25－15＝10(万元)

4 000×5‰＝20(万元)＞25×60％＝15(万元)

(4)捐赠支出应调增所得额＝30－80×12％＝20.4(万元)

(5)工会经费应调增所得额＝5－200×2％＝1(万元)

(6)职工福利费应调增所得额＝31－200×14％＝3(万元)

(7)职工教育费应调增所得额＝7－200×2.5％＝2(万元)

(8)应纳税所得额＝80＋50＋10＋20.4＋6＋1＋3＋2＝172.4(万元)

(9)2016年应缴企业所得税＝172.4×25％＝43.1(万元)

【例 2-2】　某工业企业为居民企业，2016年经营业务如下：

产品销售收入为5 600万元，产品销售成本4 000万元；其他业务收入800万元，其他业务成本660万元；取得购买国债的利息收入40万元；缴纳非增值税销售税金及附加300万元；发生的管理费用760万元，其中新技术的研究开发费用60万元、业务招待费用70万元；发生财务费用200万元；取得直接投资其他居民企业的权益性收益34万元(已在投资方所在地按15％的税率缴纳了所得税)；取得营业外收入100万元，发生营业外支出250万元(其中含公益性捐赠38万元)。

要求：计算该企业2016年应纳的企业所得税。

解：

(1)利润总额＝5 600＋800＋40＋34＋100－4 000－660－300－760－200－250＝404(万元)

(2)国债利息收入免征企业所得税，应调减所得额40万元。

(3)技术开发费调减所得额＝60×50％＝30(万元)

(4)按实际发生业务招待费的60％计算＝70×60％＝42(万元)

按销售(营业)收入的5‰计算＝(5 600＋800)×5‰＝32(万元)

按照规定税前扣除限额应为32万元，实际应调增应纳税所得额＝70－32＝38(万元)

(5)取得直接投资其他居民企业的权益性收益属于免税收入，应调减应纳税所得额34万元。

(6)捐赠扣除标准＝404×12％＝48.48(万元)

实际捐赠额38万元小于扣除标准48.48万元，可按实捐数扣除，不做纳税调整。

(7)应纳税所得额＝404－40－30＋38－34＝338(万元)

(8)该企业2016年应缴纳企业所得税＝338×25％＝84.5(万元)

【任务实施】

红光公司应纳企业所得税：

(1)广告费和业务宣传费扣除限额＝(5 700＋300)×15％＝900(万元)

广告费和业务宣传费应调增的应纳税所得额＝1 000＋20－900＝120(万元)

(2)销售(营业)收入×5‰＝(5 700＋300)×5‰＝30(万元)

业务招待费×60％＝70×60％＝42(万元)

业务招待费扣除限额为30万元，应调增的应纳税所得额＝70－30＝40(万元)

（3）新产品研究开发费用在计算应纳税所得额时可按实际发生额的50%加计扣除，应调减的应纳税所得额＝40×50%＝20（万元）

（4）向非金融机构借款利息的扣除限额＝50÷10%×6%＝30（万元），应调增的应纳税所得额＝50－30＝20（万元）

（5）向供货商支付的违约金5万元可以在税前扣除，无需进行纳税调整。

（6）工商局罚款1万元属于行政性罚款，不得税前扣除，应调增应纳税所得额1万元。

（7）公益性捐赠扣除限额＝628×12%＝75.36（万元），该企业实际捐赠额为20万元，无需进行纳税调整。

（8）居民企业直接投资于其他居民企业的投资收益17万元属于免税收入；国债利息收入1万元属于免税收入。

（9）该企业2016年度应纳税所得额＝628＋120＋40－20＋20＋1－18＝771（万元）

该企业2016年度应纳的企业所得税税额＝771×25%＝192.75（万元）

（二）境外所得抵扣税额的计算

企业取得的下列所得已在境外缴纳的所得税税额，可以从其当期应纳税额中抵免，抵免限额为该项所得依照《中华人民共和国企业所得税法》规定计算的应纳税额；超过抵免限额的部分，可以在以后5个年度内，用每年度抵免限额抵免当年应抵税额后的余额进行抵补：

（1）居民企业来源于中国境外的应税所得。

（2）非居民企业在中国境内设立机构、场所，取得发生在中国境外但与该机构、场所有实际联系的应税所得。

居民企业从其直接或者间接控制的外国企业分得的来源于中国境外的股息、红利等权益性投资收益，外国企业在境外实际缴纳的所得税税额中属于该项所得负担的部分，可以作为该居民企业的可抵免境外所得税税额，在《中华人民共和国企业所得税法》规定的抵免限额内抵免。

上述所称直接控制，是指居民企业直接持有外国企业20%以上股份。

上述所称间接控制，是指居民企业以间接持股方式持有外国企业20%以上股份，具体认定办法由国务院财政、税务主管部门另行制定。

已在境外缴纳的所得税税额，是指企业来源于中国境外的所得依照中国境外税收法律以及相关规定应当缴纳并已经实际缴纳的企业所得税性质的税款。企业依照《中华人民共和国企业所得税法》的规定抵免企业所得税税额时，应当提供中国境外税务机关出具的税款所属年度的有关纳税凭证。

抵免限额，是指企业来源于中国境外的所得，依照《中华人民共和国企业所得税法》和《中华人民共和国企业所得税法实施条例》的规定计算的应纳税额。除国务院财政、税务主管部门另有规定外，该抵免限额应当分国（地区）不分项计算，计算公式为：

抵免限额＝中国境内、境外所得依照企业所得税法和实施条例规定计算的应纳税总额×来源于某国（地区）的应纳税所得额÷中国境内、境外应纳税所得总额

前述5个年度，是指从企业取得的来源于中国境外的所得，已经在中国境外缴纳的企业所得税性质的税额超过抵免限额的当年的次年起连续5个纳税年度。

【例2-3】　某企业2016年度境内应纳税所得额为100万元，适用25%的企业所得税税率。另外，该企业分别在A、B两国设有分支机构（我国与A、B两国已经缔结避免双重征税协

定),在 A 国分支机构的应纳税所得额为 50 万元,A 国企业所得税税率为 20%;在 B 国的分支机构的应纳税所得额为 30 万元,B 国企业所得税税率为 30%。假设该企业在 A、B 两国所得按我国税法计算的应纳税所得额和按 A、B 两国税法计算的应纳税所得额一致,两个分支机构在 A、B 两国分别缴纳了 10 万元和 9 万元的企业所得税。

要求:计算该企业汇总时在我国应缴纳的企业所得税税额。

解:

(1)该企业按我国税法计算的境内、境外所得的应纳税额。

应纳税额=(100+50+30)×25%=45(万元)

(2)A、B 两国的扣除限额。

A 国扣除限额=45×[50÷(100+50+30)]=12.5(万元)

B 国扣除限额=45×[30÷(100+50+30)]=7.5(万元)

在 A 国缴纳的所得税为 10 万元,低于扣除限额 12.5 万元,可全额扣除。

在 B 国缴纳的所得税为 9 万元,高于扣除限额 7.5 万元,其超过扣除限额的部分 1.5 万元当年不能扣除。

(3)汇总时在我国应缴纳的所得税=45-10-7.5=27.5(万元)

上述计算过程是根据定义来计算抵免限额的,即根据企业来自国内外的应纳税所得总额,按照我国企业所得税税率计算出应纳税总额。然后再按照来自某一国的应纳税所得额占来自境内外应纳税所得总额的比例来计算可抵扣的限额。从计算结果来看,还可以用来自于某外国的应纳税所得额直接乘以我国企业所得税法规定的税率来计算来自于该国的应纳税所得额可抵扣的限额。这样,本题的计算过程是:

(1)该企业按我国税法计算的境内、境外所得的应纳税额。

应纳税额=(100+50+30)×25%=45(万元)

(2)A、B 两国的扣除限额。

A 国扣除限额=50×25%=12.5(万元)

B 国扣除限额=30×25%=7.5(万元)

在 A 国缴纳的所得税为 10 万元,低于扣除限额 12.5 万元,可全额扣除。

在 B 国缴纳的所得税为 9 万元,高于扣除限额 7.5 万元,其超过扣除限额的部分 1.5 万元当年不能扣除。

(3)汇总时在我国应缴纳的所得税=45-10-7.5=27.5(万元)

(三)居民企业核定征收应纳税额的计算

1.核定征收企业所得税的范围

居民企业纳税人具有下列情形之一的,核定征收企业所得税:

(1)依照法律、行政法规的规定可以不设置账簿的。

(2)依照法律、行政法规的规定应当设置但未设置账簿的。

(3)擅自销毁账簿或者拒不提供纳税资料的。

(4)虽设置账簿,但账目混乱或者成本资料、收入凭证、费用凭证残缺不全,难以查账的。

(5)发生纳税义务,未按照规定的期限办理纳税申报,经税务机关责令限期申报,逾期仍不申报的。

(6)申报的计税依据明显偏低,又无正当理由的。

特殊行业、特殊类型的纳税人和一定规模以上的纳税人不适用《中华人民共和国核定征收办法(试行)》。上述特定纳税人由国家税务总局另行明确。

2.核定征收的办法

税务机关应根据纳税人具体情况,对核定征收企业所得税的纳税人,核定应税所得率或者核定应纳所得税额。

(1)具有下列情形之一的,核定其应税所得率:

①能正确核算(查实)收入总额,但不能正确核算(查实)成本费用总额的。

②能正确核算(查实)成本费用总额,但不能正确核算(查实)收入总额的。

③通过合理方法,能计算和推定纳税人收入总额或成本费用总额的。

纳税人不属于以上情形的,核定其应纳所得税额。

(2)税务机关采用下列方法核定征收企业所得税:

①参照当地同类行业或者类似行业中经营规模和收入水平相近的纳税人的税负水平核定。

②按照应税收入额或成本费用支出额定率核定。

③按照耗用的原材料、燃料、动力等推算或测算核定。

④按照其他合理方法核定。

采用上述所列一种方法不足以正确核定应纳税所得额或应纳税额的,可以同时采用两种以上的方法核定。采用两种以上方法测算的应纳税额不一致时,可按测算的应纳税额从高核定。

采用应税所得率方式核定征收企业所得税的,应纳所得税额计算公式如下:

$$应纳所得税额＝应纳税所得额×适用税率$$
$$应纳税所得额＝应税收入额×应税所得率$$

或:　　$$应纳税所得额＝成本(费用)支出额÷(1-应税所得率)×应税所得率$$

实行应税所得率方式核定征收企业所得税的纳税人,经营多业的,无论其经营项目是否单独核算,均由税务机关根据其主营项目确定适用的应税所得率。

主营项目应为纳税人所有经营项目中,收入总额或者成本(费用)支出额或者耗用原材料、燃料、动力数量所占比重最大的项目。

应税所得率按表 2-1 规定的幅度标准确定。

表 2-1　应税所得率幅度标准

行　业	应税所得率(%)
农、林、牧、渔业	3~10
制造业	5~15
批发和零售贸易业	4~15
交通运输业	7~15
建筑业	8~20
饮食业	8~25
娱乐业	15~30
其他行业	10~30

纳税人的生产经营范围、主营业务发生重大变化,或者应纳税所得额或应纳税额增减变化达到 20％的,应及时向税务机关申报调整已确定的应纳税额或应税所得率。

（四）非居民企业应纳税额的计算

对于在中国境内未设立机构、场所的,或者虽设立机构、场所但取得的所得与其所设机构、场所没有实际联系的非居民企业的所得,按照下列方法计算应纳税所得额:

（1）股息、红利等权益性投资收益和利息、租金、特许权使用费所得,以收入全额为应纳税所得额。

（2）转让财产所得,以收入全额减除财产净值后的余额为应纳税所得额。

（3）其他所得,参照前两项规定的方法计算应纳税所得额。

财产净值是指财产的计税基础减除已经按照规定扣除的折旧、折耗、摊销、准备金等后的余额。

六、征收管理

（一）纳税地点

（1）居民企业以企业登记注册地为纳税地点;但登记注册地在境外的,以实际管理机构所在地为纳税地点。企业注册登记地是指企业依照国家有关规定登记注册的住所地。

（2）居民企业在中国境内设立不具有法人资格的营业机构的,应当汇总计算并缴纳企业所得税。

（3）非居民企业在中国境内设立机构、场所的,应当就其所设机构、场所取得的来源于中国境内的所得,以及发生在中国境外但与其所设机构、场所有实际联系的所得,以机构、场所所在地为纳税地点。

（4）非居民企业在中国境内未设立机构、场所的,或者虽设立机构、场所但取得的所得与其所设机构、场所没有实际联系的所得,以扣缴义务人所在地为纳税地点。

（5）企业之间不得合并缴纳企业所得税。

（二）纳税期限

企业所得税按年计征,分月或者分季预缴,年终汇算清缴,多退少补。

企业所得税的纳税年度,自公历 1 月 1 日起至 12 月 31 日止。企业在一个纳税年度的中间开业,或者由于合并、关闭等原因终止经营活动,使该纳税年度的实际经营期不足 12 个月的,应当以其实际经营期为 1 个纳税年度。企业清算时,应当以清算期间作为 1 个纳税年度。

自年度终了之日起 5 个月内,向税务机关报送年度企业所得税纳税申报表,并汇算清缴,结清应缴应退税款。

企业在年度中间终止经营活动的,应当自实际经营终止之日起 60 日内,向税务机关办理当期企业所得税汇算清缴。

（三）纳税申报

企业所得税实行分月或者分季预缴,年终汇算清缴,结清应缴应退税款的申报方法。

按月或按季预缴的,应当自月份或者季度终了之日起 15 日内,向税务机关报送预缴企业所得税纳税申报表,预缴税款。

企业在报送企业所得税纳税申报表时,应当按照规定附送财务会计报告和其他有关资料。

企业应当在办理注销登记前,就其清算所得向税务机关申报并依法缴纳企业所得税。

　　企业在纳税年度内无论盈利或者亏损,都应当依照《中华人民共和国企业所得税法》规定的期限,向税务机关报送预缴企业所得税纳税申报表、年度企业所得税纳税申报表、财务会计报告和税务机关规定应当报送的其他有关资料。

　　汇算清缴是指纳税人在纳税年度终了后按规定,自行计算全年应纳税所得额和应纳所得税额,根据月度或季度预缴的所得税数额,确定该年度应补或者应退税额,并填写年度企业所得税纳税申报表,向主管税务机关办理年度企业所得税纳税申报、提供税务机关要求提供的有关资料、结清全年企业所得税税款的行为。

　　分月预缴或分季预缴,由税务机关根据纳税人应纳税额的大小具体核定。预缴所得税时,应当按纳税期限的实际数预缴。如按实际数预缴有困难的,可以按上一年度应纳税所得额的1/12 或 1/4,或税务机关确认的其他方法预缴。预缴方法一经确定,不得随意改变。对境外投资所得可在年终汇算清缴。

　　(1)分月或者分季预缴(见表2-2)。

表2-2　中华人民共和国企业所得税月(季)度预缴纳税申报表(A类)

中华人民共和国企业所得税月(季)度预缴纳税申报表(A类,2015年版)

税款所属期间:　　年　月　日至　　年　月　日

纳税人识别号:□□□□□□□□□□□□□□□

纳税人名称:　　　　　　　　　　　　　　　金额单位:人民币元(列至角分)

行　次	项　目	本期金额	累计金额
1	一、按照实际利润额预缴		
2	营业收入		
3	营业成本		
4	利润总额		
5	加:特定业务计算的应纳税所得额		
6	减:不征税收入和税基减免应纳税所得额(请填附表1)		
7	固定资产加速折旧(扣除)调减额(请填附表2)		
8	弥补以前年度亏损		
9	实际利润额(4行+5行-6行-7行-8行)		
10	税率(25%)		
11	应纳所得税额(9行×10行)		
12	减:减免所得税额(请填附表3)		
13	实际已预缴所得税额	—	
14	特定业务预缴(征)所得税额		
15	应补(退)所得税额(11行-12行-13行-14行)	—	
16	减:以前年度多缴在本期抵缴所得税额		
17	本月(季)实际应补(退)所得税额	—	
18	二、按照上一纳税年度应纳税所得额平均额预缴		
19	上一纳税年度应纳税所得额	—	
20	本月(季)应纳税所得额(19行×1/4 或 1/12)		
21	税率(25%)		
22	本月(季)应纳所得税额(20行×21行)		
23	减:减免所得税额(请填附表3)		
24	本月(季)实际应纳所得税额(22行-23行)		

25	三、按照税务机关确定的其他方法预缴			
26	本月(季)税务机关确定的预缴所得税额			
27	总分机构纳税人			
28	总机构	总机构分摊所得税额(15 行或 24 行或 26 行×总机构分摊预缴比例)		
29		财政集中分配所得税额		
30		分支机构分摊所得税额(15 行或 24 行或 26 行×分支机构分摊比例)		
31		其中:总机构独立生产经营部门应分摊所得税额		
32	分支机构	分配比例		
33		分配所得税额		

是否属于小型微利企业:	是□　　　　　　　　　　　　　　　否□

谨声明:此纳税申报表是根据《中华人民共和国企业所得税法》、《中华人民共和国企业所得税法实施条例》和国家有关税收规定填报的,是真实的、可靠的、完整的。

法定代表人(签字):　　　　　　　　　　　年　月　日		
纳税人公章: 会计主管:	代理申报中介机构公章: 经办人: 经办人执业证件号码:	主管税务机关受理专用章: 受理人:
填表日期:　　年　月　日	代理申报日期:　　年　月　日	受理日期:　　年　月　日

【表单说明】

一、适用范围

本表适用于实行查账征收企业所得税的居民纳税人在月(季)度预缴企业所得税时使用。跨地区经营汇总纳税企业的分支机构年度汇算清缴申报适用本表。

二、表头项目

(1)"税款所属期间":为税款所属期月(季)度第一日至所属期月(季)度最后一日。

年度中间开业的纳税人,"税款所属期间"为当月(季)开始经营之日至所属月(季)度的最后一日。次月(季)度起按正常情况填报。

(2)"纳税人识别号":填报税务机关核发的税务登记证号码(15 位)。

(3)"纳税人名称":填报税务机关核发的税务登记证记载的纳税人全称。

三、各列次的填报

(1)第一部分,按照实际利润额预缴税款的纳税人,填报第 2 行至第 17 行。

其中:第 2 行至第 17 行的"本期金额"列,填报所属月(季)度第一日至最后一日的数据;第 2 行至第 17 行的"累计金额"列,填报所属年度 1 月 1 日至所属月(季)度最后一日的累计数额。

(2)第二部分,按照上一纳税年度应纳税所得额平均额计算预缴税款的纳税人,填报第 19 行至第 24 行。

其中:第 19 行至第 24 行的"本期金额"列,填报所属月(季)度第一日至最后一日的数据;第 19 行至第 24 行的"累计金额"列,填报所属年度 1 月 1 日至所属月(季)度最后一日的累计数额。

(3)第三部分,按照税务机关确定的其他方法预缴的纳税人,填报第 26 行。

其中:"本期金额"列,填报所属月(季)度第一日至最后一日的数额;"累计金额"列,填报所属年度 1 月 1 日至所属月(季)度最后一日的累计数额。

四、各行次的填报

(1)第 1 行至第 26 行,纳税人根据其预缴申报方式分别填报。

实行"按照实际利润额预缴"的纳税人填报第 2 行至第 17 行。实行"按照上一纳税年度应纳税所得额平均额预缴"的纳税人填报第 19 行至第 24 行。实行"按照税务机关确定的其他方法预缴"的纳税人填报第 26 行。

(2)第 27 行至第 33 行,由跨地区经营汇总纳税企业(以下简称汇总纳税企业)填报。其中:汇总纳税企业总机构在填报第 1 行至第 26 行基础上,填报第 28 行至第 31 行。汇总纳税企业二级分支机构只填报本表第 30 行、第 32 行、第 33 行。

五、具体项目填报说明

(一)按实际利润额预缴

(1)第 2 行"营业收入":填报按照企业会计制度、企业会计准则等国家会计规定核算的营业收入。本行主要列示纳税人营业收入数额,不参与计算。

(2)第 3 行"营业成本":填报按照企业会计制度、企业会计准则等国家会计规定核算的营业成本。本行主要列示纳税人营业成本数额,不参与计算。

(3)第 4 行"利润总额":填报按照企业会计制度、企业会计准则等国家会计规定核算的利润总额。本行数据与利润表列示的利润总额一致。

(4)第 5 行"特定业务计算的应纳税所得额":从事房地产开发等特定业务的纳税人,填报按照税收规定计算的特定业务的应纳税所得额。房地产开发企业销售未完工开发产品取得的预售收入,按照税收规定的预计计税毛利率计算的预计毛利额填入此行。

(5)第 6 行"不征税收入和税基减免应纳税所得额":填报属于税法规定的不征税收入、免税收入、减计收入、所得减免、抵扣应纳税所得额等金额。本行通过《不征税收入和税基类减免应纳税所得额明细表》(附表 1)填报。

(6)第 7 行"固定资产加速折旧(扣除)调减额":填报按照《财政部 国家税务总局关于完善固定资产加速折旧税收政策有关问题的通知》(财税〔2014〕75 号)等相关规定,固定资产税收上采取加速折旧,会计上未加速折旧的纳税调整情况。本行通过《固定资产加速折旧(扣除)明细表》(附表 2)填报。

(7)第 8 行"弥补以前年度亏损":填报按照税收规定可在企业所得税前弥补的以前年度尚未弥补的亏损额。

(8)第 9 行"实际利润额":根据本表相关行次计算结果填报。第 9 行=4 行+5 行-6 行-7 行-8 行。

(9)第 10 行"税率(25%)":填报企业所得税法规定税率 25%。

(10)第 11 行"应纳所得税额":根据相关行次计算结果填报。第 11 行=9 行×10 行,且 11 行≥0。跨地区经营汇总纳税企业总机构和分支机构适用不同税率时,第 11 行≠9 行×10 行。

(11)第 12 行"减免所得税额":填报按照税收规定,当期实际享受的减免所得税额。本行通过《减免所得税额明细表》(附表 3)填报。

(12)第 13 行"实际已预缴所得税额":填报纳税人本年度此前月份、季度累计已经预缴的企业所得税额,"本期金额"列不填写。

(13)第14行"特定业务预缴(征)所得税额":填报按照税收规定的特定业务已经预缴(征)的所得税额。建筑企业总机构直接管理的跨地区设立的项目部,按规定向项目所在地主管税务机关预缴的企业所得税填入此行。

(14)第15行"应补(退)所得税额":根据本表相关行次计算填报。15行"累计金额"列＝11行－12行－13行－14行,且15行≤0时,填0;"本期金额"列不填。

(15)第16行"减:以前年度多缴在本期抵缴所得税额":填报以前年度多缴的企业所得税税款未办理退税,在本纳税年度抵缴的所得税额。

(16)第17行"本月(季)实际应补(退)所得税额":根据相关行次计算填报。第17行"累计金额"列＝15行－16行,且第17行≤0时,填0,"本期金额"列不填。

(二)按照上一年度应纳税所得额平均额预缴

(1)第19行"上一纳税年度应纳税所得额":填报上一纳税年度申报的应纳税所得额。"本期金额"列不填。

(2)第20行"本月(季)应纳税所得额":根据相关行次计算填报。

①按月度预缴的纳税人:第20行＝第19行×1/12。

②按季度预缴的纳税人:第20行＝第19行×1/4。

(3)第21行"税率(25%)":填报企业所得税法规定的25%税率。

(4)第22行"本月(季)应纳所得税额":根据本表相关行次计算填报。22行＝20行×21行。

(5)第23行"减:减免所得税额":填报按照税收规定,当期实际享受的减免所得税额。本行通过《减免所得税额明细表》(附表3)填报。

(6)第24行"本月(季)应纳所得税额":根据相关行次计算填报。第24行＝第22－23行。

(三)按照税务机关确定的其他方法预缴

第26行"本月(季)税务机关确定的预缴所得税额":填报税务机关认可的其他方法确定的本月(季)度应缴纳所得税额。

(四)汇总纳税企业总分机构有关项目的填报

(1)第28行"总机构分摊所得税额":汇总纳税企业的总机构,以本表(第1行至第26行)本月(季)度预缴所得税额为基数,按总机构应当分摊的预缴比例计算出的本期预缴所得税额填报,并按不同预缴方式分别计算:

①"按实际利润额预缴"的汇总纳税企业的总机构:第15行×总机构应分摊预缴比例。

②"按照上一纳税年度应纳税所得额的平均额预缴"的汇总纳税企业的总机构:第24行×总机构应分摊预缴比例。

③"按照税务机关确定的其他方法预缴"的汇总纳税企业的总机构:第26行×总机构应分摊预缴比例。

上述计算公式中"总机构分摊预缴比例":跨地区经营(跨省、自治区、直辖市、计划单列市)汇总纳税企业,总机构分摊的预缴比例填报25%;省内经营的汇总纳税企业,总机构应分摊的预缴比例按各省级税务机关规定填报。

(2)第29行"财政集中分配所得税额":汇总纳税企业的总机构,以本表(第1行至第26行)本月(季)度预缴所得税额为基数,按财政集中分配的预缴比例计算出的本期预缴所得税额填报,并按不同预缴方式分别计算:

①"按实际利润额预缴"的汇总纳税企业的总机构：第 15 行×财政集中分配预缴比例。

②"按照上一纳税年度应纳税所得额的平均额预缴"的汇总纳税企业的总机构：第 24 行×财政集中分配预缴比例。

③"按照税务机关确定的其他方法预缴"的汇总纳税企业的总机构：第 26 行×财政集中分配预缴比例。

跨地区经营（跨省、自治区、直辖市、计划单列市）汇总纳税企业，中央财政集中分配的预缴比例填报 25%；省内经营的汇总纳税企业，财政集中分配的预缴比例按各省级税务机关规定填报。

（3）第 30 行"分支机构应分摊所得税额"：汇总纳税企业的总机构，以本表（第 1 行至第 26 行）本月（季）度预缴所得税额为基数，按分支机构应分摊的预缴比例计算出的本期预缴所得税额填报，并按不同预缴方式分别计算：

①"按实际利润额预缴"的汇总纳税企业的总机构：第 15 行×分支机构应分摊预缴比例。

②"按照上一纳税年度应纳税所得额平均额预缴"的汇总纳税企业的总机构：第 24 行×分支机构应分摊预缴比例。

③"按照税务机关确定的其他方法预缴"的汇总纳税企业的总机构：第 26 行×分支机构应分摊预缴比例。

上述计算公式中"分支机构应分摊预缴比例"：跨地区经营（跨省、自治区、直辖市、计划单列市）汇总纳税企业，分支机构应分摊的预缴比例填报 50%；省内经营的汇总纳税企业，分支机构应分摊的预缴比例按各省级税务机关规定执行填报。

分支机构根据《中华人民共和国企业所得税汇总纳税分支机构所得税分配表（2015 年版）》中的"分支机构分摊所得税额"填写本行。

（4）第 31 行"其中：总机构独立生产经营部门应分摊所得税额"：填报跨地区经营汇总纳税企业的总机构，设立的具有主体生产经营职能且按规定视同二级分支机构的部门，所应分摊的本期预缴所得税额。

（5）第 32 行"分配比例"：汇总纳税企业的分支机构，填报依据《企业所得税汇总纳税分支机构所得税分配表（2015 年版）》确定的该分支机构的分配比例。

（6）第 33 行"分配所得税额"：填报汇总纳税企业的分支机构按分配比例计算应预缴或汇算清缴的所得税额。第 33 行＝30 行×32 行。

六、"是否属于小型微利企业"填报

（1）纳税人上一纳税年度汇算清缴符合小型微利企业条件的，本年预缴时，选择"是"；预缴累计会计利润不符合小微企业条件的，选择"否"。

（2）本年度新办企业，"资产总额"和"从业人数"符合规定条件，选择"是"；预缴累计会计利润不符合小微企业条件的，选择"否"。

（3）上年度"资产总额"和"从业人数"符合规定条件，应纳税所得额不符合小微企业条件的，预计本年度会计利润符合小微企业条件，选择"是"；预缴累计会计利润不符合小微企业条件，选择"否"。

（4）纳税人第一季度预缴所得税时，鉴于上一年度汇算清缴尚未结束，可以按照上年度第四季度预缴情况选择"是"或"否"。

本栏次为必填项目，不符合小型微利企业条件的，选择"否"。

七、表内表间关系

(一)表内关系

(1)第 9 行＝4 行＋5 行－6 行－7 行－8 行。

(2)第 11 行＝9 行×10 行。当汇总纳税企业的总机构和分支机构适用不同税率时,第 11 行≠9 行×10 行。

(3)第 15 行＝11 行－12 行－13 行－14 行,且第 15 行≤0 时,填 0。

(4)第 17 行＝15 行－16 行,且第 17 行≤0 时,填 0。

(5)第 20 行"本期金额"＝19 行"累计金额"×1/4 或 1/12。

(6)第 22 行＝20 行×21 行。

(7)第 24 行＝22 行－23 行。

(8)第 28 行＝15 行或 24 行或 26 行×规定比例。

(9)第 29 行＝15 行或 24 行或 26 行×规定比例。

(二)表间关系

(1)第 6 行＝《不征税收入和税基类减免应纳税所得额明细表》(附表 1)第 1 行。

(2)第 7 行"本期金额"＝《固定资产加速折旧(扣除)明细表》(附表 2)第 13 行 11 列;第 7 行"累计金额"＝《固定资产加速折旧(扣除)明细表》(附表 2)第 13 行 16 列。

(3)第 12 行、第 23 行＝《减免所得税额明细表》(附表 3)第 1 行。

(4)第 30 行＝《企业所得税汇总纳税分支机构所得税分配表(2015 年版)》中的"分支机构分摊所得税额"。

(5)第 32、33 行＝《企业所得税汇总纳税分支机构所得税分配表(2015 年版)》中与填表纳税人对应行次中的"分配比例""分配所得税额"列。

(2)企业所得税年度纳税申报表及填表说明(见表 2-3)。

表 2-3　中华人民共和国企业所得税年度纳税申报表(A 类)

行 次	类 别	项 目	金 额
1		一、营业收入(填写 A101010/101020/103000)	
2		减:营业成本(填写 A102010/102020/103000)	
3		税金及附加	
4		销售费用(填写 A104000)	
5		管理费用(填写 A104000)	
6	利润	财务费用(填写 A104000)	
7	总额	资产减值损失	
8	计算	加:公允价值变动收益	
9		投资收益	
10		二、营业利润(1－2－3－4－5－6－7＋8＋9)	
11		加:营业外收入(填写 A101010/101020/103000)	
12		减:营业外支出(填写 A102010/102020/103000)	
13		三、利润总额(10＋11－12)	

行 次	类 别	项 目	金 额
14	应纳税所得额计算	减:境外所得(填写 A108010)	
15		加:纳税调整增加额(填写 A105000)	
16		减:纳税调整减少额(填写 A105000)	
17		减:免税、减计收入及加计扣除(填写 A107010)	
18		加:境外应税所得抵减境内亏损(填写 A108000)	
19		四、纳税调整后所得(13-14+15-16-17+18)	
20		减:所得减免(填写 A107020)	
21		减:抵扣应纳税所得额(填写 A107030)	
22		减:弥补以前年度亏损(填写 A106000)	
23		五、应纳税所得额(19-20-21-22)	
24	应纳税额计算	税率(25%)	
25		六、应纳所得税额(23×24)	
26		减:减免所得税额(填写 A107040)	
27		减:抵免所得税额(填写 A107050)	
28		七、应纳税额(25-26-27)	
29		加:境外所得应纳所得税额(填写 A108000)	
30		减:境外所得抵免所得税额(填写 A108000)	
31		八、实际应纳所得税额(28+29-30)	
32		减:本年累计实际已预缴的所得税额	
33		九、本年应补(退)所得税额(31-32)	
34		其中:总机构分摊本年应补(退)所得税额(填写 A109000)	
35		财政集中分配本年应补(退)所得税额(填写 A109000)	
36		总机构主体生产经营部门分摊本年应补(退)所得税额(填写 A109000)	
37	附列资料	以前年度多缴的所得税额在本年抵减额	
38		以前年度应缴未缴在本年入库所得税额	

【表单说明】

本表为年度纳税申报表主表,企业应该根据《中华人民共和国企业所得税法》及其实施条例(以下简称税法)、相关税收政策,以及国家统一会计制度(企业会计准则、小企业会计准则、企业会计制度、事业单位会计准则和民间非营利组织会计制度等)的规定,计算填报纳税人利润总额、应纳税所得额、应纳税额和附列资料等有关项目。

企业在计算应纳税所得额及应纳所得税时,企业财务、会计处理办法与税法规定不一致的,应当按照税法规定计算。税法规定不明确的,在没有明确规定之前,暂按企业财务、会计规定计算。

一、有关项目填报说明

(一)表体项目

本表是在纳税人会计利润总额的基础上,加减纳税调整等金额后计算出"纳税调整后所得"(应纳税所得额)。会计与税法的差异(包括收入类、扣除类、资产类等差异)通过《纳税调整项目明细表》(A105000)集中填报。

本表包括利润总额计算、应纳税所得额计算、应纳税额计算、附列资料四个部分。

(1)"利润总额计算"中的项目,按照国家统一会计制度口径计算填报。实行企业会计准则、小企业会计准则、企业会计制度、分行业会计制度纳税人其数据直接取自利润表;实行事业单位会计准则的纳税人其数据取自收入支出表;实行民间非营利组织会计制度纳税人其数据取自业务活动表;实行其他国家统一会计制度的纳税人,根据本表项目进行分析填报。

(2)"应纳税所得额计算"和"应纳税额计算"中的项目,除根据主表逻辑关系计算的外,通过附表相应栏次填报。

(二)行次说明

第1—13行参照企业会计准则利润表的说明编写。

(1)第1行"营业收入":填报纳税人主要经营业务和其他经营业务取得的收入总额。本行根据"主营业务收入"和"其他业务收入"的数额填报。一般企业纳税人通过《一般企业收入明细表》(A101010)填报;金融企业纳税人通过《金融企业收入明细表》(A101020)填报;事业单位、社会团体、民办非企业单位、非营利组织等纳税人通过《事业单位、民间非营利组织收入、支出明细表》(A103000)填报。

(2)第2行"营业成本"项目:填报纳税人主要经营业务和其他经营业务发生的成本总额。本行根据"主营业务成本"和"其他业务成本"的数额填报。一般企业纳税人通过《一般企业成本支出明细表》(A102010)填报;金融企业纳税人通过《金融企业支出明细表》(A102020)填报;事业单位、社会团体、民办非企业单位、非营利组织等纳税人通过《事业单位、民间非营利组织收入、支出明细表》(A103000)填报。

(3)第3行"税金及附加":填报纳税人经营活动发生的消费税、城市维护建设税、资源税、土地增值税和教育费附加等相关税费。本行根据纳税人相关会计科目填报。纳税人在其他会计科目核算的本行不得重复填报。

(4)第4行"销售费用":填报纳税人在销售商品和材料、提供劳务的过程中发生的各种费用。本行通过《期间费用明细表》(A104000)中对应的"销售费用"填报。

(5)第5行"管理费用":填报纳税人为组织和管理企业生产经营发生的管理费用。本行通过《期间费用明细表》(A104000)中对应的"管理费用"填报。

(6)第6行"财务费用":填报纳税人为筹集生产经营所需资金等发生的筹资费用。本行通过《期间费用明细表》(A104000)中对应的"财务费用"填报。

(7)第7行"资产减值损失":填报纳税人计提各项资产准备发生的减值损失。本行根据企业"资产减值损失"科目上的数额填报。实行其他会计准则等的比照填报。

(8)第8行"公允价值变动收益":填报纳税人在初始确认时划分为以公允价值计量且其变动计入当期损益的金融资产或金融负债(包括交易性金融资产或负债,直接指定为以公允价值计量且其变动计入当期损益的金融资产或金融负债),以及采用公允价值模式计量的投资性房地产、衍生工具和套期业务中公允价值变动形成的应计入当期损益的利得或损失。本行根据企业"公允价值变动损益"科目的数额填报。(损失以"一"号填列)

(9)第9行"投资收益":填报纳税人以各种方式对外投资确认所取得的收益或发生的损失。根据企业"投资收益"科目的数额计算填报;实行事业单位会计准则的纳税人根据"其他收入"科目中的投资收益金额分析填报(损失以"一"号填列)。实行其他会计准则等的比照填报。

(10)第 10 行"营业利润":填报纳税人当期的营业利润。根据上述项目计算填列。

(11)第 11 行"营业外收入":填报纳税人取得的与其经营活动无直接关系的各项收入的金额。一般企业纳税人通过《一般企业收入明细表》(A101010)填报;金融企业纳税人通过《金融企业收入明细表》(A101020)填报;实行事业单位会计准则或民间非营利组织会计制度的纳税人通过《事业单位、民间非营利组织收入、支出明细表》(A103000)填报。

(12)第 12 行"营业外支出":填报纳税人发生的与其经营活动无直接关系的各项支出的金额。一般企业纳税人通过《一般企业成本支出明细表》(A102010)填报;金融企业纳税人通过《金融企业支出明细表》(A102020)填报;实行事业单位会计准则或民间非营利组织会计制度的纳税人通过《事业单位、民间非营利组织收入、支出明细表》(A103000)填报。

(13)第 13 行"利润总额":填报纳税人当期的利润总额。根据上述项目计算填列。

(14)第 14 行"境外所得":填报纳税人发生的分国(地区)别取得的境外所得计入利润总额的金额。填报《境外所得纳税调整后所得明细表》(A108010)第 14 列减去第 11 列的差额。

(15)第 15 行"纳税调整增加额":填报纳税人会计处理与税收规定不一致,进行纳税调整增加的金额。本行通过《纳税调整项目明细表》(A105000)"调增金额"列填报。

(16)第 16 行"纳税调整减少额":填报纳税人会计处理与税收规定不一致,进行纳税调整减少的金额。本行通过《纳税调整项目明细表》(A105000)"调减金额"列填报。

(17)第 17 行"免税、减计收入及加计扣除":填报属于税法规定免税收入、减计收入、加计扣除金额。本行通过《免税、减计收入及加计扣除优惠明细表》(A107010)填报。

(18)第 18 行"境外应税所得抵减境内亏损":填报纳税人根据税法规定,选择用境外所得抵减境内亏损的数额。本行通过《境外所得税收抵免明细表》(A108000)填报。

(19)第 19 行"纳税调整后所得":填报纳税人经过纳税调整、税收优惠、境外所得计算后的所得额。

(20)第 20 行"所得减免":填报属于税法规定所得减免金额。本行通过《所得减免优惠明细表》(A107020)填报,本行<0 时,则填 0。

(21)第 21 行"抵扣应纳税所得额":填报根据税法规定应抵扣的应纳税所得额。本行通过《抵扣应纳税所得额明细表》(A107030)填报。

(22)第 22 行"弥补以前年度亏损":填报纳税人按照税法规定可在税前弥补的以前年度亏损的数额,本行根据《企业所得税弥补亏损明细表》(A106000)填报。

(23)第 23 行"应纳税所得额":金额等于本表第 19-20-21-22 行计算结果。本行不得为负数。本表第 19 行或者按照上述行次顺序计算结果本行为负数,本行金额填 0。

(24)第 24 行"税率":填报税法规定的税率 25%。

(25)第 25 行"应纳所得税额":金额等于本表第 23×24 行。

(26)第 26 行"减免所得税额":填报纳税人按税法规定实际减免的企业所得税额。本行通过《减免所得税优惠明细表》(A107040)填报。

(27)第 27 行"抵免所得税额":填报企业当年的应纳所得税额中抵免的金额。本行通过《税额抵免优惠明细表》(A107050)填报。

(28)第 28 行"应纳税额":金额等于本表第 25-26-27 行。

(29)第 29 行"境外所得应纳所得税额":填报纳税人来源于中国境外的所得,按照我国税法规定计算的应纳所得税额。本行通过《境外所得税收抵免明细表》(A108000)填报。

(30)第30行"境外所得抵免所得税额":填报纳税人来源于中国境外所得依照中国境外税收法律以及相关规定应缴纳并实际缴纳(包括视同已实际缴纳)的企业所得税性质的税款(准予抵免税款)。本行通过《境外所得税收抵免明细表》(A108000)填报。

(31)第31行"实际应纳所得税额":填报纳税人当期的实际应纳所得税额。金额等于本表第28+29-30行。

(32)第32行"本年累计实际已预缴的所得税额":填报纳税人按照税法规定本纳税年度已在月(季)度累计预缴的所得税额,包括按照税法规定的特定业务已预缴(征)的所得税额,建筑企业总机构直接管理的跨地区设立的项目部按规定向项目所在地主管税务机关预缴的所得税额。

(33)第33行"本年应补(退)的所得税额":填报纳税人当期应补(退)的所得税额。金额等于本表第31-32行。

(34)第34行"总机构分摊本年应补(退)所得税额":填报汇总纳税的总机构按照税收规定在总机构所在地分摊本年应补(退)所得税款。本行根据《跨地区经营汇总纳税企业年度分摊企业所得税明细表》(A109000)填报。

(35)第35行"财政集中分配本年应补(退)所得税额":填报汇总纳税的总机构按照税收规定财政集中分配本年应补(退)所得税款。本行根据《跨地区经营汇总纳税企业年度分摊企业所得税明细表》(A109000)填报。

(36)第36行"总机构主体生产经营部门分摊本年应补(退)所得税额":填报汇总纳税的总机构所属的具有主体生产经营职能的部门按照税收规定应分摊的本年应补(退)所得税额。本行根据《跨地区经营汇总纳税企业年度分摊企业所得税明细表》(A109000)填报。

(37)第37行"以前年度多缴的所得税额在本年抵减额":填报纳税人以前纳税年度汇算清缴多缴的税款尚未办理退税并在本纳税年度抵缴的所得税额。

(38)第38行"以前年度应缴未缴在本年入库所得额":填报纳税人以前纳税年度应缴未缴在本纳税年度入库所得税额。

二、表内、表间关系

(一)表内关系

(1)第10行=第1-2-3-4-5-6-7+8+9行。

(2)第13行=第10+11-12行。

(3)第19行=第13-14+15-16-17+18行。

(4)第23行=第19-20-21-22行。

(5)第25行=第23×24行。

(6)第28行=第25-26-27行。

(7)第31行=第28+29-30行。

(8)第33行=第31-32行。

(二)表间关系

(1)第1行=表A101010第1行或表A101020第1行或表A103000第2+3+4+5+6行或表A103000第11+12+13+14+15行。

(2)第2行=表A102010第1行或表A102020第1行或表A103000第19+20+21+22

行或表 A103000 第 25＋26＋27 行。

（3）第 4 行＝表 A104000 第 25 行第 1 列。

（4）第 5 行＝表 A104000 第 25 行第 3 列。

（5）第 6 行＝表 A104000 第 25 行第 5 列。

（6）第 11 行＝表 A101010 第 16 行或表 A101020 第 35 行或表 A103000 第 9 行或第 17 行。

（7）第 12 行＝表 A102010 第 16 行或表 A102020 第 33 行或表 A103000 第 23 行或第 28 行。

（8）第 14 行＝表 A108010 第 10 行第 14 列－第 11 列。

（9）第 15 行＝表 A105000 第 43 行第 3 列。

（10）第 16 行＝表 A105000 第 43 行第 4 列。

（11）第 17 行＝表 A107010 第 27 行。

（12）第 18 行＝表 A108000 第 10 行第 6 列（当本表第 13－14＋15－16－17 行≥0 时，本行＝0）。

（13）第 20 行＝表 A107020 第 40 行第 7 列。

（14）第 21 行＝表 A107030 第 7 行。

（15）第 22 行＝表 A106000 第 6 行第 10 列。

（16）第 26 行＝表 A107040 第 29 行。

（17）第 27 行＝表 A107050 第 7 行第 11 列。

（18）第 29 行＝表 A108000 第 10 行第 9 列。

（19）第 30 行＝表 A108000 第 10 行第 19 列。

（20）第 34 行＝表 A109000 第 12＋16 行。

（21）第 35 行＝表 A109000 第 13 行。

（22）第 36 行＝表 A109000 第 15 行。

延伸阅读 1：《财政部 国家税务总局 发展改革委 工业和信息化部关于软件和集成电路产业企业所得税优惠政策有关问题的通知》

延伸阅读 2：《国家税务总局关于贯彻落实进一步扩大小型微利企业减半征收企业所得税范围有关问题的公告》

延伸阅读 3:《国家税务总局关于许可使用权技术转让所得企业所得税有关问题的公告》

延伸阅读 4:《法人合伙人应纳税所得额抵扣情况明细表》

延伸阅读 5:《国家税务总局关于进一步完善固定资产加速折旧企业所得税政策有关问题的公告》

延伸阅读 6:《国家税务总局关于有限合伙制创业投资企业法人合伙人企业所得税有关问题的公告》

延伸阅读 7:《国家税务总局关于企业重组业务企业所得税征收管理若干问题的公告》

延伸阅读 8:《有限合伙制创业投资企业法人合伙人应纳税所得额分配情况明细表》

延伸阅读9:《企业重组所得税
特殊性税务处理申报资料一览表》

延伸阅读10:《企业重组
所得税特殊性税务处理统计表》

延伸阅读11:《企业重组
所得税特殊性税务处理报告表》

任务小结

企业所得税应纳税额的计算与申报：

●企业所得税的计税依据是应纳税所得额,在直接计算法下,企业每一纳税年度的收入总额减除不征税收入、免税收入、各项扣除以及允许弥补的以前年度亏损后的余额为应纳税所得额。在间接计算法下,是在会计利润总额的基础上加或减按照税法规定调整的项目金额后,即为应纳税所得额。

●居民企业应纳税额等于应纳税所得额乘以适用税率。

●企业取得的所得已在境外缴纳的所得税税额,可以从其当期应纳税额中抵免,抵免限额为该项所得依照《中华人民共和国企业所得税法》规定计算的应纳税额。

●税务机关应根据纳税人具体情况,对核定征收企业所得税的纳税人,核定应税所得率或者核定应纳所得税额。

●正确填写纳税申报表,进行纳税申报,缴纳税款。

闯关考验

一、知识思考

1. 企业所得税的纳税人是什么？

2. 所得来源如何确定？

3. 销售收入如何确认？

4. 不征税收入和免税收入有哪些？

5. 企业应纳税所得额如何计算？

6. 在会计利润基础上如何计算应纳税所得额？

7. 不得扣除的项目有哪些？

8. 企业亏损如何弥补？

9. 查账征收的居民企业如何计算应纳税额？

10. 简述企业所得税征收办法。

11. 核定征收企业所得税的范围包括哪些？

二、技能测试

1. 甲公司为居民企业、增值税一般纳税人。2016 年有关收支情况如下：

(1)产品销售收入 2 500 万元，营业外收入 70 万元。

(2)发生合理的工资薪金 150 万元、职工供暖费补贴 23 万元、防暑降温费 20 万元。

(3)发生广告费 300 万元，业务招待费 30 万元，税收滞纳金 6 万元、环保部门罚款 5 万元、非广告性赞助支出 16 万元，直接向某希望小学捐款 10 万元。

(4)缴纳增值税 125 万元、消费税 75 万元、城市维护建设税 14 万元和教育费附加 6 万元。

要求：

根据上述资料，分析回答下列问题。

(1)甲公司在计算 2016 年度企业所得税应纳税所得额时，准予扣除的广告费。

(2)甲公司在计算 2016 年度企业所得税应纳税所得额时，不得扣除的金额。

(3)甲公司在计算 2016 年度企业所得税应纳税所得额时，准予扣除的职工福利费。

(4)甲公司在计算 2016 年企业所得税应纳税所得额时，准予扣除的税金。

2. 某居民企业(非金融企业)2016 年度生产经营情况如下：

(1)产品销售收入 8 000 万元，与收入配比的销售成本 3 000 万元。

(2)转让技术所有权取得收入 1 200 万元，与技术转让有关的成本费用 400 万元。

(3)已计入企业成本、费用中的合理的工资、薪金为 1 000 万元(其中支付给残疾职工工资 60 万元)。

(4)缴纳增值税 1 360 万元，税金及附加 1 000 万元。

(5)发生销售费用 700 万元，管理费用 600 万元。

(6)发生财务费用 80 万元，其中含向非金融企业(非关联方)借款 200 万元所支付的全年利息 14 万元(当年金融企业同期同类贷款的年利率为 6%)。

(7)发生营业外支出 130 万元,其中含税收滞纳金 15 万元、被工商局罚款 5 万元。

已知:上述销售费用、管理费用、财务费用不涉及技术所有权转让费用。

要求:

根据上述资料,分析回答下列问题。

(1)计算该企业 2016 年度企业所得税应纳税所得额。

(2)计算该企业 2016 年度企业所得税应纳税额。

3.甲企业为居民企业,2016 年度有关经济业务如下:

(1)产品销售收入 800 万元,销售边角料收入 40 万元,国债利息收入 5 万元。

(2)以产品抵偿债务,该批产品不含增值税售价 60 万元。

(3)实发合理工资、薪金总额 100 万元,发生职工教育经费 1.5 万元,职工福利费 15 万元,工会经费 1 万元。

(4)支付人民法院诉讼费 3 万元,税收滞纳金 4 万元,合同违约金 5 万元,银行罚息 6 万元。

(5)因管理不善一批材料被盗,原材料成本 10 万元,增值税进项税额 1.7 万元,取得保险公司赔款 6 万元,原材料损失已经税务机关核准。

要求:

根据上述资料,分别回答下列问题。

(1)甲企业计算企业所得税时,应计入收入总额的金额。

(2)甲企业计算企业所得税时,准予全部扣除的金额。

(3)甲企业在计算企业所得税应纳税所得额时,准予扣除的原材料损失金额。

4.某居民企业 2016 年实现利润总额 200 万元,部分经济业务如下:

(1)销售收入 1 000 万元、销售成本 400 万元。

(2)向税务机关缴纳增值税 20 万元、消费税 8 万元、城建税 1.9 万元。

(3)全年实发的合理工资、薪金总额为 400 万元,实际发生职工福利费 50 万元、职工教育经费 12 万元,实际拨缴工会经费 8 万元,均已计入到成本、费用中。

(4)发生销售费用 300 万元,其中广告费和业务宣传费 160 万元。

(5)通过民政局向贫困地区捐款 50 万元。

假设不考虑其他纳税调整事项。

要求:

根据上述资料,分别回答下列问题。

(1)计算该企业 2016 年度企业所得税应纳税所得额。

(2)计算该企业 2016 年度企业所得税应纳税额。

5.某居民企业 2016 年实现利润总额 200 万元,部分生产经营情况如下:

(1)产品销售收入 1 800 万元,与收入配比的销售成本 1 120 万元。

(2)取得房屋租金收入 500 万元、国债利息收入 200 万元、接受捐赠收入 80 万元、财政拨款收入 100 万元。

(3)发生业务招待费 23 万元、支付给母公司的管理费 30 万元。

(4)发生财务费用 180 万元,其中含向非金融企业借款 90 万元所支付的全年利息 5 万元(金融企业同期同类贷款年利率为 6%),含营业机构之间支付的利息 10 万元。

(5)发生税收滞纳金 4 万元,通过公益性社会团体向贫困地区捐款 30 万元。

要求:

根据上述资料,回答下列问题。

(1)计算该企业 2016 年度企业所得税应纳税所得额。

(2)计算该企业 2016 年度企业所得税应纳税额。

三、理论测试

(一)单选题

1.下列关于企业所得税纳税人的表述中,不正确的是(　　　)。

A.居民企业就其来源于我国境内外的全部所得纳税

B.非居民企业就其来源于我国境内外的全部所得纳税

C.个人独资企业和合伙企业不是企业所得税的纳税人

D.企业设有多个不具有法人资格营业机构的,实行由法人汇总纳税

2.根据企业所得税法律制度的规定,企业的下列收入中,属于不征税收入范围的是(　　　)。

A.财政拨款　　　　　B.租金收入　　　　　C.产品销售收入　　　　　D.国债利息收入

3.根据企业所得税法律制度的规定,下列各项中,按照负担、支付所得的企业所在地确定所得来源地的是(　　　)。

A.销售货物所得　　　　　　　　　　B.权益性投资资产转让所得

C.动产转让所得　　　　　　　　　　D.租金所得

4.某软件企业是国家需要重点扶持的高新技术企业,2016 年度该企业的应纳税所得额为 200 万元,该企业 2016 年应纳的企业所得税额为(　　　)万元。

A.50　　　　　　B.40　　　　　　C.30　　　　　　D.20

5.某企业 2016 年度利润总额 80 万元,通过公益性社会团体向某灾区捐赠 2 万元,直接向某学校捐款 5 万元。根据企业所得税法律制度的规定,该企业在计算企业所得税应纳税所得额时,可以扣除捐赠支出(　　　)万元。

A.2　　　　　　B.5　　　　　　C.7　　　　　　D.9.6

6.根据企业所得税法律制度的规定,企业发生的下列支出中,在计算应纳税所得额时准予扣除的是(　　　)。

A.企业支付的合同违约金　　　　　　B.企业支付的企业所得税税款

C.企业内营业机构之间支付的租金　　D.企业内营业机构之间支付的特许权使用费

7.根据企业所得税法律制度的规定,下列项目中,享受税额抵免优惠政策的是(　　　)。

A.企业的赞助支出

B.企业向残疾职工支付的工资

C.企业购置并实际使用国家相关目录规定的环境保护专用设备投资额 10% 的部分

D.创业投资企业采取股权投资方式投资于未上市的中小高新技术企业 2 年以上的投资额 70% 的部分

8.某企业 2016 年销售收入 3 000 万元,固定资产处置收益 30 万元,业务招待费支出 30 万元。根据企业所得税法律制度的规定,该企业在计算应纳税所得额时,准予在税前扣除的业

务招待费支出是(　　　)万元。

A. 30　　　　　　　B. 15　　　　　　　C. 15.15　　　　　　　D. 18

9. 某居民企业适用 25% 的企业所得税税率。2016 年该企业向主管税务机关申报应纳税收入总额 140 万元,成本费用总额 150 万元。经税务机关检查,收入总额核算正确,但成本费用总额不能确定。税务机关对该企业采用以应税所得率方式核定征收企业所得税,应税所得率为 25%。2016 年该企业应缴纳的企业所得税税额为(　　　)万元。

A. 2.5　　　　　　　B. 12.5　　　　　　　C. 8.75　　　　　　　D. 11.6

10. 企业所得税的征收办法是(　　　)。

A. 按月征收

B. 按季计征,分月预缴

C. 按季征收

D. 按年计征,分月或分季预缴

（二）多选题

1. 依据企业所得税法律制度的规定,判定居民企业的标准有(　　　)。

A. 登记注册地标准

B. 所得来源地标准

C. 经营行为实际发生地标准

D. 实际管理机构所在地标准

2. 根据企业所得税法律制度的规定,纳税人取得的下列收入,应计入应纳税所得额的有(　　　)。

A. 转让股权的收入

B. 接受捐赠的收入

C. 取得的财政拨款

D. 依法收取并纳入财政管理的政府性基金

3. 根据《中华人民共和国企业所得税法》的规定,下列项目中,属于不征税收入的有(　　　)。

A. 财政拨款

B. 国债利息收入

C. 企业债权利息收入

D. 依法收取并纳入财政管理的行政事业性收费、政府性基金

4. 根据企业所得税法律制度的规定,在中国境内未设立机构、场所的非居民企业,以收入全额为应纳税所得额的有(　　　)。

A. 红利　　　　　　B. 转让财产所得　　　C. 租金　　　　　　　D. 利息

5. 根据企业所得税法律制度的规定,下列表述中,正确的有(　　　)。

A. 以融资租赁方式租出的固定资产,不得计算折旧扣除

B. 以经营租赁方式租出的固定资产,不得计算折旧扣除

C. 与经营活动无关的固定资产,不得计算折旧扣除

D. 已足额提取折旧仍继续使用的固定资产,不得计算折旧扣除

6. 根据企业所得税法律制度的规定,下列各项中,准予在企业所得税税前扣除的有(　　　)。

A. 纳税人按照买卖合同约定支付的违约金

B. 纳税人缴纳的消费税

C. 企业之间支付的管理费

D.非金融企业向金融企业借款的利息支出

7.根据企业所得税法律制度的规定,下列捐赠支出中,在计算企业所得税应纳税所得额时,不准扣除的有(　　　)。

A.纳税人直接向某学校的捐赠

B.纳税人通过企业向自然灾害地区的捐赠

C.纳税人通电视台向灾区的捐赠

D.纳税人通过民政部门向贫困地区的捐赠

8.根据企业所得税法律制度的规定,在计算企业所得税应纳税所得额时,下列各项中,准予全额据实扣除的有(　　　)。

A.非金融企业向金融企业借款的利息支出

B.非金融企业向非金融企业借款的利息支出

C.金融企业的各项存款利息支出和同业拆借利息支出

D.企业经批准发行债券的利息支出

9.在计算企业所得税应纳税所得额时,下列各项中,可以扣除的项目有(　　　)。

A.纳税人负担的为销售商品而发生的运输费、保险费

B.汇兑净损失

C.纳税人按规定缴纳的土地增值税

D.税收滞纳金

10.下列各项中,不得在企业所得税税前扣除的有(　　　)。

A.税收滞纳金　　　　　　　　　　　B.被没收财物的损失

C.向投资者支付的股息　　　　　　　D.缴纳的教育费附加

(三)判断题

1.居民企业承担无限纳税义务,非居民企业承担有限纳税义务。　　　　　　　(　　)

2.在缴纳企业所得税时,企业设有多个不具有法人资格营业机构的,由法人汇总纳税。

(　　)

3.纳税人在纳税年度发生的经营亏损,可以用下一年度的所得弥补;下一纳税年度的所得不足弥补的,可以逐年延续弥补,但是延续弥补期限最长不得超过5年。　　　(　　)

4.企业解散或者破产后的清算所得,属于企业所得税的征税范围。　　　　　(　　)

5.企业发生的公益救济性捐赠,在应纳税所得额12%以内的部分,准予在计算应纳税所得额时扣除。　　　　　　　　　　　　　　　　　　　　　　　　　(　　)

6.企业销售货物涉及现金折扣的,应当按照扣除现金折扣后的金额确定销售货物收入金额。　　　　　　　　　　　　　　　　　　　　　　　　　　　　　　　(　　)

7.企业承包建设国家重点扶持的公共基础设施项目,可以自该承包项目取得第一笔收入年度起,第1年至第3年免征企业所得税,第4年至第6年减半征收企业所得税。　(　　)

8.甲公司2016年开发一项新工艺,发生的研究开发费用为80万元,尚未形成无形资产计入当期损益。在甲公司计算当年企业所得税应纳税所得额时,该项研究开发费用可以扣除的数额为120万元。　　　　　　　　　　　　　　　　　　　　　　　　　(　　)

9.企业在汇总计算缴纳企业所得税时,其境外营业机构的亏损可以抵减境内营业机构的盈利。　　　　　　　　　　　　　　　　　　　　　　　　　　　　　　(　　)

10.在中国境内设立机构、场所的非居民企业从居民企业取得与该机构、场所没有实际联系的股息、红利等权益性投资收益,免征企业所得税。　　　　　　　　　　　　　　　(　　　)

四、拓展实训

实训题一

实训课题:企业所得税网上申报。

实训目的:熟悉企业所得税纳税申报流程,掌握企业所得税纳税申报表及附表的填制。

实训组织:每3名学生为一组,分别担任开票员、税务会计和财务主管。

实训内容:

衡信教育科技有限公司属于增值税一般纳税人,税务机关核定企业所得税征收方式为查账征收,按照实际利润预缴方式预缴企业所得税。资产总额为850万元,企业员工60人。企业财务执行新会计准则,非汇总企业,无分支机构。公司为小型微利企业。

实训假定2016年7月15日进行第二季度企业所得税申报,相关资料如下:

1.2016年6月份利润表。

利 润 表

编制单位:衡信教育科技有限公司　　　　　2016年6月30日　　　　　　　　　　单位:元

项　目	行　次	本期数	本年累计数
一、营业收入	1	572 300	4 856 000
减:营业成本	2	293 100	3 248 000
税金及附加	3	7 600	46 900
营业费用	4	125 700	703 200
管理费用	5	116 700	596 700
财务费用	6	16 200	95 200
资产减值损失	7	0	0
加:公允价值变动损益(亏损以"一"号填列)	8	0	0
投资收益(亏损以"一"号填列)	9	150 000	150 000
其中:对联营企业和合营企业的投资收益	10	0	0
二、营业利润(亏损以"一"号填列)	11	163 000	316 000
加:营业外收入	12	0	15 200
减:营业外支出	13	0	35 000
三、利润总额(亏损以"一"号填列)	14	163 000	296 200
减:所得税费用	15		14 620
四、净利润(净亏损以"一"号填列)	16		281 580
五、每股收益	17		
(一)基本每股收益	18		
(二)稀释每股收益	19		

2.2016 年 3 月 31 日利润表。

利　润　表

编制单位:衡信教育科技有限公司　　　　2016 年 3 月 31 日　　　　　　　　　单位:元

项　目	行　次	本期数	本年累计数
一、营业收入	1	878 000	1 689 000
减:营业成本	2	491 600	1 004 600
税金及附加	3	13 100	23 100
营业费用	4	180 300	336 800
管理费用	5	156 000	228 200
财务费用	6	5 000	25 000
资产减值损失	7	0	0
加:公允价值变动损益(亏损以"一"号填列)	8	0	0
投资收益(亏损以"一"号填列)	9	0	0
其中:对联营企业和合营企业的投资收益	10		
二、营业利润(亏损以"一"号填列)	11	32 000	71 300
加:营业外收入	12	0	15 200
减:营业外支出	13	35 000	35 000
三、利润总额(亏损以"一"号填列)	14	−3 000	51 500
减:所得税费用	15		5 150
四、净利润(净亏损以"一"号填列)	16		46 350
五、每股收益	17		
(一)基本每股收益	18		
(二)稀释每股收益	19		

3.投资收益 150 000 元,为公司投资 A 企业(非上市居民企业)获得的股利。

通过以上纳税申报数据形成纳税申报表依次保存,报表数据报送成功后,进入评分系统选择相对应的案例进行系统评分,将企业所得税季度纳税申报表(A 类)打印。

实训题二

实训课题:企业所得税网上申报。

实训目的:熟悉企业所得税纳税申报流程,掌握企业所得税纳税申报表及附表的填制。

实训组织:每 3 名学生为一组,分别担任开票员、税务会计和财务主管。

实训内容:

衡信教育科技有限公司属于增值税一般纳税人,税务机关核定企业所得税征收方式为查账征收,按照实际利润预缴方式预缴企业所得税。企业财务执行新会计准则,非汇总企业,无分支机构。公司总资产 10 000 万元,总人数 1 000 人。公司适用的所得税税率为 25%。设置企业所得税纳税申报当前税款所属期限为 2017 年 6 月份。

实训假定 2017 年 7 月 10 日进行第二季度企业所得税申报,相关资料如下:

利 润 表

编制单位:衡信教育科技有限公司　　　　　2017 年 6 月 30 日　　　　　　　　　单位:元

项　目	行　次	本期数	本年累计数
一、营业收入	1	572 300.00	4 856 000.00
减:营业成本	2	233 100.00	2 148 000.00
税金及附加	3	77 600.00	106 900.00
营业费用	4	95 700.00	403 200.00
管理费用	5	106 700.00	396 700.00
财务费用	6	66 200.00	895 200.00
资产减值损失	7	0.00	0.00
加:公允价值变动损益(亏损以"－"号填列)	8	0.00	0.00
投资收益(亏损以"－"号填列)	9	0.00	0.00
其中:对联营企业和合营企业的投资收益	10	0.00	0.00
二、营业利润(亏损以"－"号填列)	11	－7 000.00	906 000.00
加:营业外收入	12	0.00	0.00
减:营业外支出	13	0.00	0.00
三、利润总额(亏损以"－"号填列)	14	－7 000.00	906 000.00
减:所得税费用	15		226 500.00
四、净利润(净亏损以"－"号填列)	16		679 500.00
五、每股收益	17		
(一)基本每股收益	18		
(二)稀释每股收益	19		

2017 年 3 月 31 日利润表资料如下:

利 润 表

编制单位:衡信教育科技有限公司　　　　　2017 年 3 月 31 日　　　　　　　　　单位:元

项　目	行　次	本期数	本年累计数
一、营业收入	1	878 000.00	1 689 000.00
减:营业成本	2	291 600.00	604 600.00
税金及附加	3	63 100.00	63 100.00
营业费用	4	80 300.00	136 800.00
管理费用	5	126 000.00	108 200.00
财务费用	6	75 500.00	550 300.00
资产减值损失	7	0.00	0.00
加:公允价值变动损益(亏损以"－"号填列)	8	0.00	0.00
投资收益(亏损以"－"号填列)	9	0.00	0.00
其中:对联营企业和合营企业的投资收益	10		
二、营业利润(亏损以"－"号填列)	11	241 500.00	226 000.00
加:营业外收入	12	0.00	0.00
减:营业外支出	13	0.00	0.00
三、利润总额(亏损以"－"号填列)	14	241 500.00	226 000.00
减:所得税费用	15		56 500.00
四、净利润(净亏损以"－"号填列)	16		169 500.00

续 表

项 目	行 次	本期数	本年累计数
五、每股收益	17		
（一）基本每股收益	18		
（二）稀释每股收益	19		

通过以上纳税申报数据形成纳税申报表依次保存,报表数据报送成功后,进入评分系统选择相对应的案例进行系统评分,将企业所得税季度纳税申报表(A类)打印。

实训题三

实训课题:企业所得税网上申报。

实训目的:熟悉企业所得税纳税申报流程,掌握企业所得税纳税申报表及附表的填制。

实训组织:每3名学生为一组。

实训内容:

P保险有限公司,成立于2008年07月01日,主要经营财产险为主的各种保险业务。非汇总纳税企业,无分支机构,非境外中资控股居民企业,注册资本5 000万元,所属行业6 820财产保险,无境外关联交易。资产总额10 000万元,从业人数1 000人(无残疾人员、无国家鼓励安置的其他就业人员)。

股东信息:方富(中国国籍,身份证330101196107083322)投资比例40%;姜涛(中国国籍,身份证330101196311228526)投资比例30%;裴凯(中国国籍,身份证330101196101203661)投资比例30%

适用的所得税税率:25%

会计主管:金晶

适用的会计准则:企业会计准则(保险)

会计档案存放地:浙江省杭州市

会计核算软件:用友

记账本位币:人民币

会计政策和估计是否发生变化:否

固定资产折旧方法:年限平均法

存货成本计价方法:先进先出法

坏账损失核算方法:备抵法

所得税计算方法:资产负债表债务法(企业会计准则要求对企业所得税采用资产负债表债务法进行核算)

按税收规定比例扣除的职工教育经费2.5%、广告费和业务宣传费15%。

2015年预缴企业所得税0元。

实训假定2016年5月1日进行所得税汇算清缴,相关资料如下:

利 润 表

编制单位:P保险有限公司　　　　　　　　2015 年 12 月　　　　　　　　　　　单位:元

项　　　目	行　次	本期数	本年累计数
一、营业收入	1	2 449 653 228.37	
已赚保费	2	2 053 421 120.34	
保险业务收入	3	2 053 421 120.34	
其中:分保费收入	4		
减:分出保费	5		
提取未到期责任准备金	6		
加:投资收益(损失以"一"号填列)	7	622 083.28	
其中:对联营企业和合营企业的投资收益	8		
公允价值变动收益(损失以"一"号填列)	9		
汇兑收益(损失以"一"号填列)	10		
其他业务收入	11	395 610 024.75	
二、营业支出	12	1 582 474 642.11	
退保金	13	237 521 549.68	
赔付支出	14	894 141 256.07	
减:摊回赔付支出	15		
提取保险责任准备金	16		
减:摊回保险责任准备金	17		
保单红利支出	18	802 083.33	
分保费用	19	363 138.36	
营业税金及附加	20	47 572 394.20	
手续费及佣金支出	21	179 792.23	
业务及管理费	22	41 256.07	
减:摊回分保费用	23		
其他业务成本	24	281 723 438.26	
资产减值损失	25	120 129 733.91	
三、营业利润(亏损以"一"号填列)	26	867 178 586.26	
加:营业外收入	27	193 950.46	
减:营业外支出	28		
四、利润总额(亏损总额以"一"号填列)	29	867 372 536.72	
减:所得税费用	30	0.00	
五、净利润(净亏损以"一"号填列)	31	867 372 536.72	
六、每股收益:	32		
(一)基本每股收益	33		
(二)稀释每股收益	34		

具体报表资料如下：

一、收入明细

一级科目	明细科目	金　额	备　注
营业收入	保费业务收入	2 053 421 120.34	
	其他业务收入	395 610 024.75	
营业外收入	非流动资产处置利得	26 658.46	
	其他	167 292.00	

二、支出明细

一级科目	明细科目	金　额	备　注
保险业务支出	退保金	237 521 549.68	
	赔付支出	894 141 256.07	
	保单红利支出	802 083.33	
	分保费用	363 138.36	
	手续费及佣金支出	179 792.23	
其他金融业务支出		41 256.07	
其他业务成本		281 723 438.26	

三、持有的以公允价值计量资产投资收益纳税调整表

	期初金额		期末金额		纳税调整额
	账载金额（公允价值）	计税基础	账载金额（公允价值）	计税基础	（纳税调减以"—"表示）
交易性金融资产	27 544 375.41	23 933 511.78	23 497 883.62	23 228 530.95	3 341 510.96

四、投资收益明细

类　型	金　额	备　注
国债利息收入	594 083.28	
股息（居民企业）	28 000.00	收到直接投资的 A 企业于 2014-09-30 决定进行利润分配的股息

五、资产折旧/摊销明细（备注：企业本年度不享受固定资产加速折旧）

资产折旧/摊销调整表

资产项目	会　计			税　法			调整额
	初始成本	折旧年限（年）	折旧（摊销）额	初始成本	折旧年限（年）	折旧（摊销）额	
电脑	1 000 000	6 年	158 300	1 000 000	6 年	158 300	
空调	1 550 000	10 年	155 000	1 550 000	10 年	155 000	

六、职工薪酬费用调整

项　目	会　计	税　法	调　整
职工薪金支出	256 314 383.13	256 314 383.13	
职工福利费	12 578 214.21	35 884 013.64	
职工教育经费	6 796 585.93	6 407 859.58	
工会经费	5 437 268.74	5 126 287.66	

七、广告费费用调整表

项　目	会　计	备　注
广告费	4 031 508.09	

八、其他纳税调整项目

项　目	金　额	备　注
罚金、罚款	2 803 566.64	
赞助支出	64 355.47	
与取得收入无关的支出	705 118.40	
资产减值准备金	120 129 733.91	

九、企业所得税弥补亏损明细表

年　度	盈利额或亏损额	备　注
2010	2 266 667.00	
2011	250 000.00	
2012	2 530 367.91	
2013	27 500 000.00	
2014	693 500.00	
2015		

通过以上纳税申报数据形成纳税申报表依次保存,报表数据上报成功后,进入评分系统选择相对应的案例进行系统评分,将企业所得税年度纳税申报主表及其附表依次打印。

任务 2　个人所得税应纳税额计算与申报

【任务导入】

中国公民李伟是高校教授,2016 年取得以下各项收入:

(1)每月取得工资 4 000 元,6 月份取得上半年学期奖金 6 000 元,12 月份取得年终一次性奖金 20 000 元。

(2)2 月份以 10 万元购买 A 企业股权,并于 10 月份以 25 万元将股权转让给 B,不考虑相关的税费。

(3)5 月份出版一本专著,取得稿酬 40 000 元,李某当即拿出 10 000 元通过政府部门捐给农村义务教育。

(4)10 月在另一高校讲学,取得报酬 10 000 元。

【任务要求】

(1)计算李伟 2016 年取得的工资所得应缴纳个人所得税。

(2)计算李伟 2016 年股权转让所得应缴纳个人所得税。

(3)计算李伟 2016 年取得的稿酬所得应缴纳个人所得税。

(4)计算李伟 2016 年讲学所得应缴纳个人所得税。

【知识准备】

个人所得税是以自然人取得的各类应税所得为征税对象而征收的一种所得税,是政府利用税收对个人收入进行调节的一种手段。个人所得税的征税对象不仅包括个人还包括具有自然人性质的企业。个人独资企业和合伙企业投资者也为个人所得税的纳税义务人。

我国个人所得税的征收采用的是分类征收制。

一、纳税义务人、征税范围及税率

个人所得税的纳税义务人,包括中国公民、个体工商业户以及在中国有所得的外籍人员(包括无国籍人员,下同)和中国香港、澳门、台湾同胞。上述纳税义务人依据住所和居住时间两个标准,区分为居民和非居民,分别承担不同的纳税义务。

(一)纳税义务人

1.居民纳税义务人

居民纳税义务人负有无限纳税义务。其所取得的应纳税所得,无论是来源于中国境内还是中国境外任何地方,都要在中国缴纳个人所得税。

居民纳税义务人是指在中国境内有住所,或者无住所而在中国境内居住满 1 年的个人。

所谓在中国境内有住所的个人,是指因户籍、家庭、经济利益关系,而在中国境内习惯性居住的个人。这里所说的习惯性居住,是判定纳税义务人属于居民还是非居民的一个重要依据。习惯性居住地是指个人因学习、工作、探亲等原因消除之后,没有理由在其他地方继续居留时,所要回到的地方,而不是指实际居住或在某一个特定时期内的居住地。一个纳税人因学习、工作、探亲、旅游等原因,原来是在中国境外居住,但是在这些原因消除之后,如果必须回到中国境内居住的,则中国为该人的习惯性居住地。尽管该纳税义务人在一个纳税年度内,甚至连续几个纳税年度,都未在中国境内居住过 1 天,他仍然是中国居民纳税义务人,应就其来自全球的应纳税所得,向中国缴纳个人所得税。

所谓在境内居住满 1 年,是指在一个纳税年度(即公历 1 月 1 日起至 12 月 31 日止,下同)内,在中国境内居住满 365 日。在计算居住天数时,对临时离境应视同在华居住,不扣减其在华居住的天数。这里所说的临时离境,是指在一个纳税年度内,一次不超过 30 日或者多次累计不超过 90 日的离境。综上可知,个人所得税的居民纳税义务人包括有以下两类:

（1）在中国境内定居的中国公民和外国侨民。但不包括虽具有中国国籍，却并没有在中国大陆定居，而是侨居海外的华侨和居住在香港、澳门、台湾的同胞。

（2）从公历1月1日起至12月31日止，居住在中国境内的外国人、海外侨胞和香港、澳门、台湾同胞。这些人如果在一个纳税年度内，一次离境不超过30日，或者多次离境累计不超过90日的，仍应被视为全年在中国境内居住，从而判定为居民纳税义务人。例如，一个外籍人员从2015年10月起到中国境内的公司任职，在2016纳税年度内，曾于3月7—12日离境回国，向其总公司述职，12月23日又离境回国欢度圣诞节和元旦。这两次离境时间相加，没有超过90日的标准，应视作临时离境，不扣减其在华居住天数。因此，该纳税义务人应为居民纳税人。

2. 非居民纳税义务人

非居民纳税义务人，是不符合居民纳税义务人判定标准（条件）的纳税义务人。非居民纳税义务人承担有限纳税义务，即仅就其来源于中国境内的所得，向中国缴纳个人所得税。

非居民纳税义务人，是指在中国境内无住所又不居住或者无住所而在境内居住不满1年的个人。也就是说，非居民纳税义务人，是指习惯性居住地不在中国境内，而且不在中国居住，或者在一个纳税年度内，在中国境内居住不满1年的个人。在现实生活中，习惯性居住地不在中国境内的个人，只有外籍人员、华侨或中国香港、澳门和台湾同胞。因此，非居民纳税义务人实际上只能是在一个纳税年度中，没有在中国境内居住，或者在中国境内居住不满1年的外籍人员、华侨或中国香港、澳门、台湾同胞。

（二）征税范围

下列各项个人所得，应纳个人所得税。

1. 工资、薪金所得

工资、薪金所得，是指个人因任职或者受雇而取得的工资、薪金、奖金、年终加薪、劳动分红、津贴、补贴以及与任职或者受雇有关的其他所得。

工资、薪金所得属于非独立个人劳动所得。所谓非独立个人劳动，是指个人所从事的是由他人指定、安排并接受管理的劳动。工作或服务于公司、工厂、行政、事业单位的人员（私营企业主除外）均为非独立劳动者。他们从上述单位取得的劳动报酬，是以工资、薪金的形式体现的。

除工资、薪金以外奖金、年终加薪、劳动分红、津贴、补贴也被确定为工资、薪金范畴。其中，年终加薪、劳动分红不分种类和取得情况，一律按工资、薪金所得课税。津贴、补贴等则有例外。根据我国目前个人收入的构成情况，规定对于一些不属于工资、薪金性质的补贴、津贴或者不属于纳税人本人工资、薪金所得项目的收入，不予征税。这些项目包括：

①独生子女补贴。

②执行公务员工资制度未纳入基本工资总额的补贴、津贴差额和家属成员的副食品补贴。

③托儿补助费。

④差旅费津贴、误餐补助。其中，误餐补助是指按照财政部规定，个人因公在城区、郊区工作，不能在工作单位或返回就餐的，根据实际误餐顿数，按规定的标准领取的误餐费。单位以误餐补助名义发给职工的补贴、津贴不能包括在内。

奖金是指所有具有工资性质的奖金，免税奖金的范围在税法中另有规定。

关于企业减员增效和行政、事业单位、社会团体在机构改革过程中实行内部退养办法人员取得收入如何征税问题，现行规定如下：

①实行内部退养的个人在其办理内部退养手续后至法定离退休年龄之间从原任职单位取得的工资、薪金，不属于离退休工资，应按"工资、薪金所得"项目计征个人所得税。

②个人在办理内部退养手续后从原任职单位取得的一次性收入，应按办理内部退养手续后至法定离退休年龄之间的所属月份进行平均，并与领取当月的"工资、薪金"所得合并后减除当月费用扣除标准，以余额为基数确定适用税率，再将当月工资、薪金加上取得的一次性收入，减去费用扣除标准，按适用税率计征个人所得税。

③个人在办理内部退养手续后至法定离退休年龄之间重新就业取得的"工资、薪金"所得，应与其从原任职单位取得的同一月份的"工资、薪金"所得合并，并依法自行向主管税务机关申报缴纳个人所得税。

公司职工取得的用于购买企业国有股权的劳动分红，按"工资、薪金所得"项目计征个人所得税。

出租汽车经营单位对出租车驾驶员采取单车承包或承租方式运营，出租车驾驶员从事客货营运取得的收入，按工资、薪金所得征税。

2. 个体工商户的生产、经营所得

个体工商户的生产、经营所得，是指：

(1)个体工商户从事工业、手工业、建筑业、交通运输业、商业、饮食业、服务业、修理业及其他行业取得的所得。

(2)个人经政府有关部门批准，取得执照，从事办学、医疗、咨询以及其他有偿服务活动取得的所得。

(3)上述个体工商户和个人取得的与生产、经营有关的各项应税所得。

(4)个人因从事彩票代销业务而取得所得，应按照"个体工商户的生产、经营所得"项目计征个人所得税。

(5)从事个体出租车运营的出租车驾驶员取得的收入，按"个体工商户的生产、经营所得"项目缴纳个人所得税。

出租车属个人所有，但挂靠出租汽车经营单位或企事业单位，驾驶员向挂靠单位缴纳管理费的，或出租汽车经营单位将出租车所有权转移给驾驶员的，出租车驾驶员从事客货运营取得的收入，比照"个体工商户的生产、经营所得"项目征税。

(6)个体工商户和从事生产、经营的个人，取得与生产、经营活动无关的其他各项应税所得，应分别按照其他应税项目的有关规定，计算征收个人所得税。如取得银行存款的利息所得、对外投资取得的股息所得，应按"股息、利息、红利"税目的规定单独计征个人所得税。

(7)个人独资企业、合伙企业的个人投资者以企业资金为本人、家庭成员及其相关人员支付与企业生产经营无关的消费性支出及购买汽车、住房等财产性支出，视为企业对个人投资者利润分配，并入投资者个人的生产经营所得，依照"个体工商户的生产、经营所得"项目计征个人所得税。

3. 对企事业单位的承包经营、承租经营的所得

对企事业单位的承包经营、承租经营所得，是指个人承包经营或承租经营以及转包、转租

取得的所得。承包项目可分多种,如生产经营、采购、销售、建筑安装等各种承包。转包包括全部转包或部分转包。

4.劳务报酬所得

劳务报酬所得,指个人独立从事各种非雇佣的各种劳务所取得的所得。内容如下:

(1)设计,指按照客户的要求,代为制定工程、工艺等各类设计业务。

(2)装潢,指接受委托,对物体进行装饰、修饰,使之美观或具有特定用途的作业。

(3)安装,指按照客户要求,对各种机器、设备的装配、安置,以及与机器、设备相连的附属设施的装设和被安装机器设备的绝缘、防腐、保温、油漆等工程作业。

(4)制图,指受托按实物或设想物体的形象,依体积、面积、距离等,用一定比例绘制成平面图、立体图、透视图等的业务。

(5)化验,指受托用物理或化学的方法,检验物质的成分和性质等业务。

(6)测试,指利用仪器仪表或其他手段代客对物品的性能和质量进行检测试验的业务。

(7)医疗,指从事各种病情诊断、治疗等医护业务。

(8)法律,指受托担任辩护律师、法律顾问,撰写辩护词、起诉书等法律文书的业务。

(9)会计,指受托从事会计核算的业务。

(10)咨询,指对客户提出的政治、经济、科技、法律、会计、文化等方面的问题进行解答、说明的业务。

(11)讲学,指应邀(聘)进行讲课、作报告、介绍情况等业务。

(12)新闻,指提供新闻信息、编写新闻消息的业务。

(13)广播,指从事播音等劳务。

(14)翻译,指受托从事中、外语言或文字的翻译(包括笔译和口译)的业务。

(15)审稿,指对文字作品或图形作品进行审查、核对的业务。

(16)书画,指按客户要求,或自行从事书法、绘画、题词等业务。

(17)雕刻,指代客镌刻图章、牌匾、碑、玉器、雕塑等业务。

(18)影视,指应邀或应聘在电影、电视节目中出任演员,或担任导演、音响、化妆、道具、制作、摄影等与拍摄影视节目有关的业务。

(19)录音,指用录音器械代客录制各种音响带的业务,或者应邀演讲、演唱、采访而被录音的服务。

(20)录像,指用录像器械代客录制各种图像、节目的业务,或者应邀表演、采访被录像的业务。

(21)演出,指参加戏剧、音乐、舞蹈、曲艺等文艺演出活动的业务。

(22)表演,指从事杂技、体育、武术、健美、时装、气功以及其他技巧性表演活动的业务。

(23)广告,指利用图书、报纸、杂志、广播、电视、电影、招贴、路牌、橱窗、霓虹灯、灯箱、墙面及其他载体,为介绍商品、经营服务项目、文体节目或通告、声明等事项,所做的宣传和提供相关服务的业务。

(24)展览,指举办或参加书画展、影展、盆景展、邮展、个人收藏品展、花鸟虫鱼展等各种展示活动的业务。

(25)技术服务,指利用一技之长而进行技术指导、提供技术帮助的业务。

(26)介绍服务,指介绍供求双方商谈,或者介绍产品、经营服务项目等服务的业务。

(27)经纪服务,指经纪人通过居间介绍,促成各种交易和提供劳务等服务的业务。

(28)代办服务,指代委托人办理受托范围内的各项事宜的业务。

(29)其他劳务,指上述列举28项劳务项目之外的各种劳务。

在实际操作过程中,还可能出现难以判定一项所得是属于工资、薪金所得,还是属于劳务报酬所得的情况。这两者的区别在于:工资、薪金所得是属于非独立个人劳务活动,即在机关、团体、学校、部队、企业、事业单位及其他组织中任职、受雇而得到的报酬;而劳务报酬所得,则是个人独立从事各种技艺、提供各项劳务取得的报酬。

5.稿酬所得

稿酬所得,是指个人因其作品以图书、报刊形式出版、发表而取得的所得。将稿酬所得独立划归一个征税项目,而对不以图书、报刊形式出版、发表的翻译、审稿、书画所得归为劳务报酬所得,主要是考虑了出版、发表作品的特殊性。第一,它是一种依靠较高智力创作的精神产品;第二,它具有普遍性;第三,它与社会主义精神文明和物质文明密切相关;第四,它的报酬相对偏低。因此,稿酬所得应当与一般劳务报酬相对区别,并给予适当优惠照顾。

6.特许权使用费所得

特许权使用费所得,是指个人提供专利权、商标权、著作权、非专利技术以及其他特许权的使用权取得的所得。提供著作权的使用权取得的所得不包括稿酬所得。

专利权,是由国家专利主管机关依法授予专利申请人或其权利继承人在一定期间内实施其发明创造的专有权。对于专利权,许多国家只将提供他人使用取得的所得,列入特许权使用费,而将转让专利权所得列为资本利得税的征税对象。我国没有开征资本利得税,故将个人提供和转让专利权取得的所得都列入特许权使用费所得征收个人所得税。

商标权,即商标注册人享有的商标专用权。著作权,即版权,是作者依法对文学、艺术和科学作品享有的专有权。个人提供或转让商标权、著作权、专有技术或技术秘密、技术诀窍取得的所得,应当依法缴纳个人所得税。

7.利息、股息、红利所得

利息、股息、红利所得,是指个人拥有债权、股权而取得的利息、股息、红利所得。利息,是指个人拥有债权而取得的利息,包括存款利息、贷款利息和各种债券的利息。股息、红利,指个人拥有股权取得的股息、红利。按照一定的比率对每股发给的息金叫股息;公司、企业应分配的利润按股份分配的叫红利。股息、红利所得,除另有规定外,都应当缴纳个人所得税。

除个人独资企业、合伙企业以外的其他企业的个人投资者,以企业资金为本人、家庭成员及其相关人员支付与企业生产经营无关的消费性支出及购买汽车、住房等财产性支出,视为企业对个人投资者的红利分配,依照"利息、股息、红利所得"项目计征个人所得税。

8.财产租赁所得

财产租赁所得,是指个人出租建筑物、土地使用权、机器设备、车船以及其他财产取得的所得。

个人取得的财产转租收入属于"财产租赁所得"的征税范围,由财产转租人缴纳个人所得税。

9.财产转让所得

财产转让所得,是指个人转让有价证券、股权、建筑物、土地使用权、机器设备、车船以及其他财产取得的所得。

在现实生活中,个人进行的财产转让主要是个人财产所有权的转让。财产转让实际上是一种买卖行为,当事人双方通过签订、履行财产转让合同,形成财产买卖的法律关系,使出让财产的个人从对方取得价款(收入)或其他经济利益。财产转让所得因其性质的特殊性,需要单独列举项目征税。对个人取得的各项财产转让所得,除股票转让所得外,都要征收个人所得税。

10.偶然所得

偶然所得,是指个人得奖、中奖、中彩以及其他偶然性质的所得。得奖是指参加各种有奖竞赛活动,取得名次得到的奖金;中奖、中彩是指参加各种有奖活动,如有奖销售、有奖储蓄,或者购买彩票,经过规定程序,抽中、摇中号码而取得的奖金。偶然所得应缴纳的个人所得税税款,一律由发奖单位或机构代扣代缴。

11.经国务院财政部门确定征税的其他所得

除上述列举的各项个人应税所得外,其他确有必要征税的个人所得,由国务院财政部门确定。个人取得的所得,难以界定应纳税所得项目的,由主管税务机关确定。

(三)所得来源地的确定

下列所得,不论支付地点是否在中国境内,均为来源于中国境内的所得:

(1)因任职、受雇、履约等而在中国境内提供劳务取得的所得。

(2)将财产出租给承租人在中国境内使用而取得的所得。

(3)转让中国境内的建筑物、土地使用权等财产或者在中国境内转让其他财产取得的所得。

(4)许可各种特许权在中国境内使用而取得的所得。

(5)从中国境内的公司、企业以及其他经济组织或者个人取得的利息、股息、红利所得。

在中国境内无住所,但是居住一年以上五年以下的个人,其来源于中国境外的所得,经主管税务机关批准,可以只由中国境内公司、企业以及其他经济组织或者个人支付的部分缴纳个人所得税;居住超过五年的个人,从第六年起,应当就其来源于中国境外的全部所得缴纳个人所得税。

在中国境内无住所,当时在一个纳税年度在中国境内连续或者累计居住不超过90日的个人,其来源于中国境内的所得,由境外雇主支付并且不由该雇主在中国境内的机构、场所所负担的部分,免于缴纳个人所得税。

(四)税率

1.工资、薪金所得适用税率

工资、薪金所得,适用七级超额累进税率,税率为5%～45%(见表2-4)。

表2-4　工资、薪金所得个人所得税税率表

级　数	全月应纳税所得额(含税级距)	税率(%)
1	不超过1 500元的	3
2	超过1 500～4 500元的部分	10
3	超过4 500～9 000元的部分	20

级 数	全月应纳税所得额（含税级距）	税率（%）
4	超过 9 000～35 000 元的部分	25
5	超过 35 000～55 000 元的部分	30
6	超过 55 000～80 000 元的部分	35
7	超过 80 000 元的部分	45

2.个体工商户的生产、经营所得和对企事业单位的承包经营、承租经营所得

个体工商户的生产、经营所得和对企事业单位的承包经营、承租经营所得，适用 5%～35% 的超额累进税率（见表 2-5）。

表 2-5　个体工商户的生产、经营所得和对企事业单位的承包经营承租经营、所得个人所得税税率表

级 数	全年应纳税所得额（含税级距）	税率（%）
1	不超过 15 000 元的	5
2	超过 15 000～30 000 元的部分	10
3	超过 30 000～60 000 元的部分	20
4	超过 60 000～100 000 元的部分	30
5	超过 100 000 元的部分	35

个人独资企业和合伙企业的生产经营所得，也适用 5%～35% 的五级超额累进税率。

3.稿酬所得

稿酬所得，适用比例税率，税率为 20%，并按应纳税额减征 30%，故其实际税率为 14%。

4.劳务报酬所得

劳务报酬所得，适用比例税率，税率为 20%。对劳务报酬所得一次收入畸高的，可以实行加成征收。

根据《中华人民共和国个人所得税法实施条例》规定。"劳务报酬所得一次收入畸高"，是指个人一次取得劳务报酬，其应纳税所得额超过 20 000 元。对应纳税所得额超过 20 000～50 000 元的部分，依照税法规定计算应纳税额后再按照应纳税额加征五成；超过 50 000 元的部分，加征十成。因此，劳务报酬所得实际上适用 20%、30%、40% 的三级超额累进税率（见表 2-6）。

表 2-6　劳务报酬所得个人所得税税率表

级 数	每次应纳税所得额（含税级距）	税率（%）
1	不超过 20 000 元的部分	20
2	超过 20 000～50 000 元的部分	30
3	超过 50 000 元的部分	40

5.特许权使用费所得，利息、股息、红利所得，财产租赁所得，财产转让所得，偶然所得和其他所得

特许权使用费所得，利息、股息、红利所得，财产租赁所得，财产转让所得，偶然所得和其他所得，适用比例税率，税率为 20%。居民储蓄利息暂免征收个人所得税。对个人出租住房所

得减按 10％的税率征收个人所得税。

二、应纳税所得额的规定

由于个人所得税的应税项目不同,并且取得某项所得所需费用也不相同,因此,计算个人应纳税所得额,需按不同应税项目分项计算。以某项应税项目的收入额减去税法规定的该项费用减除标准后的余额,为该项应纳税所得额。

(一)每次收入的确定

对纳税义务人征税方法有三种:一是按年计征,如个体工商户的生产、经营所得和对企事业单位的承包经营、承租经营所得;二是按月计征,如工资、薪金所得;三是按次计征,如劳务报酬所得、稿酬所得、特许权使用费所得、利息、股息、红利所得、财产租赁所得、财产转让所得、偶然所得和其他所得。

(1)劳务报酬所得,根据不同劳务项目的特点,分别规定为:

①只有一次性收入的,以取得该项收入为一次。例如从事设计、安装、装潢、制图、化验、测试等劳务,往往是接受客户的委托,按照客户的要求,完成一次劳务后取得收入。因此,这些是属于只有一次性的收入,应以每次提供劳务取得的收入为一次。

②属于同一事项连续取得收入的,以 1 个月内取得的收入为一次。例如,某歌手与一卡拉OK 厅签约,在 2016 年 1 年内每天到卡拉 OK 厅演唱一次,每次演出后付酬 50 元。在计算其劳务报酬所得时,应视为同一事项的连续性收入,以其 1 个月内取得的收入为一次计征个人所得税,而不能以每天取得的收入为一次。

(2)稿酬所得,以每次出版、发表取得的收入为一次。具体又可细分为:

①同一作品再版取得的所得,应视作另一次稿酬所得计征个人所得税。

②同一作品先在报刊上连载,然后再出版,或先出版,再在报刊上连载的,应视为两次稿酬所得征税。即连载作为一次,出版作为另一次。

③同一作品在报刊上连载取得收入的,以连载完成后取得的所有收入合并为一次,计征个人所得税。

④同一作品在出版和发表时,以预付稿酬或分次支付稿酬等形式取得的稿酬收入,应合并计算为一次。

⑤同一作品出版、发表后,因添加印数而追加稿酬的,应与以前出版、发表时取得的稿酬合并计算为一次,计征个人所得税。

(3)特许权使用费所得,以某项使用权的一次转让所取得的收入为一次。一个纳税义务人,可能不仅拥有一项特许权利,每项特许权的使用权也可能不止一次地向他人提供。因此,对特许权使用费所得的"次"的界定,明确为每一项使用权的每次转让所取得的收入为一次。如果该次转让取得的收入是分笔支付的,则应将各笔收入相加为一次的收入,计征个人所得税。

(4)财产租赁所得,以 1 个月内取得的收入为一次。

(5)利息、股息、红利所得,以支付利息、股息、红利时取得的收入为一次。

(6)偶然所得,以每次收入为一次。

(7)其他所得,以每次收入为一次。

（二）费用减除标准

按税法规定：

（1）工资、薪金所得，以每月收入额减除费用3 500元后的余额，为应纳税所得额。

（2）个体工商户的生产、经营所得，以每一纳税年度的收入总额，减除成本、费用以及损失后的余额，为应纳税所得额。成本、费用，是指纳税义务人从事生产、经营所发生的各项直接支出和分配计入成本的间接费用以及销售费用、管理费用、财务费用；所说的损失，是指纳税义务人在生产、经营过程中发生的各项营业外支出。

从事生产、经营的纳税义务人未提供完整、准确的纳税资料，不能正确计算应纳税所得额的，由主管税务机关核定其应纳税所得额。

个人独资企业的投资者以全部生产经营所得为应纳税所得额；合伙企业的投资者按照合伙企业的全部生产经营所得和合伙协议约定的分配比例，确定应纳税所得额，合伙协议没有约定分配比例的，以全部生产经营所得和合伙人数量平均计算每个投资者的应纳税所得额。

上述所称生产经营所得，包括企业分配给投资者个人的所得和企业当年留存的所得（利润）。

（3）对企事业单位的承包经营、承租经营所得，以每一纳税年度的收入总额，减除必要费用后的余额，为应纳税所得额。每一纳税年度的收入总额，是指纳税义务人按照承包经营、承租经营合同规定分得的经营利润和工资、薪金性质的所得；所说的减除必要费用，是指按月减除3 500元。

（4）劳务报酬所得、稿酬所得、特许权使用费所得、财产租赁所得，每次收入不超过4 000元的，减除费用800元；4 000元以上的，减除20%的费用，其余额为应纳税所得额。

（5）财产转让所得，以转让财产的收入额减除财产原值和合理费用后的余额，为应纳税所得额。

财产原值，是指：

①有价证券，为买入价以及买入时按照规定交纳的有关费用。

②建筑物，为建造费或者购进价格以及其他有关费用。

③土地使用权，为取得土地使用权所支付的金额、开发土地的费用以及其他有关费用。

④机器设备、车船，为购进价格、运输费、安装费以及其他有关费用。

⑤其他财产，参照以上方法确定。

纳税义务人未提供完整、准确的财产原值凭证，不能正确计算财产原值的，由主管税务机关核定其财产原值。

合理费用，是指卖出财产时按照规定支付的有关费用。

（6）股息、红利所得。

①对个人投资者从上市公司取得的股息、红利所得，减按50%计入个人应纳税所得额，依照现行税法规定计征个人所得税。

②对证券投资基金从上市公司分配取得的股息、红利所得，减按50%计算应纳税所得额。

（7）利息、偶然所得和其他所得，以每次收入额为应纳税所得额。

（三）附加减除费用适用的范围和标准

（1）附加减除费用适用的范围，包括：

①在中国境内的外商投资企业和外国企业中工作取得工资、薪金所得的外籍人员。

②应聘在中国境内的企业、事业单位、社会团体、国家机关中工作取得工资、薪金所得的外籍专家。

③在中国境内有住所而在中国境外任职或者受雇取得工资、薪金所得的个人。

④国务院财政部确定的取得工资、薪金所得的其他人员。

(2)附加减除费用标准。

上述适用范围内的人员每月工资、薪金所得在减除 3 500 元费用的基础上,再减除 1 300元。

(3)华侨和中国香港、澳门、台湾同胞参照上述附加减除费用标准执行。

(四)应纳税所得额的其他规定

(1)个人将其所得通过中国境内的社会团体、国家机关向教育和其他社会公益事业以及遭受严重自然灾害地区、贫困地区捐赠,捐赠额未超过纳税义务人申报的应纳税所得额30%的部分,可以从其应纳税所得额中扣除。

(2)个人的所得(不含偶然所得和经国务院财政部门确定征税的其他所得)用于资助非关联的科研机构和高等学校研究开发新产品、新技术、新工艺所发生的研究开发经费,经主管税务机关确定,可以全额在下月(工资、薪金所得)或下次(按次计征的所得)或当年(按年计征的所得)计征个人所得税时,从应纳税所得额中扣除,不足抵扣的,不得结转抵扣。

(3)个人取得的应纳税所得,包括现金、实物和有价证券。所得为实物的,应当按照取得的凭证上所注明的价格计算应纳税所得额;无凭证的实物或者凭证上所注明的价格明显偏低的,由主管税务机关参照当地的市场价格核定应纳税所得额。所得为有价证券的,由主管税务机关根据票面价格和市场价格核定应纳税所得额。

三、应纳税额的计算

依照税法规定的适用税率和费用扣除标准,各项所得的应纳税额,应分别计算如下:

(一)工资、薪金所得应纳税额的计算

工资、薪金所得应纳税额的计算公式为:

$$应纳税额=应纳税所得额×适用税率-速算扣除数$$

$$=(每月收入额-3\,500\,元或\,4\,800\,元)×适用税率-速算扣除数$$

这里需要说明的是,由于工资、薪金所得在计算应纳个人所得税额时,适用的是超额累进税率,所以,计算比较烦琐。运用速算扣除数计算法,可以简化计算过程。速算扣除数是指在采用超额累进税率征税的情况下,根据超额累进税率表中划分的应纳税所得额级距和税率,先用全额累进方法计算出税额,再减去用超额累进方法计算的应征税额以后的差额。当超额累进税率表中的级距和税率确定以后,各级速算扣除数也固定不变,成为计算应纳税额时的常数,见表 2-7。

表 2-7　工资、薪金所得适用的速算扣除数

级　数	全月含税应纳税所得额	税率(%)	速算扣除数(元)
1	不超过 1 500 元的	3	0
2	超过 1 500~4 500 元的部分	10	105
3	超过 4 500~9 000 元的部分	20	555

级　数	全月含税应纳税所得额	税率(%)	速算扣除数(元)
4	超过 9 000～35 000 元的部分	25	1 005
5	超过 35 000～55 000 元的部分	30	2 755
6	超过 55 000～80 000 元的部分	35	5 505
7	超过 80 000 元的部分	45	13 505

【例 2-4】　某中国居民王某 2017 年 5 月工资 6 000 元。计算其当月应纳个人所得税税额。

应纳税所得额＝6 000－3 500＝2 500(元)

应纳税额＝2 500×10%－105＝145(元)

【例 2-5】　某美国专家在外商投资企业工作,2017 年 5 月份取得由该企业发放的工资收入 10 000 元人民币。请计算其应纳个人所得税税额。

应纳税所得额＝10 000－4 800＝5 200(元)

应纳税额＝5 200×20%－555＝485(元)

(二)个体工商户的生产、经营所得应纳税额的计算

个体工商户的生产、经营所得应纳税额的计算公式为:

$$应纳税额＝应纳税所得额×适用税率－速算扣除数$$

个体工商户应纳税所得额的计算,以权责发生制为原则,属于当期的收入和费用,不论款项是否收付,均作为当期的收入和费用;不属于当期的收入和费用,即使款项已经在当期收付,均不作为当期收入和费用。

(1)个体工商户的生产、经营所得,以每一纳税年度的收入总额,减除成本、费用、损失、税金、其他支出以及允许弥补以前年度亏损后的余额,为应纳税所得额。

(2)个体工商户下列支出不得扣除:

①个人所得税税款。

②税收滞纳金。

③罚金、罚款和被没收财物的损失。

④不符合扣除规定的捐赠支出。

⑤赞助支出。

⑥用于个人和家庭的支出。

⑦与取得生产经营收入无关的其他支出。

⑧国家税务总局规定不准扣除的支出。

(3)个体工商户的生产、经营活动中,应当分别核算生产经营费用和个人、家庭费用。对于生产经营与个人、家庭生活混用难以分清的费用,其 40%视为生产经营有关费用,准予扣除。

(4)个体工商户纳税年度发生的亏损,准予向以后年度结转,用以后年度的生产经营所得弥补,但最长不得超过五年。

(5)个体工商户的生产、经营活动的其他支出扣除同企业所得税。

(6)个体工商户的生产、经营所得适用的速算扣除数,见表 2-8。

表 2-8　个体工商户、承包户的生产、经营所得适用的速算扣除数表

级　数	全年应纳税所得额	税率(%)	速算扣除数
1	不超过 15 000 元的	5	0
2	超过 15 000～30 000 元的部分	10	750
3	超过 30 000～60 000 元的部分	20	3 750
4	超过 60 000～100 000 元的部分	30	9 750
5	超过 100 000 元的部分	35	14 750

知识链接

个人独资企业和合伙企业应纳个人所得税的计算

对个人独资企业和合伙企业生产经营所得,其个人所得税应纳税额的计算有以下两种办法:

第一种:查账征税。

(1)个人独资企业和合伙企业投资者的生产经营所得依法计征个人所得税时,个人独资企业和合伙企业投资者本人的费用扣除标准统一确定为 42 000 元/年,即 3 500 元/月。投资者的工资不得在税前扣除。

(2)投资者及其家庭发生的生活费用不允许在税前扣除。投资者及其家庭发生的生活费用与企业生产经营费用混合在一起,并且难以划分的,全部视为投资者个人及其家庭发生的生活费用,不允许在税前扣除。

(3)企业生产经营和投资者及其家庭生活共用的固定资产,难以划分的,由主管税务机关根据企业的生产经营类型、规模等具体情况,核定准予在税前扣除的折旧费用的数额或比例。

(4)企业向其从业人员实际支付的合理的工资、薪金支出,允许在税前据实扣除。

(5)企业实际发生的工会经费、职工福利费、职工教育经费分别在其计税工资总额的 2%、14%、1.5%的标准内据实扣除。

(6)企业每一纳税年度发生的广告和业务宣传费用不超过当年销售(营业)收入 15%的部分,可据实扣除;超过部分允许在以后纳税年度结转扣除。

(7)企业每一纳税年度发生的与其生产经营业务直接相关的业务招待费,按发生额的 60%扣除,但最高不得超过全年销售(营业)收入的 5‰。

(8)企业计提的各种准备金不得扣除。

(9)投资者兴办的两个或两个以上企业,并且企业性质全部是独资的,年度终了后,汇算清缴时,应纳税款的计算按以下方法进行:汇总其投资兴办的所有企业的经营所得作为应纳税所得额以此确定适用税率,计算出全年经营所得的应纳税额,再根据每个企业的经营所得占所有企业经营所得的比例,分别计算出每个企业的应纳税额和应补缴税额。计算公式如下:

$$应纳税所得额 = \sum 各个企业的经营所得$$

$$应纳税额 = 应纳税所得额 \times 税率 - 速算扣除数$$

$$本企业应纳税额 = 应纳税额 \times 本企业的经营所得 \div \sum 各企业的经营所得$$

　　　　　　　本企业应补缴的税额 ＝ 本企业应纳税额 － 本企业预缴的税额

第二种：核定征收。

核定征收方式，包括定额征收、核定应税所得率征收以及其他合理的征收方式。

实行核定应税所得率征收方式的，应纳所得税额的计算公式如下：

$$应纳所得税额＝应纳税所得额×适用税率$$

$$应纳税所得额＝收入总额×应税所得率$$

或　　　　　应纳税所得额＝成本费用支出额÷（1－应税所得率）×应税所得率

应税所得率应按表2-9规定的标准执行。

表 2-9　个人所得税应税所得率表

行　业	应税所得率（%）
工业、交通运输业、商业	5～20
建筑业、房地产开发业	7～20
饮食服务业	7～25
娱乐业	20～40
其他行业	10～30

　　企业经营多业的，无论其经营项目是否单独核算，均应根据其主营项目确定其适用的应税所得率。

　　实行核定征税的投资者，不能享受个人所得税的优惠政策。

　　实行查账征税方式的个人独资企业和合伙企业改为核定征税方式后，在查账征税方式下认定的年度经营亏损未弥补完的部分，不得再继续弥补。

（三）对企事业单位的承包经营、承租经营所得应纳税额的计算

对企事业单位的承包经营、承租经营所得，其个人所得税应纳税额的计算公式为：

$$应纳税额＝应纳税所得额×适用税率－速算扣除数$$

或　　　　　　　　　＝（纳税年度收入总额－必要费用）×适用税率－速算扣除数

这里需要说明的是：

（1）对企事业单位的承包经营、承租经营所得，以每一纳税年度的收入总额，减除必要费用后的余额为应纳税所得额。

在一个纳税年度中，承包经营或者承租经营期限不足 1 年的，以其实际经营期为纳税年度。

（2）对企事业单位的承包经营、承租经营所得适用的速算扣除数，同个体工商户的生产、经营所得适用的速算扣除数。

【例 2-6】　假定 2015 年 1 月 1 日，某个人与事业单位签订承包合同经营招待所，承包期为 3 年。2016 年招待所实现承包经营利润 120 000 元，按合同规定承包人每年应从承包经营利润中上缴承包费 20 000 元。计算承包人 2016 年应纳个人所得税税额。

年应纳税所得额＝承包经营利润－上缴费用－每月必要费用扣减合计

　　　　　　　　＝120 000－20 000－3 500×12＝58 000（元）

应纳税额＝年应纳税所得额×适用税率－速算扣除数

$$=58\ 000 \times 20\% - 3\ 750 = 7\ 850(元)$$

(四)劳务报酬所得应纳税额的计算

对劳务报酬所得,其个人所得税应纳税额的计算公式为:

(1)每次收入不足 4 000 元的:

$$应纳税额 = 应纳税所得额 \times 适用税率$$

或

$$= (每次收入额 - 800) \times 20\%$$

(2)每次收入在 4 000 元以上的:

$$应纳税额 = 应纳税所得额 \times 适用税率$$

或

$$= 每次收入额 \times (1 - 20\%) \times 20\%$$

(3)每次收入的应纳税所得额超过 20 000 元的:

$$应纳税额 = 应纳税所得额 \times 适用税率 - 速算扣除数$$

或

$$= 每次收入额 \times (1 - 20\%) \times 适用税率 - 速算扣除数$$

劳务报酬所得适用的速算扣除数,见表 2-10。

表 2-10　劳务报酬所得适用的速算扣除数表

级　数	每次应纳税所得额	税率(%)	速算扣除数(元)
1	不超过 20 000 元的部分	20	0
2	超过 20 000~50 000 元的部分	30	2 000
3	超过 50 000 元的部分	40	7 000

【例 2-7】　歌星张某一次取得表演收入 50 000 元,扣除 20% 的费用后,应纳税所得额为 40 000 元。请计算其应纳个人所得税税额。

$$应纳税额 = 每次收入额 \times (1 - 20\%) \times 适用税率 - 速算扣除数$$
$$= 50\ 000 \times (1 - 20\%) \times 30\% - 2\ 000 = 1\ 000(元)$$

(五)稿酬所得应纳税额的计算

稿酬所得应纳税额的计算公式为:

(1)每次收入不足 4 000 元的:

$$应纳税额 = 应纳税所得额 \times 适用税率 \times (1 - 30\%)$$
$$= (每次收入额 - 800) \times 20\% \times (1 - 30\%)$$

(2)每次收入在 4 000 元以上的:

$$应纳税额 = 应纳税所得额 \times 适用税率 \times (1 - 30\%)$$
$$= 每次收入额 \times (1 - 20\%) \times 20\% \times (1 - 30\%)$$

【例 2-8】　某作家取得一次未扣除个人所得税的稿酬收入 10 000 元。请计算其应缴纳的个人所得税税额。

$$应纳税额 = 应纳税所得额 \times 适用税率 \times (1 - 30\%)$$
$$= 10\ 000 \times (1 - 20\%) \times 20\% \times (1 - 30\%) = 1\ 120(元)$$

(六)特许权使用费所得应纳税额的计算

特许权使用费所得应纳税额的计算公式为:

(1)每次收入不足 4 000 元的：

$$应纳税额＝应纳税所得额×适用税率＝（每次收入额－800）×20\%$$

(2)每次收入在 4 000 元以上的：

$$应纳税额＝应纳税所得额×适用税率＝每次收入额×（1－20\%）×20\%$$

（七）利息、股息、红利所得应纳税额的计算

利息、股息、红利所得应纳税额的计算公式为：

$$应纳税额＝应纳税所得额×适用税率＝每次收入额×20\%$$

【例 2-9】　某居民 2017 年 6 月 1 日取得股息 10 000 元。请计算其应的个人所得税。

应纳税所得额＝10 000×50\%＝5 000（元）

应缴纳个人所得税＝5 000×20\%＝1 000（元）

（八）财产租赁所得应纳税额的计算

1. 应纳税所得额

在确定财产租赁的应纳税所得额时,纳税人在出租财产过程中缴纳的税金和教育费附加,可持完税（缴款）凭证,从其财产租赁收入中扣除。准予扣除的项目除了规定费用和有关税、费外,还准予扣除能够提供有效、准确凭证,证明由纳税人负担的该出租财产实际开支的修缮费用。允许扣除的修缮费用,以每次 800 元为限。一次扣除不完的,准予在下一次继续扣除,直到扣完为止。

个人出租财产取得的财产租赁收入,在计算缴纳个人所得税时,应依次扣除以下费用：

①财产租赁过程中缴纳的税费；

②由纳税人负担的该出租财产实际开支的修缮费用；

③税法规定的费用扣除标准。

应纳税所得额的计算公式为：

①每次（月）收入不超过 4 000 元的：

应纳税所得额＝每次（月）收入额－准予扣除项目－修缮费用（800 元为限）－ 800 元

②每次（月）收入超过 4 000 元的：

应纳税所得额＝[每次（月）收入额－准予扣除项目－修缮费用（800 元为限）]×（1－20\%）

2. 应纳税额的计算方法

财产租赁所得适用 20\% 的比例税率。但对个人按市场价格出租的居民住房取得的所得,减按 10\% 的税率征收个人所得税。其应纳税额的计算公式为：

$$应纳税额＝应纳税所得额×适用税率$$

【例 2-10】　李某于 2016 年 1 月将其自有的房屋出租给张某作经营场所,租期 1 年。刘某每月取得的租金收入 3 000 元,全年租金收入 36 000 元。计算刘某全年租金收入应缴纳的个人所得税。

财产租赁收入以每月内取得的收入为一次,因此,刘某每月及全年应纳税额为：

(1)每月应纳税额＝（3 000－800）×20\%＝440（元）

(2)全年应纳税额＝440×12＝5 280（元）

本例在计算个人所得税时未考虑其他税费。如果对租金收入计征增值税、城市维护建设税、房产税和教育费附加等,还应将其从税前的收入中先扣除后再计算应缴纳的个人所得税。

假定上例中,当年2月份因下水道堵塞找人修理,发生修理费用500元,有维修部门的正式收据,则2月份和全年的应纳税额为:

(1)2月份应纳税额=(3 000-500-800)×20%=340(元)

(2)全年应纳税额=440×11+340=5 180(元)

在实际征税过程中,有时会出现财产租赁所得的纳税人不明确的情况。对此,在确定财产租赁所得纳税人时,应以产权凭证为依据。无产权凭证的,由主管税务机关根据实际情况确定纳税人。如果产权所有人死亡,在未办理产权继承手续期间,该财产出租且有租金收入的,以领取租金收入的个人为纳税人。

(九)财产转让所得应纳税额的计算

1.一般情况下财产转让所得应纳税额的计算

财产转让所得应纳税额的计算公式为:

$$应纳税额=应纳税所得额×适用税率$$
$$=(收入总额-财产原值-合理税费)×20\%$$

【例2-11】　某人建房一幢,造价72 000元,支付费用4 000元。该人转让房屋,售价120 000元,在卖房过程中按规定支付交易费等有关费用5 000元,其应纳个人所得税税额的计算过程为:

(1)应纳税所得额=财产转让收入-财产原值-合理费用
$$=120 000-(72 000+4 000)-5 000=39 000(元)$$

(2)应纳税额=39 000×20%=7 800(元)

2.个人住房转让所得应纳税额的计算

(1)以实际成交价格为转让收入。纳税人申报的住房成交价格明显低于市场价格且无正当理由的,征收机关依法有权根据有关信息核定其转让收入,但必须保证各税种计税价格一致。

(2)纳税人可凭原购房合同、发票等有效凭证,经税务机关审核后,允许从其转让收入中减除房屋原值、转让住房过程中缴纳的税金及有关合理费用。

知识链接

房屋原值具体为:

(1)商品房:购置该房屋时实际支付的房价款及交纳的相关税费。

(2)自建住房:实际发生的建造费用及建造和取得产权时实际交纳的相关税费。

(3)经济适用房(含集资合作建房、安居工程住房):原购房人实际支付的房价款及相关税费,以及按规定交纳的土地出让金。

(4)已购公有住房:原购公有住房标准面积按当地经济适用房价格计算的房价款,加上原购公有住房超标准面积实际支付的房价款以及按规定向财政部门(或原产权单位)交纳的所得收益及相关税费。已购公有住房是指城镇职工根据国家和县级(含县级)以上人民政府有关城镇住房制度改革政策规定,按照成本价(或标准价)购买的公有住房。经济适用房价格按县级(含县级)以上地方人民政府规定的标准确定。

(5)城镇拆迁安置住房,其原值分别为:房屋拆迁取得货币补偿后购置房屋的,为购置该房屋实际支付的房价款及交纳的相关税费；房屋拆迁采取产权调换方式的，所调换房屋原值为《房屋拆迁补偿安置协议》注明的价款及交纳的相关税费；房屋拆迁采取产权调换方式，被拆迁人除取得所调换房屋，又取得部分货币补偿的，所调换房屋原值为《房屋拆迁补偿安置协议》注明的价款和交纳的相关税费，减去货币补偿后的余额；房屋拆迁采取产权调换方式，被拆迁人取得所调换房屋，又支付部分货币的，所调换房屋原值为《房屋拆迁补偿安置协议》注明的价款，加上所支付的货币及交纳的相关税费。

转让住房过程中缴纳的税金是指纳税人在转让住房时实际缴纳的增值税、城市维护建设税、教育费附加、土地增值税、印花税等税金。

合理费用是指纳税人按照规定实际支付的住房装修费用、住房贷款利息、手续费、公证费等费用。其中：①住房装修费用。纳税人能提供实际支付装修费用的税务统一发票，并且发票上所列付款人姓名与转让房屋产权人一致的，经税务机关审核，其转让的住房在转让前实际发生的装修费用，可在以下规定比例内扣除：已购公有住房、经济适用房，最高扣除限额为房屋原值的15%；商品房及其他住房，最高扣除限额为房屋原值的10%。纳税人原购房为装修房，即合同注明房价款中含有装修费（铺装了地板，装配了洁具、厨具等）的，不得再重复扣除装修费用。②住房贷款利息。纳税人出售以按揭贷款方式购置的住房的，其向贷款银行实际支付的住房贷款利息，凭贷款银行出具的有效证明据实扣除。③纳税人按照有关规定实际支付的手续费、公证费等，凭有关部门出具的有效证明据实扣除。

(3)纳税人未提供完整、准确的房屋原值凭证，不能正确计算房屋原值和应纳税额的，税务机关可根据《中华人民共和国税收征收管理法》第三十五条的规定，对其实行核定征税，即按纳税人住房转让收入的一定比例核定应纳个人所得税额。具体比例由省级地方税务局或者省级地方税务局授权的地市级地方税务局根据纳税人出售住房的所处区域、地理位置、建造时间、房屋类型、住房平均价格水平等因素，在住房转让收入1%~3%的幅度内确定。

(十)偶然所得应纳税额的计算

偶然所得应纳税额的计算公式为：

$$应纳税额 = 应纳税所得额 \times 适用税率 = 每次收入额 \times 20\%$$

【例2-12】 刘某在参加商场的有奖销售过程中，中奖所得共计价值30 000元。刘某领奖时告知商场，从中奖收入中拿出2 000元通过教育部门向某希望小学捐赠。请按照规定计算商场代扣代缴个人所得税后，刘某实际可得中奖金额。

(1)2 000÷30 000=6.7%，小于捐赠扣除比例30%，陈某的捐赠额可以全部从应纳税所得额中扣除。

(2)应纳税所得额=偶然所得-捐赠额=30 000-2 000=28 000(元)

(3)应纳税额(即商场代扣税款)=应纳税所得额×适用税率=28 000×20%=5 600(元)

(4)陈某实际可得金额=30 000-2 000-5 600=22 400(元)

(十一)其他所得应纳税额的计算

其他所得应纳税额的计算公式为：

$$应纳税额 = 应纳税所得额 \times 适用税率 = 每次收入额 \times 20\%$$

(十二)应纳税额计算中的特殊问题

1. 对个人取得全年一次性奖金等计算征收个人所得税的方法

全年一次性奖金是指行政机关、企事业单位等扣缴义务人根据其全年经济效益和对雇员全年工作业绩的综合考核情况,向雇员发放的一次性奖金。一次性奖金也包括年终加薪、实行年薪制和绩效工资办法的单位根据考核情况兑现的年薪和绩效工资。

纳税人取得全年一次性奖金,单独作为 1 个月工资、薪金所得计算纳税,自 2005 年 1 月 1 日起按以下计税办法,由扣缴义务人发放时代扣代缴:

(1)先将雇员当月内取得的全年一次性奖金,除以 12 个月,按其商数确定适用税率和速算扣除数。

如果在发放年终一次性奖金的当月,雇员当月工资薪金所得低于税法规定的费用扣除额,应将全年一次性奖金减除"雇员当月工资薪金所得与费用扣除额的差额"后的余额,按上述办法确定全年一次性奖金的适用税率和速算扣除数。

(2)将雇员个人当月内取得的全年一次性奖金,按上述第(1)条确定的适用税率和速算扣除数计算征税,计算公式如下:

如果雇员当月工资薪金所得高于(或等于)税法规定的费用扣除额的。适用公式为:

$$应纳税额 = 雇员当月取得全年一次性奖金 \times 适用税率 - 速算扣除数$$

如果雇员当月工资薪金所得低于税法规定的费用扣除额的,适用公式为:

$$应纳税额 = (雇员当月取得全年一次性奖金 - 雇员当月工资薪金所得与费用扣除额的差额) \times 适用税率 - 速算扣除数$$

(3)在一个纳税年度内,对每一个纳税人,该计税办法只允许采用一次。

(4)实行年薪制和绩效工资的单位,个人取得年终兑现的年薪和绩效工资按上述第(2)条、第(3)条规定执行。

(5)雇员取得除全年一次性奖金以外的其他各种名目奖金,如半年奖、季度奖、加班奖、先进奖、考勤奖等,一律与当月工资、薪金收入合并,按税法规定缴纳个人所得税。

【例 2-13】 中国公民王某 2016 年在我国境内 1—12 月,每月工资为 4 800 元,12 月领取年终奖金 30 000 元。请计算王某 12 月应缴纳的个人所得税。

(1)工资应纳个人所得税为:

$(4\ 800 - 3\ 500) \times 3\% = 390(元)$

(2)年终奖金应纳个人所得税为:

$30\ 000 \div 12 = 2\ 500(元)$,适用 10% 税率,速算扣除数为 105 元。

$30\ 000 \times 10\% - 105 = 2\ 895(元)$

(3)王某 12 月应缴纳的个人所得税为:

$390 + 2\ 895 = 3\ 285(元)$

【例 2-14】 中国公民赵某 2016 年在我国境内 1—12 月,每月工资为 2 000 元,12 月领取年终奖金 13 500 元。请计算赵某 12 月应缴纳的个人所得税。

赵某 12 月应缴纳的个人所得税为:

$[13\ 500 - (3\ 500 - 2\ 000)] \div 12 = 1\ 000(元)$,适用 3% 税率。

$[13\ 500 - (3\ 500 - 2\ 000)] \times 3\% = 360(元)$

2.特定行业职工取得的工资、薪金所得的计税方法

为了照顾采掘业、远洋运输业、远洋捕捞业因季节、产量等因素的影响,职工的工资、薪金收入呈现较大幅度波动的实际情况,对这三个特定行业的职工取得的工资、薪金所得,可按月预缴,年度终了后30日内,合计其全年工资、薪金所得,再按12个月平均并计算实际应纳的税款,多退少补。用公式表示为:

应纳所得税额＝[(全年工资、薪金收入÷12－费用扣除标准)×税率－速算扣除数]×12

3.关于个人取得公务交通、通信补贴收入征税问题

个人因公务用车和通信制度改革而取得的公务用车、通信补贴收入,扣除一定标准的公务费用后,按照"工资、薪金"所得项目计征个人所得税。按月发放的,并入当月"工资、薪金"所得计征个人所得税;不按月发放的,分解到所属月份并与该月份"工资、薪金"所得合并后计征个人所得税。

公务费用扣除标准,由省级地方税务局根据纳税人公务交通、通信费用实际发生情况调查测算,报经省级人民政府批准后确定,并报国家税务总局备案。

4.在外商投资企业、外国企业和外国驻华机构工作的中方人员取得的工资、薪金所得的征税问题

在外商投资企业、外国企业和外国驻华机构工作的中方人员取得的工资、薪金收入,凡是由雇佣单位和派遣单位分别支付的,支付单位应按税法规定代扣代缴个人所得税。同时,按税法规定,纳税义务人应以每月全部工资、薪金收入减除规定费用后的余额为应纳税所得额。为了有利于征管,对雇佣单位和派遣单位分别支付工资、薪金的,采取由支付者中的一方减除费用的方法,即只由雇佣单位在支付工资、薪金时,按税法规定减除费用,计算扣缴个人所得税;派遣单位支付的工资、薪金不再减除费用,以支付金额直接确定适用税率,计算扣缴个人所得税。

上述纳税义务人,应持两处支付单位提供的原始明细工资、薪金单(书)和完税凭证原件,选择并固定到一地税务机关申报每月工资、薪金收入,汇算清缴其工资、薪金收入的个人所得税,多退少补。具体申报期限,由各省、自治区、直辖市税务机关确定。

【例2-15】　王某为一外商投资企业雇佣的中方人员,2017年5月,该外商投资企业支付给王某的薪金为9 000元,同月,王某还收到其所在的派遣单位发给的工资5 000元。请问:该外商投资企业、派遣单位应如何扣缴个人所得税?王某实际应缴的个人所得税为多少?

(1)外商投资企业应为王某扣缴的个人所得税为:

(9 000－3 500)×20％－555＝545(元)

(2)派遣单位应为王某扣缴的个人所得税为:

5 000×20％－555＝445(元)

(3)王某实际应缴的个人所得税为:

(9 000＋5 000－3 500)×25％－1 005＝1 620(元)

因此,在王某到某税务机关申报时,还应补缴630元(1 620－545－445)。

对外商投资企业、外国企业和外国驻华机构发放给中方工作人员的工资、薪金所得,应全额征税。但对可以提供有效合同或有关凭证,能够证明其工资、薪金所得的一部分按照有关规定上缴派遣(介绍)单位的,可扣除其实际上缴的部分按其余额计征个人所得税。

四、税收优惠

个人所得税减税免税的优惠,主要有:

(一)免征个人所得税的优惠

(1)省级人民政府、国务院部委和中国人民解放军军以上单位,以及外国组织颁发的科学、教育、技术、文化、卫生、体育、环境保护等方面的奖金。

(2)国债和国家发行的金融债券利息。这里所说的国债利息,是指个人持有中华人民共和国财政部发行的债券而取得的利息所得;所说的国家发行的金融债券利息,是指个人持有经国务院批准发行的金融债券而取得的利息所得。

(3)按照国家统一规定发给的补贴、津贴。这里所说的按照国家统一规定发给的补贴、津贴,是指按照国务院规定发给的政府特殊津贴、院士津贴、资深院士津贴,以及国务院规定免纳个人所得税的补贴、津贴。

(4)福利费、抚恤金、救济金。这里所说的福利费,是指根据国家有关规定,从企业、事业单位、国家机关、社会团体提留的福利费或者工会经费中支付给个人的生活补助费;所说的救济金,是指国家民政部门支付给个人的生活困难补助费。

(5)保险赔款。

(6)军人的转业费、复员费。

(7)按照国家统一规定发给干部、职工的安家费、退职费、退休工资、离休工资、离休生活补助费。

(8)依照我国有关法律规定应予免税的各国驻华使馆、领事馆的外交代表、领事官员和其他人员的所得。

(9)中国政府参加的国际公约以及签订的协议中规定免税的所得。

(10)对乡、镇(含乡、镇)以上人民政府或经县(含县)以上人民政府主管部门批准成立的有机构、有章程的见义勇为基金或者类似性质组织,奖励见义勇为者的奖金或奖品,经主管税务机关核准,免征个人所得税。

(11)企业和个人按照省级以上人民政府规定的比例提取并缴付的住房公积金、医疗保险金、基本养老保险金、失业保险金,不计入个人当期的工资、薪金收入,免予征收个人所得税。超过规定的比例缴付的部分计征个人所得税。

个人领取原提存的住房公积金、医疗保险金、基本养老保险金时,免予征收个人所得税。

(12)外籍个人以非现金形式或实报实销形式取得的以下费用:

①住房补贴、伙食补贴、搬迁费、洗衣费。

②按合理标准取得的境内、外出差补贴。

③取得的探亲费、语言训练费、子女教育费等,经当地税务机关审核批准为合理的部分。其中探亲费,仅限于外籍个人在我国的受雇地与其家庭所在地(包括配偶或父母居住地)之间搭乘交通工具,且每年不超过两次的费用。

(13)个人举报、协查各种违法、犯罪行为而获得的奖金。

(14)个人办理代扣代缴税款手续,按规定取得的扣缴手续费。

(15)个人转让自用达5年以上并且是唯一的家庭居住用房取得的所得。

(16)达到离休、退休年龄,但确因工作需要,适当延长离休、退休年龄的高级专家(指享受国家发放的政府特殊津贴的专家、学者),其在延长离休、退休期间的工资、薪金所得,视同退休工资、离休工资免征个人所得税。

(17)外籍个人从外商投资企业取得的股息、红利所得。

(18)符合条件的外籍专家工资、薪金所得。

(19)股权分置改革中非流通股股东通过对价方式向流通股股东支付的股份、现金等收入,暂免征收流通股股东应缴纳的个人所得税。

(20)对被拆迁人按照国家有关城镇房屋拆迁管理办法规定的标准取得的拆迁补偿款,免征个人所得税。

(21)对保险营销员的佣金。

保险营销员的佣金由展业成本和劳务报酬构成:

①展业成本(佣金的40%),免征个人所得税。

②劳务报酬部分,扣除实际缴纳的税金及附加后,依照税法有关规定计算征收个人所得税。

(22)证券经纪人从证券公司取得的佣金收入按照"劳务报酬所得"项目缴纳个人所得税。

(23)个人从公开市场取得上市公司股票的股息红利所得,根据持股期限分别按全额(1个月以内)、减按50%(1个月至1年)、免税(1年以上)计入应纳税所得额。

(二)减征个人所得税的优惠

(1)残疾、孤老人员和烈属的所得。

(2)因严重自然灾害造成重大损失的。

(3)其他经国务院财政部门批准减税的。

【任务实施】

(1)李伟2016年取得的工资所得应纳个人所得税

$= (4\,000 + 6\,000 - 3\,500) \times 20\% - 555 + (4\,000 - 3\,500) \times 3\% \times 11 + 20\,000 \times 10\% - 105$

$= 2\,805(元)$

(2)李伟2016年取得的股权转让所得应纳个人所得税

$= (250\,000 - 100\,000) \times 20\% = 30\,000(元)$

(3)李伟2016年取得的稿酬所得应纳个人所得税

$= [40\,000 \times (1 - 20\%) - 40\,000 \times (1 - 20\%) \times 30\%] \times 14\% = 3\,136(元)$

(4)李伟2016年讲学所得应纳个人所得税

$= 10\,000 \times (1 - 20\%) \times 20\% = 1\,600(元)$

五、境外所得的税额扣除

在对纳税人的境外所得征税时,会存在其境外所得已在来源国家或者地区缴税的实际情况。基于国家之间对同一所得应避免双重征税的原则,我国在对纳税人的境外所得行使税收管辖权时,对该所得在境外已纳税额采取了分不同情况从应征税额中予以扣除的做法。

税法规定,纳税义务人从中国境外取得的所得,准予其在应纳税额中扣除已在境外缴纳的个人所得税税额。但扣除额不得超过该纳税义务人境外所得依照我国税法规定计算的应纳税额。

税法所说的已在境外缴纳的个人所得税税额,是指纳税义务人从中国境外取得的所得,依照该所得来源国家或者地区的法律应当缴纳并且实际已经缴纳的税额。

税法所说的依照税法规定计算的应纳税额,是指纳税义务人从中国境外取得的所得,区别不同国家或者地区和不同应税项目,依照我国税法规定的费用减除标准和适用税率计算的应纳税额;同一国家或者地区内不同应税项目,依照我国税法计算的应纳税额之和,为该国家或者地区的抵免限额。

纳税义务人在中国境外一个国家或者地区实际已经缴纳的个人所得税税额,低于依照上述规定计算出的该国家或者地区扣除限额的,应当在中国缴纳差额部分的税款;超过该国家或者地区扣除限额的,其超过部分不得在本纳税年度的应纳税额中扣除,但是可以在以后纳税年度的该国家或者地区扣除限额的余额中补扣,补扣期限最长不得超过5年。

【例2-16】 某纳税人在2016纳税年度,从A、B两国取得应税收入。其中:在A国一公司任职,取得工资、薪金收入9 800元,因提供一项专利技术使用权,一次取得特许权使用费收入20 000元,该两项收入在A国缴纳个人所得税8 200元;因在B国出版著作,获得稿酬收入(版税)15 000元,并在B国缴纳该项收入的个人所得税1 720元。其抵扣计算方法如下:

(1)A国所纳个人所得税的抵减。

按照我国税法规定的费用减除标准和税率,计算该纳税义务人从A国取得的应税所得应纳税额,该应纳税额即为抵减限额。

①工资、薪金所得。该纳税义务人从A国取得的工资、薪金收入,每月应纳税额为:

$(9\ 800-4\ 800)\times20\%-555=445(元)$

全年应纳税额为:$445\times12=5\ 340(元)$

②特许权使用费所得。该纳税义务人从A国取得的特许权使用费收入,应纳税额为:

$20\ 000\times(1-20\%)\times20\%=3\ 200(元)$

根据计算结果,该纳税义务人从A国取得应税所得在A国缴纳的个人所得税额的抵减限额为8 540元(5 340+3 200)。其在A国实际缴纳个人所得税8 200元,低于抵减限额,可以全额抵扣,并需在中国补缴差额部分的税款,计340元(8 540-8 200)。

(2)B国所纳个人所得税的抵减。

按照我国税法的规定,该纳税义务人从B国取得的稿酬收入,应纳税额为:

$15\ 000\times(1-20\%)\times20\%\times(1-30\%)=1\ 680(元)$

即其抵扣限额为1 680元。该纳税义务人的稿酬所得在B国实际缴纳个人所得税1 720元,超出抵减限额40元,不能在本年度扣除,但可在以后5个纳税年度的该国减除限额的余额中补减。

综合上述计算结果,该纳税义务人在本纳税年度中的境外所得,应在中国补缴个人所得税340元。其在B国缴纳的个人所得税未抵减完的40元,可按我国税法规定的前提条件下补减。

纳税义务人依照税法的规定申请扣除已在境外缴纳的个人所得税税额时,应当提供境外税务机关填发的完税凭证原件。

为了保证正确计算扣除限额及合理扣除境外已纳税额,税法要求:在中国境内有住所,或者无住所而在境内居住满1年的个人,从中国境内和境外取得的所得,应当分别计算应纳税额。

六、征收管理

个人所得税的纳税办法,有自行申报纳税和代扣代缴两种。

（一）自行申报纳税

自行申报纳税,是由纳税人自行在税法规定的纳税期限内,向税务机关申报取得的应税所得项目和数额,如实填写个人所得税纳税申报表,并按照税法规定计算应纳税额,据此缴纳个人所得税的一种方法。

1.自行申报纳税的纳税义务人

（1）年所得12万元以上的;

（2）从中国境内两处或者两处以上取得工资、薪金所得的;

（3）从中国境外取得所得的;

（4）取得应税所得,没有扣缴义务人的;

（5）国务院规定的其他情形。

其中,年所得12万元以上的纳税人,无论取得的各项所得是否已足额缴纳了个人所得税,均应当按照《个人所得税自行纳税申报办法（试行）》的规定,于纳税年度终了后向主管税务机关办理纳税申报;其他情形的纳税人,均应当按照《个人所得税自行纳税申报办法（试行）》的规定,于取得所得后向主管税务机关办理纳税申报。同时需注意的是,年所得12万元以上的纳税人,不包括在中国境内无住所,且在一个纳税年度中在中国境内居住不满1年的个人;从中国境外取得所得的纳税人,是指在中国境内有住所,或者无住所而在一个纳税年度中在中国境内居住满1年的个人。

2.自行申报纳税的内容

年所得12万元以上的纳税人,在纳税年度终了后,应当填写《个人所得税纳税申报表（适用于年所得12万元以上的纳税人申报）》,并在办理纳税申报时报送主管税务机关,同时报送个人有效身份证件复印件,以及主管税务机关要求报送的其他有关资料。

3.自行申报纳税的申报期限

（1）年所得12万元以上的纳税人,在纳税年度终了后3个月内向主管税务机关办理纳税申报。

（2）个体工商户和个人独资、合伙企业投资者取得的生产、经营所得应纳的税款,分月预缴的,纳税人在每月终了后15日内办理纳税申报;分季预缴的,纳税人在每个季度终了后15日内办理纳税申报;纳税年度终了后,纳税人在3个月内进行汇算清缴。

（3）纳税人年终一次性取得对企事业单位的承包经营、承租经营所得的,自取得所得之日起30日内办理纳税申报;在1个纳税年度内分次取得承包经营、承租经营所得的,在每次取得所得后的次月15日内申报预缴;纳税年度终了后3个月内汇算清缴。

（4）从中国境外取得所得的纳税人,在纳税年度终了后30日内向中国境内主管税务机关办理纳税申报。

（5）除以上规定的情形外,纳税人取得其他各项所得须申报纳税的,在取得所得的次月7日内向主管税务机关办理纳税申报。

（6）纳税人不能按照规定的期限办理纳税申报,需要延期的,按照《中华人民共和国税收征收管理法》第二十七条和《中华人民共和国税收征收管理法实施细则》第三十七条的规定办理。

4.自行申报纳税的申报方式

纳税人可以采取数据电文、邮寄等方式申报,也可以直接到主管税务机关申报,或者采取符合主管税务机关规定的其他方式申报。纳税人采取邮寄方式申报的,以邮政部门挂号信函收据作为申报凭据,以寄出的邮戳日期为实际申报日期。

纳税人也可以委托有税务代理资质的中介机构或者他人代为办理纳税申报。

5.自行申报纳税的申报地点

(1)年所得12万元以上的纳税人,纳税申报地点分别为:

①在中国境内有任职、受雇单位的,向任职、受雇单位所在地主管税务机关申报。

②在中国境内有两处或者两处以上任职、受雇单位的,选择并固定向其中一处单位所在地主管税务机关申报。

③在中国境内无任职、受雇单位,年所得项目中有个体工商户的生产、经营所得或者对企事业单位的承包经营、承租经营所得(以下统称生产、经营所得)的,向其中一处实际经营所在地主管税务机关申报。

④在中国境内无任职、受雇单位,年所得项目中无生产、经营所得的,向户籍所在地主管税务机关申报。在中国境内有户籍,但户籍所在地与中国境内经常居住地不一致的,选择并固定向其中一地主管税务机关申报。在中国境内没有户籍的,向中国境内经常居住地主管税务机关申报。

(2)其他所得的纳税人,纳税申报地点分别为:

①从两处或者两处以上取得工资、薪金所得的,选择并固定向其中一处单位所在地主管税务机关申报。

②从中国境外取得所得的,向中国境内户籍所在地主管税务机关申报。在中国境内有户籍,但户籍所在地与中国境内经常居住地不一致的,选择并固定向其中一地主管税务机关申报。在中国境内没有户籍的,向中国境内经常居住地主管税务机关申报。

③个体工商户向实际经营所在地主管税务机关申报。

④个人独资、合伙企业投资者兴办两个或两个以上企业的,区分不同情形确定纳税申报地点:兴办的企业全部是个人独资性质的,分别向各企业的实际经营管理所在地主管税务机关申报;兴办的企业中含有合伙性质的,向经常居住地主管税务机关申报;兴办的企业中含有合伙性质,个人投资者经常居住地与其兴办企业的经营管理所在地不一致的,选择并固定向其参与兴办的某一合伙企业的经营管理所在地主管税务机关申报。

⑤除以上情形外,纳税人应当向取得所得所在地主管税务机关申报。

纳税人不得随意变更纳税申报地点,因特殊情况变更纳税申报地点的,须报原主管税务机关备案。

6.自行申报纳税的申报管理

(1)主管税务机关应当将各类申报表,登载到税务机关的网站上,或者摆放到税务机关受理纳税申报的办税服务厅,免费供纳税人随时下载或取用。

(2)主管税务机关应当在每年法定申报期间,通过适当方式,提醒年所得12万元以上的纳税人办理自行纳税申报。

(3)受理纳税申报的主管税务机关根据纳税人的申报情况,按照规定办理税款的征、补、退、抵手续。

(4)主管税务机关按照规定为已经办理纳税申报并缴纳税款的纳税人开具完税凭证。

（5）税务机关依法为纳税人的纳税申报信息保密。

（6）纳税人变更纳税申报地点，并报原主管税务机关备案的，原主管税务机关应当及时将纳税人变更纳税申报地点的信息传递给新的主管税务机关。

（7）主管税务机关对已办理纳税申报的纳税人建立纳税档案，实施动态管理。

（二）代扣代缴纳税

代扣代缴，是指按照税法规定负有扣缴税款义务的单位或者个人，在向个人支付应纳税所得时，应计算应纳税额，从其所得中扣出并缴入国库，同时向税务机关报送扣缴个人所得税报告表。这种方法，有利于控制税源、防止漏税和逃税。

1.扣缴义务人和代扣代缴的范围

（1）扣缴义务人。凡支付个人应纳税所得的企业（公司）、事业单位、机关、社团组织、军队、驻华机构、个体户等单位或者个人，为个人所得税的扣缴义务人。

这里所说的驻华机构，不包括外国驻华使领馆和联合国及其他依法享有外交特权和豁免的国际组织驻华机构。

（2）代扣代缴的范围。扣缴义务人向个人支付下列所得，应代扣代缴个人所得税：

①工资、薪金所得。

②对企事业单位的承包经营、承租经营所得。

③劳务报酬所得。

④稿酬所得。

⑤特许权使用费所得。

⑥利息、股息、红利所得。

⑦财产租赁所得。

⑧财产转让所得。

⑨偶然所得。

⑩经国务院财政部门确定征税的其他所得。

扣缴义务人向个人支付应纳税所得（包括现金、实物和有价证券）时，不论纳税人是否属于本单位人员，均应代扣代缴其应纳的个人所得税税款。

这里所说支付，包括现金支付、汇拨支付、转账支付和以有价证券、实物以及其他形式的支付。

2.扣缴义务人的义务及应承担的责任

（1）扣缴义务人应指定支付应纳税所得的财务会计部门或其他有关部门的人员为办税人员，由办税人员具体办理个人所得税的代扣代缴工作。

代扣代缴义务人的有关领导要对代扣代缴工作提供便利，支持办税人员履行义务；确定办税人员或办税人员发生变动时，应将名单及时报告主管税务机关。

（2）扣缴义务人的法人代表（或单位主要负责人）、财会部门的负责人及具体办理代扣代缴税款的有关人员，共同对依法履行代扣代缴义务负法律责任。

（3）同一扣缴义务人的不同部门支付应纳税所得时，应报办税人员汇总。

（4）扣缴义务人在代扣税款时，必须向纳税人开具税务机关统一印制的代扣代收税款凭证，并详细注明纳税人姓名、工作单位、家庭住址和居民身份证或护照号码（无上述证件的，可用其他能有效证明身份的证件)等个人情况。对工资、奖金所得和利息、股息、红利所得等,因纳税人数众多、不便一一开具代扣代收税款凭证的,经主管税务机关同意,可不开具代扣代收税款凭证,但应通过一定形式告知纳税人已扣缴税款。纳税人为持有完税依据而向扣缴义务人索取代扣代收税款凭证的,扣缴义务人不得拒绝。

扣缴义务人应主动向税务机关申领代扣代收税款凭证,据以向纳税人扣税。非正式扣税凭证,纳税人可以拒收。

(5)扣缴义务人对纳税人的应扣未扣的税款,其应纳税款仍然由纳税人缴纳,扣缴义务人应承担应扣未扣税款 50%以上至 3 倍的罚款。

(6)扣缴义务人应设立代扣代缴税款账簿,正确反映个人所得税的扣缴情况,并如实填写扣缴个人所得税报告表及其他有关资料。

3.代扣代缴期限

扣缴义务人每月所扣的税款,应当在次月 7 日内缴入国库,并向主管税务机关报送扣缴个人所得税报告表、代扣代收税款凭证和包括每一纳税人姓名、单位、职务、收入、税款等内容的支付个人收入明细表以及税务机关要求报送的其他有关资料。

扣缴义务人违反上述规定不报送或者报送虚假纳税资料的,一经查实,其未在支付个人收入明细表中反映的向个人支付的款项,在计算扣缴义务人应纳税所得额时不得作为成本费用扣除。

扣缴义务人因有特殊困难不能按期报送扣缴个人所得税报告表及其他有关资料的,经县级税务机关批准,可以延期申报。

扣缴个人所得税报告表如表 2-11 所示。

表 2-11　扣缴个人所得税报告表

扣缴义务人名称：

扣缴义务人编码：□□□□□□□□□□□□□□□□□□□

税款所属期：　　年　月　日至　　年　月　日

扣缴义务人所属行业：□一般行业　□特定行业月份申报

金额单位：人民币元（列至角分）

序号	姓名	身份证件类型	身份证件号码	所得项目	所得期间	收入额	免税所得额	税前扣除项目								减除费用	准予扣除的捐赠额	应纳税所得额	税率%	速算扣除数	应纳税额	减免税额	应扣缴税额	已扣缴税额	应补（退）税额	备注
								基本养老保险费	基本医疗保险费	失业保险费	住房公积金	财产原值	允许扣除的税费	其他	合计											
1	2	3	4	5	6	7	8	9	10	11	12	13	14	15	16	17	18	19	20	21	22	23	24	25	26	27
合　计																										

谨声明：此扣缴报告表是根据《中华人民共和国个人所得税法》及其实施条例和国家有关税收法律法规规定填写的，是真实的、完整的、可靠的。

法定代表人（负责人）签字：

扣缴义务人公章：　　　　代理机构（人）签章：　　　　主管税务机关受理专用章：

经办人：　　　　　　　　经办人：　　　　　　　　　受理人：

　　　　　　　　　　　　经办人执业证件号码：　　　　受理日期：　年　月　日

填表日期：　年　月　日　　代理申报日期：　年　月　日

【表单说明】

一、适用范围

本表适用于扣缴义务人办理全员全额扣缴个人所得税申报(包括向个人支付应税所得,但低于减除费用、不需扣缴税款情形的申报),以及特定行业职工工资、薪金所得个人所得税的月份申报。

二、申报期限

次月十五日内。扣缴义务人应于次月十五日内将所扣税款缴入国库,并向税务机关报送本表。扣缴义务人不能按规定期限报送本表时,应当按照《中华人民共和国税收征收管理法》及其实施细则有关规定办理延期申报。

三、本表各栏填写

(一)表头项目

(1)税款所属期:为税款所属期月份第一日至最后一日。

(2)扣缴义务人名称:填写实际支付个人所得的单位(个人)的法定名称全称或姓名。

(3)扣缴义务人编码:填写办理税务登记或扣缴登记时,由主管税务机关所确定的扣缴义务人税务编码。

(4)扣缴义务人所属行业:扣缴义务人按以下两种情形在对应框内打"√"。

(5)一般行业:是指除《中华人民共和国个人所得税法》及其实施条例规定的特定行业以外的其他所有行业。

(6)特定行业:指符合《中华人民共和国个人所得税法》及其实施条例规定的采掘业、远洋运输业、远洋捕捞业以及国务院财政、税务主管部门确定的其他行业。

(二)表内各栏

1.一般行业的填写

(1)第2列"姓名":填写纳税人姓名。中国境内无住所个人,其姓名应当用中、外文同时填写。

(2)第3列"身份证件类型":填写能识别纳税人唯一身份的有效证照名称。

①在中国境内有住所的个人,填写身份证、军官证、士兵证等证件名称。

②在中国境内无住所的个人,如果税务机关已赋予18位纳税人识别号的,填写"税务机关赋予";如果税务机关未赋予的,填写护照、港澳居民来往内地通行证、台湾居民来往大陆通行证等证照名称。

(3)第4列"身份证件号码":填写能识别纳税人唯一身份的号码。

①在中国境内有住所的纳税人,填写身份证、军官证、士兵证等证件上的号码。

②在中国境内无住所的纳税人,如果税务机关赋予18位纳税人识别号的,填写该号码;没有,则填写护照、港澳居民来往内地通行证、台湾居民来往大陆通行证等证照上的号码。

税务机关赋予境内无住所个人的18位纳税人识别号,作为其唯一身份识别码,由纳税人到主管税务机关办理初次涉税事项,或扣缴义务人办理该纳税人初次扣缴申报时,由主管税务机关赋予。

(4)第5列"所得项目":按照税法第二条规定的项目填写。同一纳税人有多项所得时,分行填写。

(5)第6列"所得期间":填写扣缴义务人支付所得的时间。其中,个人领取的年金所属期间也填入该列。

（6）第 7 列"收入额"：填写纳税人实际取得的全部收入额。其中，个人领取的年金金额也填入该列。

（7）第 8 列"免税所得"：是指税法第四条规定可以免税的所得。

（8）第 9—16 列"税前扣除项目"：是指按照税法及其他法律法规规定，可在税前扣除的项目。其中，在个人年金的缴费环节，个人允许税前扣除的年金缴费部分填入《扣缴个人所得税报告表》第 14 列"允许扣除的税费"；在个人年金的领取环节，个人领取年金时允许减计的金额填入第 15 列"其他"。

（9）第 17 列"减除费用"：是指税法第六条规定可以在税前减除的费用。没有的，则不填。

（10）第 18 列"准予扣除的捐赠额"：是指按照税法及其实施条例和相关税收政策规定，可以在税前扣除的捐赠额。

（11）第 19 列"应纳税所得额"：根据相关列次计算填报。第 19 列＝第 7 列－第 8 列－第 16 列－第 17 列－第 18 列。

（12）第 20 列"税率"及第 21 列"速算扣除数"：按照税法第三条规定填写。部分所得项目没有速算扣除数的，则不填。

（13）第 22 列"应纳税额"：根据相关列次计算填报。第 22 列＝第 19 列×第 20 列－第 21 列。

（14）第 23 列"减免税额"：是指符合税法规定可以减免的税额。其中，纳税人取得"稿酬所得"时，其根据税法第三条规定可按应纳税额减征的 30％，填入此栏。

（15）第 24 列"应扣缴税额"：根据相关列次计算填报。第 24 列＝第 22 列－第 23 列。

（16）第 25 列"已扣缴税额"：是指扣缴义务人当期实际扣缴的个人所得税税款。

（17）第 26 列"应补（退）税额"：根据相关列次计算填报。第 26 列＝第 24 列－第 25 列。

（18）第 27 列"备注"：填写非本单位雇员、非本期收入及其他有关说明事项。

对不是按月发放的工资薪金所得，其适用"工资、薪金所得"个人所得税的填报，则不完全按照上述逻辑关系填写。

2. 特定行业月份申报的填写

（1）第 2 列—第 6 列的填写：同上"一般行业"的填写。

（2）第 7 列—第 19 列、第 22 列—第 26 列的数据口径同上"一般行业"对应项目，金额按以下原则填写：

①第 7 列"收入额"：是指本月实际发放的全部收入额。

②第 8 列—16 列的填写：填写当月实际发生额。

③第 17 列"减除费用"：是指税法第六条规定可以在税前减除的费用额。没有的，则不填。

④第 18 列"准予扣除的捐赠额"：准予扣除的捐赠额，按纳税人捐赠月份的实际收入额来计算。

⑤第 19 列"应纳税所得额"：根据相关列次计算填报。第 19 列＝第 7 列－第 8 列－第 16 列－第 17 列－第 18 列。

⑥第 20 列"税率"及第 21 列"速算扣除数"：按照税法第三条规定填写。

⑦第 22 列"应纳税额"：特定行业个人所得税月份申报时，"应纳税额"为预缴所得税额。根据相关列次计算填报。第 22 列＝第 19 列×第 20 列－第 21 列。

延伸阅读1:《国家税务总局关于3项
个人所得税事项取消
审批实施后续管理的公告》

延伸阅读2:《国家税务总局关于实施
商业健康保险个人所得税
政策试点有关征管问题的公告》

延伸阅读3:《财政部 国家税务总局
证监会关于上市公司股息红利差别化
个人所得税政策有关问题的通知》

任务小结

个人所得税应纳税额的计算与申报:

●个人所得税应纳税所得额,以某项应税项目的收入额减去税法规定的该项费用减除标准后的余额,为该项所得的应纳税所得额。

●个人所得税的应纳税额为应纳税所得额乘以适用税率。

●正确填写纳税申报表,进行纳税申报,缴纳税款。

闯关考验

一、知识思考

1. 个人所得税的纳税人是谁？

2. 个人所得税的征税项目有哪些？

3. 简述个人所得税"次"的规定。

4. 费用减除标准及附加减除的规定如何？

5. 个人所得税各税目应纳税所得额如何确定？

6. 简述个人所得税各税目的计税方法。

7. 全年一次性奖金应纳税额如何计算？

8. 个人所得税各项目应纳税额如何计算？

9. 个人所得税有哪些税收优惠？

二、技能测试

1. 中国公民王某系国内某公司高级管理人员，2016 年 12 月的收入情况如下：

(1)当月工资薪金收入 8 000 元(已扣除"三险一金"等免税项目金额)，全年一次性奖金收入 24 000 元。

(2)从所任职公司取得股息红利收入 10 000 元。

(3)从某杂志社取得发表一篇论文的稿费收入 2 000 元。

(4)从某大学取得讲座收入 5 000 元。

假定王某取得的以上收入均由本人计算缴纳个人所得税。

要求：

(1)计算王某当月工资薪金收入应缴纳的个人所得税税额。

(2)计算王某一次性奖金收入应缴纳的个人所得税税额。

(3)计算王某当月股息红利收入应缴纳的个人所得税税额。

(4)计算王某当月稿费收入应缴纳的个人所得税税额。

(5)计算王某当月讲座收入应缴纳的个人所得税税额。

2. 中国公民王先生任职于境内某市甲公司，同时还在乙公司担任董事，2016 年个人收入如下：

(1)每月工资 15 000 元，每个季度末分别获得季度奖金 5 000 元；12 月份从甲公司取得业绩奖励 40 000 元，从乙公司取得董事费 30 000 元。

(2)应邀到 C 国某大学举行讲座，取得报酬折合人民币 14 000 元，按 C 国税法缴纳的个人所得税折合人民币 2 100 元；从 C 国取得特许权使用费 100 000 元，按 C 国税法缴纳的个人所得税折合人民币 17 000 元。

(3)将解禁的限售股转让，取得转让收入 60 000 元，不能准确计算限售股原值。

要求：根据上述资料，回答下列问题。

(1)2016 年王先生的工资、薪金所得应缴纳的个人所得税。

(2)2016 年王先生取得的董事费应缴纳的个人所得税。

(3)2016 年王先生境外所得应在境内缴纳的个人所得税。

(4)2016 年王先生限售股转让所得应缴纳的个人所得税。

3.中国公民张某系一公司高级职员,2016 年 1—12 月收入情况如下:

(1)每月取得工资收入 4 000 元,12 月取得全年奖金 12 000 元;

(2)取得翻译收入 20 000 元;

(3)小说在报刊上连载 50 次后再出版,分别取得报社支付的稿酬 50 000 元,出版社支付的稿酬 80 000 元;

(4)在 A、B 两国讲学分别取得收入 18 000 元和 35 000 元,已分别按收入来源国税法缴纳了个人所得税 2 000 元和 6 000 元。

要求:按下列顺序回答问题。

(1)计算全年工资和奖金应缴纳的个人所得税。

(2)计算翻译收入应缴纳的个人所得税。

(3)计算稿酬收入应缴纳的个人所得税。

(4)计算 A 国讲学收入在我国应缴纳的个人所得税。

(5)计算 B 国讲学收入在我国应缴纳的个个所得税。

三、理论测试

(一)单选题

1.下列个人所得中,应缴纳个人所得税的是(　　　)。

A.财产租赁所得　　　B.退休工资　　　C.保险赔偿　　　D.国债利息

2.下列从事非雇佣劳动取得的收入中,应按"稿酬所得"税目缴纳个人所得税的是(　　　)。

A.审稿收入　　　B.翻译收入　　　C.题字收入　　　D.出版作品收入

3.个人转让房屋所得应适用的税目是(　　　)。

A.财产转让所得　　　　　　　　　B.特许权使用费所得

C.偶然所得　　　　　　　　　　　D.劳务报酬所得

4.根据个人所得税法律制度的规定,下列各项中,采取定额和定率相结合的扣除方法减除费用计缴个人所得税的是(　　　)。

A.工资、薪金所得　　　　　　　　B.个体工商户的生产、经营所得

C.劳务报酬所得　　　　　　　　　D.利息、股息、红利所得

5.根据个人所得税法律制度的规定,下列各项所得中,按次计算缴纳个人所得税的是(　　　)。

A.工资、薪金所得　　　　　　　　B.个体工商户的生产、经营所得

C.偶然所得　　　　　　　　　　　D.对企事业单位的承包、承租经营所得

6.根据个人所得税法律制度的规定,下列各项中,以每次收入全额为应纳税所得额计算个人所得税的是(　　　)。

A.稿酬所得　　　　　　　　　　　B.劳务报酬所得

C.对企事业单位承包经营、承租经营所得　　D.偶然所得

7.张某2017年3月取得劳务报酬所得10 000元,已知:劳务报酬应纳税所得额不超过20 000元的个人所得税税率为20%。张某应缴纳个人所得税(   )元。

A.1 600   B.2 000   C.3 000   D.4 000

8.某画家2017年8月将其精选的书画作品交由某出版社出版,从出版社取得报酬10万元。该笔报酬在缴纳个人所得税时适用的税目是(   )。

A.工资薪金所得   B.劳务报酬所得

C.稿酬所得   D.特许权使用费所得

9.郑某2017年3月在某公司举行的有奖销售活动中获得资金12 000元,领奖时发生交通费600元、食宿费400元(均由郑某承担)。在颁奖现场郑某直接向某大学图书馆损款3 000元。已知偶然所得适用的个人所得税税率为20%。郑某中奖收入应缴纳的个人所得税税额为(   )元。

A. 0   B. 1 600   C. 1 800   D. 2 400

10.中国公民李某2017年1月取得全年一次性奖金24 000元,当月另取得工资收入3 600元,已知:工资、薪金所得应纳税所得额不超过1 500元的部分个人所得税税率为3%,超过1 500元至4 500元的部分个人所得税税率为10%,速算扣除数为105元。李某当月应计算缴纳的个人所得税为(   )元。

A. 3   B. 98   C. 2 295   D. 2 298

11.中国公民钱某2017年8月取得一笔审稿收入40 000元,其中通过国家机关向贫困地区捐赠10 000元,已知劳务报酬所得每次应纳税所得额超过20 000元至50 000元的部分,适用税率为30%,速算扣除数为2 000元。钱某当月应缴纳的个人所得税为(   )元。

A. 4 480   B. 4 600   C. 4 720   D. 6 720

(二)多选题

1.下列各项中,属于个人所得税居民纳税人的有(   )。

A.在中国境内有住所的个人

B.在中国境内无住所而在境内居住满1年的个人

C.在中国境内无住所又不居住的个人

D.在中国境内无住所而在中国境内居住不满1年的个人

2.下列各项中,应当缴纳个人所得税的有(   )。

A.个人的房产租赁所得   B.个体工商户的生产、经营所得

C.个人的工资、薪金所得   D.个人独资企业的生产、经营所得

3.下列个人所得中,应按"劳务报酬所得"项目征收个人所得税的有(   )。

A.某大学教授从甲企业取得咨询费

B.某公司高管从乙大学取得的讲课费

C.某设计院设计师从丙家装公司取得的设计费

D.某编剧从丁电视剧制作单位取得的剧本使用费

4.下列各项在计算应纳税所得额时,按照定额与比例相结合的方法扣除费用的有(   )。

A.劳务报酬所得   B.特许权使用费所得

C.企事业单位的承包、承租经营所得   D.财产转让所得

5.根据个人所得税法律制度的规定,下列关于个人捐赠,在计算个人所得税应纳税所得额时,不得扣除的有(　　　　)。

A.通过非营利性社会团体向公益性青少年活动中心捐赠

B.直接向困难企业捐赠

C.通过政府部门向福利性老年服务机构捐赠

D.直接向贫困地区捐赠

6.根据个人所得税法律制度的规定,下列各项中,应视为另一次稿酬所得计征个人所得税的有(　　　　)。

A.同一作品再版取得的所得

B.同一作品在报刊上连载后再出版取得的所得

C.同一作品在报刊上连载取得的收入

D.同一作品在出版和发表时,以预付稿酬或分次支付稿酬等形式取得的收入

7.个人取得的下列各项所得中,按照"偶然所得"项目征收个人所得税的有(　　　　)。

A.个人为单位或他人提供担保获得报酬

B.购买彩票抽中号码而取得的奖金

C.个人取得1 000元单张有奖发票所得

D.企业对累积消费达到一定额度的顾客,给予额外抽奖机会,个人的获奖所得

8.根据个人所得税法律制度的规定,下列各项中,不属于个人所得税工资、薪金所得项目的有(　　　　)。

A.年终加薪　　　　　　B.劳动分红　　　　　　C.误餐补助　　　　　　D.托儿补助费

9.下列各项个人所得中,应当征收个人所得税的有(　　　　)。

A.企业集资利息　　　　　　　　　　　　B.从股份公司取得股息

C.企业债券利息　　　　　　　　　　　　D.国家发行的金融债券利息

10.下列情形中,纳税人应当自行申报缴纳个人所得税的有(　　　　)。

A.年所得12万元以上的

B.从中国境外取得所得的

C.取得应税所得,没有扣缴义务人的

D.从中国境内两处或两处以上取得工资、薪金所得的

(三)判断题

1.在中国境内有住所,或者无住所而在境内居住满半年的个人,属于我国个人所得税居民纳税人。　　　　　　　　　　　　　　　　　　　　　　　　　　　　　　　　(　　)

2.对个人独资企业投资者取得的生产经营所得应征收个人所得税。　　　　　(　　)

3.同一作品在报刊上连载取得收入的,以连载完成后取得的所有收入合并为一次,计征个人所得税。　　　　　　　　　　　　　　　　　　　　　　　　　　　　　　　　(　　)

4.雇员取得除"全年一次性奖金"以外的其他各种名目奖金,如半年奖、季度奖、加班奖、先进奖、考勤奖,应单独作为一个月的工资、薪金所得,计算征收个人所得税。　　　(　　)

5.演员"走穴"演出取得的所得,应按照"劳务报酬所得"项目征收个人所得税。　(　　)

6.个人担任公司董事,且不在公司任职、受雇的,其担任董事职务所取得的董事费收入,按照"劳务报酬所得"税目缴纳个人所得税。　　　　　　　　　　　　　　　　　　　(　　)

7. 个人取得的住房转租收入,应按"财产转让所得"征收个人所得税。　　　（　　）

8. 在个人所得税征管中,对财产租赁所得一次收入畸高的,可以实行加成征收。　（　　）

9. 居民取得境外所得的,不需申报缴纳个人所得税。　　　　　　　　　　　（　　）

10. 个人取得的应纳税所得,没有扣缴义务人的或者扣缴义务人未按照规定扣缴税款的,均应自行申报缴纳个人所得税。　　　　　　　　　　　　　　　　　　　　（　　）

四、拓展实训

实训题一

实训课题:个人所得税网上申报。

实训目的:熟悉个人所得税纳税申报流程,掌握个人所得税纳税申报表的填制。

实训组织:每3名学生为一组,分别担任办税员、税务主管、税务公务员。

实训内容:

1. 纳税人及扣缴义务单位基本信息

公司名称:浙江衡信教育科技有限公司

电话:0571-56688101　　　邮编:330000

公司地址:浙江省杭州市滨江区南环路3738号

工号	姓名	性别	身份证号	职业	职务	户籍	学历
0001	张天成	男	370101196911080017	专业技术人员	中层	滨江	本科
0002	王伟国	男	370101195609290019	专业技术人员	中层	滨江	本科
0003	李力	男	46010119850715007X	专业技术人员	中层	滨江	本科
0004	赵伟	男	142601198604050016	专业技术人员	中层	滨江	本科
0005	肖军	男	230101198005040054	专业技术人员	中层	滨江	本科
0006	杨洪	男	23010119830619003X	专业技术人员	中层	滨江	本科
0007	叶美美	女	340801196307020125	专业技术人员	中层	滨江	本科
0008	刘娟	女	230101197605230017	专业技术人员	中层	滨江	本科
0009	林如峰	男	230101197404150096	专业技术人员	中层	滨江	本科
0010	张春	男	350402195202142013	专业技术人员	中层	滨江	本科

2. 正常工资薪金收入明细表

姓　名	应发工资	基本养老保险金	基本医疗保险金	失业保险金	住房公积金
张天成	10 000.00	144.00	36.00	18.00	300.00
王伟国	8 000.00	144.00	36.00	18.00	600.00
李力	15 896.00	186.00	72.00	52.00	800.00
赵伟	12 563.21	144.00	72.00	52.00	800.00
肖军	5 968.00	144.00	36.00	18.00	300.00
杨洪	9 861.36	144.00	36.00	18.00	300.00
叶美美	3 420.00	144.00	36.00	18.00	300.00

姓　名	应发工资	基本养老保险金	基本医疗保险金	失业保险金	住房公积金
刘娟	4 310.25	144.00	36.00	18.00	300.00
林如峰	56 930.09	360.00	150.00	72.00	1 440.00
张春	4 692.30	144.00	36.00	18.00	300.00

3. 全年一次性奖金收入明细表

姓　名	年终奖	备　注
张天成	9 600.00	
王伟国	16 050.00	
李力	13 520.00	
赵伟	12 531.00	
肖军	160 000.00	
杨洪	189 532.00	
叶美美	8 000.00	

通过以上纳税申报数据形成纳税申报表依次保存,报表数据上报成功后,进入评分系统选择相对应的案例进行系统评分。

实训题二

实训课题:个人所得税网上申报。

实训目的:熟悉个人所得税纳税申报流程,掌握个人所得税纳税申报表的填制。

实训组织:每3名学生为一组,分别担任办税员、税务主管、税务公务员。

实训内容:

1. 纳税人及扣缴义务单位基本信息

公司名称:浙江衡信教育科技有限公司

电话:0571-56688101　　邮编:330000

公司地址:浙江省杭州市滨江区南环路 3738 号

工号	姓名	性别	身份证号	职业	职务	户籍	学历
0020	王平	男	460101196607080014	专业技术人员	中层	滨江	本科
0021	徐智	男	120101198108090016	专业技术人员	中层	滨江	本科
0022	李元强	男	120101198606030016	专业技术人员	中层	滨江	本科
0023	张光	男	130201198502280034	专业技术人员	中层	滨江	本科
0024	苏龙	男	130534199210190326	专业技术人员	中层	滨江	本科
0025	赵跃辉	男	130183199001261701	专业技术人员	中层	滨江	本科
0026	刘芳芳	女	340801198201250087	专业技术人员	中层	滨江	本科
0027	陈勇	男	230101197605230017	专业技术人员	中层	滨江	本科
0028	张玉泉	男	350402195202142013	专业技术人员	中层	滨江	本科
0029	郭如海	男	230101197404150096	专业技术人员	中层	滨江	本科

2. 非工资薪金收入明细表

姓名	所得项目	收入额	实际捐赠额	准予扣除捐赠额	允许扣除税费
王平	利息股息红利所得	10 093.26	3 200.00	3 027.98	0.00
徐智	利息股息红利所得	6 930.26	1 500.00	1 500.00	0.00
李元强	财产转让所得	526 930.00	162 500.00	150 371.10	25 693.00
张光	财产租赁所得	5 300.00	0.00	0.00	2 560.00
苏龙	财产租赁所得	3 500.00	0.00	0.00	600.00
赵跃辉	财产转让所得	256 930.00	7 300.00	7 300.00	1 236.00
刘芳芳	财产转让所得	12 690.00	1 650.00	1 650.00	2 360.00
陈勇	偶然所得	125 000.00	38 000.00	37 500.00	0.00
张玉泉	偶然所得	20 000.00	6 230.69	6 000.00	0.00
郭如海	利息股息红利所得	569.21	0.00	0.00	0.00

通过以上纳税申报数据形成纳税申报表依次保存,报表数据上报成功后,进入评分系统选择相对应的案例进行系统评分。

项目三 资源税和财产税纳税实务

任务 1 资源税应纳税额计算与申报

【任务导入】

兴旺油田 2016 年 12 月生产原油 20 万吨,加热、修井用 0.5 万吨,当月销售 19.5 万吨,取得不含税收入 1 800 万元;开采天然气 1 000 万立方米,当月销售 900 万立方米,取得含税销售额 187.2 万元。按照当地规定,原油资源税税率为 6%,天然气资源税税率为 6%。

【任务要求】

计算兴旺油田 2016 年 12 月应纳资源税。

【知识准备】

资源税是对在我国境内从事应税矿产品开采和生产盐的单位和个人课征的一种税,属于对自然资源占用课税的范畴。

征收资源税依据:受益原则、公平原则、效率原则。

一、纳税义务人和扣缴义务人

(一)纳税义务人

资源税的纳税义务人是指在中华人民共和国领域及管辖海域开采应税资源的矿产品或者生产盐的单位和个人。

资源税是对在中国境内生产或开采应税资源的单位或个人征收,而对进口应税资源产品的单位或个人不征资源税。

资源税是对开采或生产应税资源进行销售或自用的单位和个人,在出厂销售或移作自用时一次性征收,属于单一环节征收,为价内税。

资源税纳税义务人不仅包括符合规定的中国企业和个人,还包括外商投资企业和外国企业;不仅包括各类企业,还包括事业单位、军事单位、社会团体等。

(二)扣缴义务人

收购未税矿产品的单位为资源税的扣缴义务人,包括:独立矿山、联合企业、其他收购未税矿产品的单位。

二、税目、税率

(一)税目

(1)原油:是指开采的天然原油,不包括人造石油。

(2)天然气:是指专门开采或与原油同时开采的天然气。

(3)煤炭:包括原煤和以未税原煤(即自采原煤)加工的洗选煤。

(4)金属矿:包含铁矿、金矿、铜矿、铝土矿、铅锌矿、镍矿、锡矿、钨、钼、未列举名称的其他金属矿产品原矿或精矿。

(5)其他非金属矿:如石灰石、稀土、煤层(成)气、井矿盐、湖盐、提取地下卤水晒制的盐、海盐、未列举名称的其他非金属矿产品。

(二)税率

资源税采取从价定率或从量定额的办法计征。因此,税率形式有比例税率和定额税率两种。原油、天然气、煤炭、稀土、钨、钼资源采用比例税率,其他应税资源采用定额税率。税目、税率(额)见表3-1。

表 3-1　资源税税率(额)表

矿产品	税率形式	具体标准
原油、天然气(2011年11月1日起)	比例税率	6%~10%
煤炭(2014年12月1日起)	比例税率	2%~10%
金属、非金属(2016年7月1日起)	比例税率	1%~20%
	固定税额	粘土、砂石原矿,每吨或立方米0.1~5元
盐	固体盐	每吨10~60元
	液体盐	每吨2~10元

三、计税依据

（一）从价定率征收的计税依据——销售额

1. 一般规定

销售额为纳税人销售应税产品向购买方收取的全部价款和价外费用,不包括增值税销项税额和运杂费用。

价外费用——计入销售额,包括价外向购买方收取的手续费、补贴、基金、集资费、返还利润、奖励费、违约金、延期付款利息、储备费、优质费等。

运杂费用——不计入销售额,是指应税产品从坑口或洗选(加工)地到车站、码头或购买方指定地点的运输费用、建设基金以及随运销产生的装卸、仓储、港杂费用。

运杂费用应与销售额分别核算,凡未取得相应凭据或不能与销售额分别核算的,应当一并计征资源税。

2. 特殊规定

(1)纳税人开采应税产品由其关联单位对外销售,按关联单位销售额征收资源税;既有对外销售,又有将应税产品用于除连续生产应税产品以外的其他方面,对自用的这部分应税产品按对外平均售价征收资源税。

(2)纳税人将其开采的应税产品直接出口,按离岸价格(不含增值税)征收资源税。

（二）从量定额征收的计税依据——销售数量

(1)销售数量,包括纳税人开采或者生产应税产品的实际销售数量和视同销售的自用数量。

(2)纳税人不能准确提供应税产品销售数量的,以应税产品的产量或者主管税务机关确定的折算比换算成的数量为计征资源税的销售数量。

四、应纳税额的计算

资源税的应纳税额,按照从价定率或者从量定额的办法,分别以应税产品的销售额乘以纳税人具体适用的比例税率或者以应税产品的销售数量乘以纳税人具体适用的定额税率计算。

（一）从价定率征收资源税的应纳税额计算

从价定率征收资源税的,是以应税产品的销售额乘以适用的比例税率计算应纳税额。计算公式为:

$$应纳税额＝销售额×适用税率$$

（二）从量定额征收资源税的应纳税额计算

从量定额征收资源税的,是以应税产品的销售数量乘以适用的定额税率计算。计算公式为:

$$应纳税额＝课税数量×单位税额$$

（三）煤炭资源税计算

1. 纳税人开采原煤

(1)直接对外销售的:

$$原煤应纳税额＝原煤销售额×适用税率$$

(2)将开采的原煤自用于连续生产洗选煤的,在原煤移送使用环节不缴纳资源税;自用于其他方面的,视同销售原煤,移送环节缴纳资源税。

2.纳税人将其开采的原煤加工为洗选煤对外销售

纳税人将其开采的原煤加工为洗选煤对外销售的:

$$洗选煤应纳税额＝洗选煤销售额×折算率×适用税率$$

洗选煤销售额包括洗选副产品的销售额,不包括洗选煤从洗选煤厂到车站、码头等的运输费用。

洗选煤折算率计算公式:

公式一:洗选煤折算率＝(洗选煤平均销售额－洗选环节平均成本－洗选环节平均利润)÷洗选煤平均销售额×100%

公式二:洗选煤折算率＝原煤平均销售额÷(洗选煤平均销售额×综合回收率)×100%

$$综合回收率＝洗选煤数量÷入洗前原煤数量×100\%$$

洗选煤折算率由省、自治区、直辖市财税部门或其授权地市级财税部门制定。

3.视同销售

(1)纳税人以自采原煤直接或者经洗选加工后连续生产焦炭、煤气、煤化工、电力及其他煤炭深加工产品。

(2)销售核定:

①按纳税人近期平均销售价格确定。

②按其他纳税人近期同类平均售价。

③按组成计税价格确定。

$$组成计税价格＝成本×(1＋成本利润率)÷(1－资源税税率)$$

【例3-1】 某油田8月份开采销售原油1万吨,不含税售价为每吨5000元,销售油田开采天然气200万立方米,不含税售价为每万立方米1800元。计算该油田本月应纳资源税税额。

应纳税额＝(10 000×5 000＋200×1 800)×6%＝3 021 600(元)

【例3-2】 某纳税人7月以自产液体盐60 000吨和外购液体盐10 000吨(每吨已缴纳资源税3元)加工固体盐12 000吨对外销售,取得销售收入600万元。已知固体盐税额为每吨25元,计算该纳税人7月应纳的资源税税额。

应纳税额＝12 000×25－10 000×3＝270 000(元)

五、税收优惠

(一)免税

开采原油过程中、油田范围内运输稠油过程中用于加热、修井的原油,免税。

(二)酌情减免(权限属省级人民政府)

(1)纳税人开采或者生产应税产品过程中,因意外事故或者自然灾害等原因遭受重大损失的。

(2)对鼓励利用的低品位矿、废石、尾矿、废渣、废水、废气等提取的矿产品。

(三)有减征比例

(1)铁矿石资源税减按40%征收资源税。

(2)油气田:三次采油资源税减征30%;对低丰度油气田资源税暂减征20%;深水油气田资源税减征30%。

（3）对实际开采年限在 15 年以上的衰竭期矿山开采的矿产资源,资源税减征 30%。

（4）对依法在建筑物下、铁路下、水体下通过充填开采方式采出的矿产资源,资源税减征 50%。

（四）出口应税产品不退（免）资源税的规定

（1）开采企业直接出口应税资源产品,按离岸价格征收资源税。

（2）进口应税资源产品不缴纳资源税。此规则同城建税的规定。

【任务实施】

兴旺油田 12 月应纳资源税＝1 800×6%＋187.2÷(1+11%)×6%＝118.12(万元)

六、征收管理

（一）纳税义务发生时间

（1）纳税人销售应税产品,其纳税义务发生时间为:

①纳税人采取分期收款结算方式的,其纳税义务发生时间,为销售合同规定的收款日期的当天。

②纳税人采取预收货款结算方式的,其纳税义务发生时间,为发出应税产品的当天。

③纳税人采取其他结算方式的,其纳税义务发生时间,为收讫销售款或者取得索取销售款凭据的当天。

（2）纳税人自产自用应税产品的纳税义务发生时间,为移送使用应税产品的当天。

（3）扣缴义务人代扣代缴税款的纳税义务发生时间,为支付首笔货款或者开具应支付货款凭据的当天。

（二）纳税期限

纳税期限是纳税人发生纳税义务后缴纳税款的期限。资源税的纳税期限为 1 日、3 日、5 日、10 日、15 日或者 1 个月,纳税人的纳税期限由主管税务机关根据实际情况具体核定。不能按固定期限计算纳税的,可以按次计算纳税。

纳税人以 1 个月为一期纳税的,自期满之日起 10 日内申报纳税;以 1 日、3 日、5 日、10 日或者 15 日为一期纳税的,自期满之日起 5 日内预缴税款,于次月 1 日起 10 日内申报纳税并结清上月税款。

（三）纳税地点

（1）以自采原矿加工精矿产品的,在原矿移送使用时不缴纳资源税,在精矿销售或自用时缴纳资源税。

（2）纳税人销售自采原矿或者自采原矿加工的金精矿、粗金,在原矿或者金精矿、粗金销售时缴纳资源税,在移送使用时不缴纳资源税。

（3）以应税产品投资、分配、抵债、赠与、以物易物等,视同销售。

（4）如果纳税人应纳的资源税属于跨省开采,其下属生产单位与核算单位不在同一省、自治区、直辖市的,对其开采或者生产的应税产品,一律在开采地或者生产地纳税。

（5）扣缴义务人代扣代缴的资源税,应当向收购地主管税务机关缴纳。

（四）纳税申报

纳税需填写"资源税纳税申报表"(见表 3-2)。

表 3-2 资源税纳税申报表

根据国家税收法律法规及资源税有关规定制定本表。纳税人不论有无销售额,均应按照税务机关核定的纳税期限填写本表,并向当地税务机关申报。

税款所属时间:自 年 月 日至 年 月 日 填表日期: 年 月 日 金额单位:元至角分

纳税人识别号 □□□□□□

纳税人名称		登记注册类型		注册地址		生产经营地址	
开户银行及账号		法定代表人姓名				电话号码	

税目	子目	折算率或换算比	计量单位	计税销售量	计税销售额	适用税率	本期应纳税额	本期减免税额	本期已缴税额	本期应补(退)税额
1	2	3	4	5	6	7	8①=6×7; 8②=5×7	9	10	11=8-9-10
合 计	—	—	—							

授权声明

如果你已委托代理人申报,请填写下列资料:
为代理一切税务事宜,现授权 (地址)
为本纳税人的代理申报人,任何与本申报表有关的往来文件,都可寄予此人。

授权人签字:

申报人声明

本纳税申报表是根据国家税收法收法律法规及相关规定填写的,我确定它是真实的、可靠的、完整的。

声明人签字:

主管税务机关: 接收人: 接收日期: 年 月 日

本表一式两份,一份纳税人留存,一份税务机关留存。

延伸阅读1:《国家税务总局关于发布〈煤炭资源税征收管理办法(试行)〉的公告》

延伸阅读2:《国家税务总局 国家能源局关于落实煤炭资源税优惠政策若干事项的公告》

延伸阅读3:《财政部 国家税务总局关于调整原油、天然气资源税有关政策的通知》

延伸阅读4:《财政部 国家税务总局关于调整岩金矿石等品目资源税税额标准的通知》

延伸阅读5:《财政部 国家税务总局关于资源税改革具体政策问题的通知》

延伸阅读6:《财政部 国家税务总局关于全面推进资源税改革的通知》

任务 2　土地增值税应纳税额计算与申报

【任务导入】

环宇房地产开发公司 2016 年开发一个小区建设项目,有关经营情况如下:①该项目商品房全部对外销售,取得销售收入 4 000 万元,并签订了商品房销售合同。②签订土地购买合同,支付与该项目相关的土地使用权价款 600 万元,相关税费 50 万元。③发生土地拆迁补偿费 200 万元,前期工程费 100 万元,支付工程价款 750 万元,基础设施及公共配套设施费 150 万元,开发间接费用 60 万元。④发生销售费用 100 万元,财务费用 60 万元(其中贷款利息支出 30 万元,超过按商业银行同类同期贷款利率计算的金额 5 万元),管理费用 80 万元。⑤缴纳的税费共计 220 万元。⑥该房地产开发公司可以按转让项目计算分摊利息,当地政府规定的开发费用扣除比例为 5%。

【任务要求】

请计算环宇房地产开发公司销售该商品房应缴纳的土地增值税。

【知识准备】

土地增值税是对有偿转让国有土地使用权及地上建筑物和其他附着物产权,取得增值收入的单位和个人征收的一种税。

我国土地增值税的特点:一是以转让房地产的增值额为计税依据;二是征税面比较广;三是实行超率累进税率;四是实行按次征收。

一、纳税义务人、征税范围和税率

(一)纳税义务人

土地增值税的纳税义务人为转让国有土地使用权、地上的建筑及其附着物(以下简称转让房地产)并取得收入的单位和个人。单位包括各类企业、事业单位、国家机关和社会团体及其他组织。个人包括个体经营者。

(二)征税范围

土地增值税是对转让国有土地使用权及其地上建筑物和附着物的行为征税。

"国有土地",是指按国家法律规定属于国家所有的土地;"地上的建筑物",是指建于土地上的一切建筑物,包括地上地下的各种附属设施;"附着物",是指附着于土地上的不能移动或一经移动即遭损坏的物品。

1. 征税范围的一般规定

准确界定土地增值税的征税范围十分重要。在实际工作中,我们可以通过以下几条标准来判定:

(1)转让的土地,其使用权是否为国家所有,是判定是否属于土地增值税征税范围的标准之一。

　　根据《中华人民共和国宪法》和《中华人民共和国土地管理法》(以下简称《土地管理法》)的规定,城市的土地属于国家所有。农村和城市郊区的土地除由法律规定属于国家所有的以外,属于集体所有。国家为了公共利益,可以依照法律规定对集体土地实行征用,依法被征用后的土地属于国家所有。对于上述法律规定属于国家所有的土地,其土地使用权在转让时,按照《中华人民共和国土地增值税暂行条例》规定,属于土地增值税的征税范围。而农村集体所有的土地,根据《土地管理法》、《中华人民共和国城市房地产管理法》及国家其他有关规定,是不得自行转让的,只有根据有关法律规定,由国家征用以后变为国家所有时,才能进行转让。故集体土地的自行转让是一种违法行为,应由有关部门来处理。对于目前违法将集体土地转让给其他单位和个人的情况,应在有关部门处理、补办土地征用或出让手续变为国家所有之后,再纳入土地增值税的征税范围。

　　(2)土地增值税是对国有土地使用权及其地上的建筑物和附着物的转让行为征税。这里,土地使用权、地上的建筑物及其附着物的产权是否发生转让是判定是否属于土地增值税征税范围的标准之二。这条标准有两层含义:

　　①土地增值税的征税范围不包括国有土地使用权出让所取得的收入。国有土地使用权出让,是指国家以土地所有者的身份将土地使用权在一定年限内让与土地使用者,并由土地使用者向国家支付土地使用权出让金的行为,属于土地买卖的一级市场。土地使用权出让的出让方是国家,国家凭借土地的所有权向土地使用者收取土地的租金。出让的目的是实行国有土地的有偿使用制度,合理开发、利用、经营土地,因此,土地使用权的出让不属于土地增值税的征税范围。而国有土地使用权的转让是指土地使用者通过出让等形式取得土地使用权后,将土地使用权再转让的行为,包括出售、交换和赠与,它属于土地买卖的二级市场。土地使用权转让,其地上的建筑物、其他附着物的所有权随之转让。土地使用权的转让,属于土地增值税的征税范围。

　　②土地增值税的征税范围不包括未转让土地使用权、房产产权的行为。是否发生房地产权属(指土地使用权和房产产权)的变更,是确定是否纳入征税范围的一个标准。凡土地使用权、房产产权未转让的(如房地产的出租),不征收土地增值税。

　　(3)土地增值税是对转让房地产并取得收入的行为征税,是否取得收入是判定是否属于土地增值税征税范围的标准之三。

　　土地增值税的征税范围不包括房地产的权属虽转让但未取得收入的行为。如房地产的继承,尽管房地产的权属发生了变更,但权属人并没有取得收入,因此也不征收土地增值税。

　　需要强调的是,无论是单独转让国有土地使用权,还是房屋产权与国有土地使用权一并转让的,只要取得收入,均属于土地增值税的征税范围,应对之征收土地增值税。

　　2.征税范围的具体规定

　　(1)以出售方式转让国有土地使用权、地上的建筑物及附着物的这种情况因其同时符合上述三个标准,所以属于土地增值税的征税范围。这里又分为三种情况:

　　①出售国有土地使用权的。这种情况是指土地使用者通过出让方式,向政府缴纳了土地出让金,有偿受让土地使用权后,仅对土地进行通水、通电、通路和平整地面等土地开发,不进行房产开发,即所谓"将生地变熟地",然后直接将空地出售出去。这属于国有土地使用权的有偿转让,应纳入土地增值税的征税范围。

②取得国有土地使用权后进行房屋开发建造然后出售的。这种情况即是一般所说的房地产开发。虽然这种行为通常被称为卖房,但按照国家有关房地产法律和法规的规定,卖房的同时,土地使用权也随之发生转让。由于这种情况既发生了产权的转让又取得了收入,所以应纳入土地增值税的征税范围。

③存量房地产的买卖。这种情况是指已经建成并已投入使用的房地产,其房屋所有人将房屋产权和土地使用权一并转让给其他单位和个人。这种行为按照国家有关的房地产法律和法规的规定,应当到有关部门办理房产产权和土地使用权的转移变更手续;原土地使用权属于无偿划拨的,还应到土地管理部门补交土地出让金。这种情况既发生了产权的转让又取得了收入,应纳入土地增值税的征税范围。

(2)以继承、赠与方式转让房地产的。

这种情况因其只发生房地产产权的转让,没有取得相应的收入,属于无偿转让房地产的行为,所以不能将其纳入土地增值税的征税范围。这里又可分为两种情况:

①房地产的继承。房地产的继承是指房产的原产权所有人、依照法律规定取得土地使用权的土地使用人死亡以后,由其继承人依法承受死者房产产权和土地使用权的民事法律行为。这种行为虽然发生了房地产的权属变更,但作为房产产权、土地使用权的原所有人(即被继承人)并没有因为权属的转让而取得任何收入。因此,这种房地产的继承不属于土地增值税的征税范围。

②房地产的赠与。房地产的赠与是指房产所有人、土地使用权所有人将自己所拥有的房地产无偿地交给其他人的民事法律行为。但这里的"赠与"仅指以下情况:

房产所有人、土地使用权所有人将房屋产权、土地使用权赠与直系亲属或承担直接赡养义务人的。

房产所有人、土地使用权所有人通过中国境内非营利的社会团体、国家机关将房屋产权、土地使用权赠与教育、民政和其他社会福利、公益事业的。

房地产的赠与虽发生了房地产的权属变更,但作为房产所有人、土地使用权的所有人并没有因为权属的转让而取得任何收入。因此,房地产的赠与不属于土地增值税的征税范围。

(3)房地产的出租。

房地产的出租是指房产的产权所有人、依照法律规定取得土地使用权的土地使用人,将房产、土地使用权租赁给承租人使用,由承租人向出租人支付租金的行为。房地产的出租,出租人虽取得了收入,但没有发生房产产权、土地使用权的转让。因此,不属于土地增值税的征税范围。

(4)房地产的抵押。

房地产的抵押是指房地产的产权所有人、依法取得土地使用权的土地使用人作为债务人或第三人向债权人提供不动产作为清偿债务的担保而不转移权属的法律行为。这种情况由于房产的产权、土地使用权在抵押期间产权并没有发生权属的变更,房产的产权所有人、土地使用权人仍能对房地产行使占有、使用、收益等权利,房产的产权所有人、土地使用权人虽然在抵押期间取得了一定的抵押贷款,但实际上这些贷款在抵押期满后是要连本带利偿还给债权人的。因此,对房地产的抵押,在抵押期间不征收土地增值税。待抵押期满后,视该房地产是否转移占有而确定是否征收土地增值税。对于以房地产抵债而发生房地产权属转让的,应列入土地增值税的征税范围。

（5）房地产的交换。

这种情况是指一方以房地产与另一方的房地产进行交换的行为。由于这种行为既发生了房产产权、土地使用权的转移，交换双方又取得了实物形态的收入，按《中华人民共和国土地增值税暂行条例》规定，它属于土地增值税的征税范围。但对个人之间互换自有居住用房地产的，经当地税务机关核实，可以免征土地增值税。

（6）以房地产进行投资、联营。

对于以房地产进行投资、联营的，投资、联营的一方以土地（房地产）作价入股进行投资或作为联营条件，将房地产转让到所投资、联营的企业中时，暂免征收土地增值税。对投资、联营企业将上述房地产再转让的，应征收土地增值税。

（7）合作建房。

对于一方出地，一方出资金，双方合作建房，建成后按比例分房自用的，暂免征收土地增值税；建成后转让的，应征收土地增值税。

（8）企业兼并转让房地产。

在企业兼并中，对被兼并企业将房地产转让到兼并企业中的，暂免征收土地增值税。

（9）房地产的代建房行为。

这种情况是指房地产开发公司代客户进行房地产的开发，开发完成后向客户收取代建收入的行为。对于房地产开发公司而言，虽然取得了收入，但没有发生房地产权属的转移，其收入属于劳务收入性质，故不属于土地增值税的征税范围。

（10）房地产的重新评估。

这主要是指国有企业在清产核资时对房地产进行重新评估而使其升值的情况。

这种情况下，房地产虽然有增值，但其既没有发生房地产权属的转移，房产产权、土地使用权人也未取得收入，所以不属于土地增值税的征税范围。

（三）税率

土地增值税实行四级超率累进税率，见表 3-3。

表 3-3　　土地增值税四级超率累进税率

级　　数	增值额与扣除项目金额的比率	税率（％）	速算扣除系数（％）
1	不超过 50% 的部分	30	0
2	超过 50% 至 100% 的部分	40	5
3	超过 100% 至 200% 的部分	50	15
4	超过 200% 的部分	60	35

二、应税收入与扣除项目

（一）应税收入的确定

纳税人转让房地产取得的应税收入，应包括转让房地产的全部价款及有关的经济收益。从收入的形式来看，包括货币收入、实物收入和其他收入。

1. 货币收入

货币收入是指纳税人转让房地产而取得的现金、银行存款、支票、银行本票、汇票等各种信用票据和国库券、金融债券、企业债券、股票等有价证券。这些类型的收入,其实质都是转让方因转让土地使用权、房屋产权而向取得方收取的价款。货币收入一般比较容易确定。

2. 实物收入

实物收入是指纳税人转让房地产而取得的各种实物形态的收入,如钢材、水泥等建材,房屋、土地等不动产等。实物收入的价值不太容易确定,一般要对这些实物形态的财产进行估价。

3. 其他收入

其他收入是指纳税人转让房地产而取得的无形资产收入或具有财产价值的权利,如专利权、商标权、著作权、专有技术使用权、土地使用权、商誉权等。这种类型的收入比较少见,其价值需要进行专门的评估。

(二)扣除项目的确定

计算土地增值税应纳税额,并不是直接对转让房地产所取得的收入征税,而是要对收入额减除国家规定的各项扣除项目金额后的余额计算征税(这个余额就是纳税人在转让房地产中获取的增值额)。因此,要计算增值额,首先必须确定扣除项目。税法准予纳税人从转让收入额中减除的扣除项目包括如下几项:

1. 取得土地使用权所支付的金额

取得土地使用权所支付的金额包括两方面的内容:

(1)纳税人为取得土地使用权所支付的地价款。如果是以协议、招标、拍卖等出让方式取得土地使用权的,地价款为纳税人所支付的土地出让金;如果是以行政划拨方式取得土地使用权的,地价款为按照国家有关规定补交的土地出让金;如果是以转让方式取得土地使用权的,地价款为向原土地使用权人实际支付的地价款。

(2)纳税人在取得土地使用权时按国家统一规定缴纳的有关费用。这是指纳税人在取得土地使用权过程中为办理有关手续,按国家统一规定缴纳的有关登记、过户手续费。

2. 房地产开发成本

房地产开发成本是指纳税人房地产开发项目实际发生的成本,包括土地的征用及拆迁补偿费、前期工程费、建筑安装工程费、基础设施费、公共配套设施费、开发间接费用等。

(1)土地征用及拆迁补偿费,包括土地征用费、耕地占用税、劳动力安置费及有关地上、地下附着物拆迁补偿的净支出、安置动迁用房支出等。

(2)前期工程费,包括规划、设计、项目可行性研究和水文、地质、勘察、测绘、"三通一平"等支出。

(3)建筑安装工程费,指以出包方式支付给承包单位的建筑安装工程费,以自营方式发生的建筑安装工程费。

(4)基础设施费,包括开发小区内道路、供水、供电、供气、排污、排洪、通信、照明、环卫、绿化等工程发生的支出。

(5)公共配套设施费,包括不能有偿转让的开发小区内公共配套设施发生的支出。

(6)开发间接费用,指直接组织、管理开发项目发生的费用,包括工资、职工福利费、折旧费、修理费、办公费、水电费、劳动保护费、周转房摊销等。

3.房地产开发费用

(1)纳税人能够按转让房地产项目计算分摊利息支出,并能提供金融机构的贷款证明的,其允许扣除的房地产开发费用为:利息+(取得土地使用权所支付的金额+房地产开发成本)×5%以内(注:利息最高不能超过按商业银行同类同期贷款利率计算的金额)。

(2)纳税人不能按转让房地产项目计算分摊利息支出或不能提供金融机构贷款证明的,其允许扣除的房地产开发费用为:(取得土地使用权所支付的金额+房地产开发成本)×10%以内。

此外,财政部、国家税务总局还对扣除项目金额中利息支出的计算问题做了两点专门规定:一是利息的上浮幅度按国家的有关规定执行,超过上浮幅度的部分不允许扣除;二是对于超过贷款期限的利息部分和加罚的利息不允许扣除。

4.与转让房地产有关的税金

与转让房地产有关的税金是指在转让房地产时缴纳的城市维护建设税、印花税。因转让房地产缴纳的教育费附加,也可视同税金予以扣除。

需要明确的是,房地产开发企业按照《施工、房地产开发企业财务制度》有关规定,其在转让时缴纳的印花税因列入管理费用中,故在此不允许单独再扣除。其他纳税人缴纳的印花税按产权转移书据所载金额的5‰(贴花)允许在此扣除。

5.其他扣除项目

对从事房地产开发的纳税人可按取得土地使用权所支付的金额与房地产开发成本之和,加计20%的扣除。在此,应特别指出的是:此条优惠只适用于从事房地产开发的纳税人,除此之外的其他纳税人不适用。

6.旧房及建筑物的评估价格

旧房及建筑物的评估价格是指在转让已使用的房屋及建筑物时,由政府批准设立的房地产评估机构评定的重置成本价乘以成新度折扣率后的价格。评估价格须经当地税务机关确认。

重置成本价的含义是:对旧房及建筑物,按转让时的建材价格及人工费用计算,建造同样面积、同样层次、同样结构、同样建设标准的新房及建筑物所需花费的成本费用。成新度折扣率的含义是:按旧房的新旧程度作一定比例的折扣。例如,一幢房屋已使用近10年,建造时的造价为1 000万元,按转让时的建材及人工费用计算,建同样的新房需花费5 000万元,该房有七成新,则该房的评估价格为:5 000×70%=3 500(万元)。

此外,转让旧房的,应按房屋及建筑物的评估价格、取得土地使用权所支付的地价款和按国家统一规定缴纳的有关费用及在转让环节缴纳的税金作为扣除项目金额计征土地增值税。对取得土地使用权时未支付地价款或不能提供已支付的地价款凭据的,在计征土地增值税时不允许扣除。

三、应纳税额的计算

(一)增值额的确定

土地增值税纳税人转让房地产所取得的收入减除规定的扣除项目金额后的余额,为增值额。要准确核算增值额,还需要有准确的房地产转让收入额和扣除项目的金额。在实际房地产交易活动中,有些纳税人由于不能准确提供房地产转让价格或扣除项目金额,致使增值额不

准确,直接影响应纳税额的计算和缴纳,因此,纳税人有下列情形之一的,按照房地产评估价格计算征收:

(1)隐瞒、虚报房地产成交价格的;

(2)提供扣除项目金额不实的;

(3)转让房地产的成交价格低于房地产评估价格,又无正当理由的。

"房地产评估价格",是指由政府批准设立的房地产评估机构根据相同地段、同类房地产进行综合评定的价格。

"隐瞒、虚报房地产成交价格",是指纳税人不报或有意低报转让土地使用权、地上建筑物及其附着物价款的行为。

"提供扣除项目金额不实的",是指纳税人在纳税申报时,不据实提供扣除项目金额的行为。

"转让房地产的成交价格低于房地产评估价格,又无正当理由的",是指纳税人申报的转让房地产的实际成交价低于房地产评估机构评定的交易价,纳税人又不能提供凭据或无正当理由的行为。

隐瞒、虚报房地产成交价格,应由评估机构参照同类房地产的市场交易价格进行评估。税务机关根据评估价格确定转让房地产的收入。

提供扣除项目金额不实的,应由评估机构按照房屋重置成本价乘以成新度折扣率计算的房屋成本价和取得土地使用权时的基准地价进行评估。税务机关根据评估价格确定扣除项目金额。

转让房地产的成交价格低于房地产评估价格,又无正当理由的,由税务机关参照房地产评估价格确定转让房地产的收入。

(二)应纳税额的计算步骤

土地增值税按照纳税人转让房地产所取得的增值额和规定的税率计算征收。土地增值税的计算公式是:

$$土地增值税税额=增值额×税率-扣除项目金额×速算扣除系数$$

计算土地增值税步骤:

第一,计算扣除项目金额。

第二,计算土地增值额=收入-扣除项目金额。

第三,计算土地增值率=增值额÷扣除项目金额×100%。

第四,计算应纳税额=增值额×税率-扣除项目金额×速算扣除系数。

【例 3-3】 2016 年 8 月某房地产开发公司转让新建普通住宅一幢,取得收入 5 000 万元,转让环节缴纳营业税金及附加合计 275 万元。该公司为取得该住宅地的土地使用权支付地价款和有关税费 2 000 万元,房地产开发成本 1 000 万元,利息支出 100 万元(能够按房地产项目计算分摊并提供金融机构证明)。该公司所在地政府规定的其他房地产开发费用的计算扣除比例为 5%。计算该公司应缴纳的土地增值税。

(1)扣除项目=2 000+1 000+100+(2 000+1 000)×5%+275+(2 000+1 000)×20%
  =4 125(万元)

(2)增值额=5 000-4 125=875(万元)

(3)增值率=875÷4 125×100%=21.21%

(4)应缴纳土地增值税＝875×30％＝262.50(万元)

【例 3-4】 某房地产开发公司开发一栋写字楼出售,取得的销售收入总额 2 000 万元,支付开发写字楼的地价款(包含契税)400 万元,开发过程中支付拆迁补偿费 100 万元,供水供电基础设施费 80 万元,建筑工程费用 520 万元,开发过程向金融机构借款 500 万元,借款期限 1 年,金融机构年利率 5％。施工、销售过程中发生的管理费用和销售费用共计 260 万元。该企业销售写字楼缴纳的城市维护建设税、教育费附加共计 110 万元。请计算该企业该项目应缴土地增值税税额。

(1)取得土地使用权所支付的金额＝400(万元)

房地产开发成本＝100＋80＋520＝700(万元)

房地产开发费用＝80 万元,其中:

利息支出＝500×5％＝25(万元)

其他＝1 100×5％＝55(万元)

税金＝110(万元)

加计扣除＝1 100×20％＝220(万元)

扣除项目金额合计＝400＋700＋80＋110＋220＝1 510(万元)

(2)增值额＝2 000－1 510＝490(万元)

(3)增值率＝490÷1 510×100％＝32％＜50％ 故适用税率为 30％

(4)应缴纳土地增值税＝490×30％＝147(万元)

【例 3-5】 某工厂将其闲置的旧厂房连同周围的占地(有使用权)一并转让给一家生产企业,共取得转让收入 1 200 万元。该厂在建设上述厂房征地时,支付的地价款和按国家统一规定交纳的有关费用合计为 110 万元,转让上述房地产时缴纳的城建税、教育费附加以及印花税等金额共计 56 万元。经当地房地产评估中心评估,并经税务机关认可的厂房重置价为 800 万元,成新度折扣率为 70％。请计算该厂转让上述旧厂房及土地使用权应纳的土地增值税。

(1)扣除项目金额＝110＋56＋800×70％＝726(万元)

(2)增值额＝1 200－726＝474(万元)

(3)增值率＝474÷726＝65.3％ 故适用税率为 40％

(4)应缴纳土地增值税＝474×40％－726×5％＝153.3(万元)

四、房地产开发企业土地增值税清算

(一)土地增值税的清算单位

土地增值税以国家有关部门审批的房地产开发项目为单位进行清算,对于分期开发的项目,以分期项目为单位清算。

开发项目中同时包含普通住宅和非普通住宅的,应分别计算增值额。

(二)土地增值税的清算条件

(1)符合下列情形之一的,纳税人应进行土地增值税的清算:

①房地产开发项目全部竣工、完成销售的;

②整体转让未竣工决算房地产开发项目的;

③直接转让土地使用权的。

(2)符合下列情形之一的,主管税务机关可要求纳税人进行土地增值税清算:

①已竣工验收的房地产开发项目,已转让的房地产建筑面积占整个项目可售建筑面积的比例在85%以上,或该比例虽未超过85%,但剩余的可售建筑面积已经出租或自用的;

②取得销售(预售)许可证满3年仍未销售完毕的;

③纳税人申请注销税务登记但未办理土地增值税清算手续的;

④省税务机关规定的其他情况。

五、税收优惠

(一)建造普通标准住宅的税收优惠

纳税人建造普通标准住宅出售,增值额未超过扣除项目金额20%的,免征土地增值税。

"普通标准住宅",是指按所在地一般民用住宅标准建造的居住用住宅。高级公寓、别墅、度假村等不属于普通标准住宅。2005年6月1日起,普通标准住宅应同时满足:住宅小区建筑容积率在1.0以上;单套建筑面积在120平方米以下;实际成交价格低于同级别土地上住房平均交易价格1.2倍以下。各省、自治区、直辖市要根据实际情况,制定本地区享受优惠政策普通住房的具体标准。允许单套建筑面积和价格标准适当浮动,但向上浮动的比例不得超过上述标准的20%。纳税人建造普通标准住宅出售,增值额未超过扣除项目金额20%的,免征土地增值税;增值额超过扣除项目金额20%的,应就其全部增值额按规定计税。

对于纳税人既建普通标准住宅又搞其他房地产开发的,应分别核算增值额。不分别核算增值额或不能准确核算增值额的,其建造的普通标准住宅不能适用这一免税规定。

对企事业单位、社会团体以及其他组织转让旧房作为公租房房源,且增值额未超过扣除项目金额20%的,免征土地增值税。

(二)国家征用收回的房地产的税收优惠

因国家建设需要依法征用、收回的房地产,免征土地增值税。

这里所说的"因国家建设需要依法征用、收回的房地产",是指因城市实施规划、国家建设的需要而被政府批准征用的房产或收回的土地使用权。因城市实施规划、国家建设的需要而搬迁,由纳税人自行转让原房地产的,比照有关规定免征土地增值税。

【任务实施】

环宇房地产开发公司销售该商品房应缴纳的土地增值税:

(1)准予扣除项目:

准予扣除取得土地使用权所支付的金额＝600＋50＝650(万元)

准予扣除房地产开发成本＝200＋100＋750＋150＋60＝1 260(万元)

准予扣除房地产开发费用＝(30－5)＋(650＋1 260)×5%＝120.5(万元)

土地增值税时准予扣除的税金及附加220万元。

准予扣除"其他扣除项目金额"加计扣除金额＝(650＋1 260)×20%＝382(万元)

准予扣除项目合计＝650＋1 260＋120.5＋220＋382＝2 632.5(万元)

(2)增值额＝4 000－2 632.5＝1 367.5(万元)

(3)增值率＝1 367.5÷2 632.5×100%＝51.95%

(4)应缴纳土地增值税＝1 367.5×40%－2 632.5×5%＝415.375(万元)

六、征收管理

(一)纳税地点

土地增值税的纳税人应向房地产所在地主管税务机关办理纳税申报,并在税务机关核定的期限内缴纳土地增值税。

这里所说的"房地产所在地",是指房地产的坐落地。纳税人转让的房地产坐落在两个或两个以上地区的,应按房地产所在地分别申报纳税。

在实际工作中,纳税地点的确定又可分为以下两种情况:

(1)纳税人是法人的。当转让的房地产坐落地与其机构所在地或经营所在地一致时,则在办理税务登记的原管辖税务机关申报纳税即可;如果转让的房地产坐落地与其机构所在地或经营所在地不一致时,则应在房地产坐落地所管辖的税务机关申报纳税。

(2)纳税人是自然人的。当转让的房地产坐落地与其居住所在地一致时,则在住所所在地税务机关申报纳税;当转让的房地产坐落地与其居住所在地不一致时,在办理过户手续所在地的税务机关申报纳税。

(二)纳税申报

土地增值税的纳税人应在转让房地产合同签订后的 7 日内,到房地产所在地主管税务机关办理纳税申报,并向税务机关提交房屋及建筑物产权、土地使用权证书,土地转让、房产买卖合同,房地产评估报告及其他与转让房地产有关的资料。

纳税人因经常发生房地产转让而难以在每次转让后申报的,经税务机关审核同意后,可以定期填制土地增值税纳税申报表(见表 3-4 和表 3-5),进行纳税申报,具体期限由税务机关根据情况确定。

表3-4　土地增值税纳税申报表（一）

（从事房地产开发的纳税人预征适用）

税款所属时间：　年　月　日至　年　月　日　　　　　　　　　　　填表日期：　年　月　日

项目名称：　　　　　　　　　　　　　　　　　　　　　　　　　　金额单位：元至角分；面积单位：平方米

纳税人识别号：□□□□□□□□□□□□□□□　　　　　　　　项目编号：

房产类型	房产类型子目	收入			预征率（%）	应纳税额	税款缴纳	
		应税收入	货币收入	实物收入及其他收入			本期已缴税额	本期应缴税额计算
	1	2=3＋4	3	4	5	6=2×5	7	8=6－7
普通住宅								
非普通住宅								
其他类型房地产	—				—			
合　计	—				—			

授权代理人	（如果你已委托代理申报人，请填写下列资料） 为代理一切税务事宜，现授权 （地址）　　　　　　　　　为本纳税人的代理申报人，任何与本报表有关的文件都可寄予此人。 授权人签字：	纳税人声明	此纳税申报表是根据《中华人民共和国土地增值税暂行条例》和国家有关税收规定填报的，是真实的、可靠的、完整的。 声明人签字：
纳税人 公章	法人代表 签章	接收人	经办人员（代理 申报人）签章	备注

（以下部分由主管税务机关负责填写）

主管税务机关收到日期		审核日期		税务审核人员签章	
审核记录				主管税务机关盖章	

【表单说明】

(1)本表适用于从事房地产开发并转让的土地增值税纳税人,在每次转让时填报,也可按月或按各省、自治区、直辖市和计划单列市地方税务局规定的期限汇总填报。

(2)凡从事新建房及配套设施开发的纳税人,均应在规定的期限内,据实向主管税务机关填报本表所列内容。

(3)本表栏目的内容如果没有,可以空置不填。

(4)纳税人在填报土地增值税预征申报表时,应同时向主管税务机关提交《土地增值税项目登记表》等有关资料。

(5)项目编号是在进行房地产项目登记时,税务机关按照一定的规则赋予的编号,此编号会跟随项目的预征清算全过程。

(6)房产类型子目是主管税务机关规定的预征率类型,每一个子目唯一对应一个房产类型。

(7)本表一式两份,送主管税务机关审核盖章后,一份由地方税务机关留存,一份退纳税单位。

表 3-5　土地增值税纳税申报表(三)
(非从事房地产开发的纳税人适用)

税款所属时间:　　年　月　日至　　年　月　日　　　　　填表日期:　　年　月　日

金额单位:元至角分;面积单位:平方米

纳税人识别号

纳税人名称			项目名称			项目地址		
所属行业		登记注册类型		纳税人地址			邮政编码	
开户银行		银行账号		主管部门			电话	

项　目				行　次	金　额
一、转让房地产收入总额　1=2+3+4				1	
其中	货币收入			2	
	实物收入			3	
	其他收入			4	
二、扣除项目金额合计 (1)5=6+7+10+15 (2)5=11+12+14+15				5	
(1)提供评估价格	1.取得土地使用权所支付的金额			6	
	2.旧房及建筑物的评估价格 7=8×9			7	
	其中	旧房及建筑物的重置成本价		8	
		成新度折扣率		9	
	3.评估费用			10	
(2)提供购房发票	1.购房发票金额			11	
	2.发票加计扣除金额 12=11×5%×13			12	
	其中:房产实际持有年数			13	
	3.购房契税			14	
4.与转让房地产有关的税金等 15=16+17+18+19				15	

续表 3-5

其中	营业税	16	
	城市维护建设税	17	
	印花税	18	
	教育费附加	19	
三、增值额 20＝1－5		20	
四、增值额与扣除项目金额之比(％)21＝20÷5		21	
五、适用税率(％)		22	
六、速算扣除系数(％)		23	
七、应缴土地增值税额 24＝20×22－5×23		24	
八、减免税额(减免性质代码：_____)		25	
九、已缴土地增值税额		26	
十、应补(退)土地增值税税额 27＝24－25－26		27	

授权代理人	(如果你已委托代理申报人,请填写下列资料) 为代理一切税务事宜,现授权_____ (地址)_____为本纳税人的代理申报人, 任何与本报表有关的来往文件都可寄予此人。 授权人签字：_____	纳税人声明	此纳税申报表是根据《中华人民共和国土地增值税暂行条例》及其实施细则的规定填报的,是真实的、可靠的、完整的。 声明人签字：_____

纳税人公章		法人代表签章		经办人员(代理申报人)签章		备注	
(以下部分由主管税务机关负责填写)							
主管税务机关收到日期		接收人		审核日期		税务审核人员签章	
审核记录						主管税务机关盖章	

【表单说明】

一、适用范围

土地增值税纳税申报表(三)适用于非从事房地产开发的纳税人。该纳税人应在签订房地产转让合同后的七日内,向房地产所在地主管税务机关填报土地增值税纳税申报表(三)。

土地增值税纳税申报表(三)还适用于以下从事房地产开发的纳税人:将开发产品转为自用、出租等用途且已达到主管税务机关旧房界定标准后,又将该旧房对外出售的。

二、土地增值税纳税申报表(三)主要项目填表说明

(一)表头项目

(1)纳税人识别号:填写税务机关为纳税人确定的识别号。

(2)项目名称:填写纳税人转让的房地产项目全称。

(3)登记注册类型:单位,根据税务登记证或组织机构代码证中登记的注册类型填写;纳税人是企业的,根据国家统计局《关于划分企业登记注册类型的规定》填写。该项可由系统根据纳税人识别号自动带出,无须纳税人填写。

(4)所属行业:根据《国民经济行业分类》(GB/T 4754—2011)填写。该项可由系统根据纳税人识别号自动带出,无须纳税人填写。

（5）主管部门：按纳税人隶属的管理部门或总机构填写。外商投资企业不填。

（二）表中项目

土地增值税纳税申报表（三）的各主要项目内容，应根据纳税人转让的房地产项目作为填报对象。纳税人如果同时转让两个或两个以上房地产的，应分别填报。

（1）表第1栏"转让房地产收入总额"，按纳税人转让房地产所取得的全部收入额填写。

（2）表第2栏"货币收入"，按纳税人转让房地产所取得的货币形态的收入额填写。

（3）表第3、4栏"实物收入"、"其他收入"，按纳税人转让房地产所取得的实物形态的收入和无形资产等其他形式的收入额填写。

（4）表第6栏"取得土地使用权所支付的金额"，按纳税人为取得该转让房地产项目的土地使用权而实际支付（补交）的土地出让金（地价款）数额及按国家统一规定交纳的有关费用填写。

（5）表第7栏"旧房及建筑物的评估价格"，是指根据《中华人民共和国土地增值税暂行条例》（以下简称《条例》）和《中华人民共和国土地增值税暂行条例实施细则》（以下简称《细则》）等有关规定，按重置成本法评估旧房及建筑物并经当地税务机关确认的评估价格的数额。本栏由第8栏与第9栏相乘得出。如果本栏数额能够直接根据评估报告填报，则本表第8、9栏可以不必再填报。

（6）表第8栏"旧房及建筑物的重置成本价"，是指按照《条例》和《细则》规定，由政府批准设立的房地产评估机构评定的重置成本价。

（7）表第9栏"成新度折扣率"，是指按照《条例》和《细则》规定，由政府批准设立的房地产评估机构评定的旧房及建筑物的新旧程度折扣率。

（8）表第16栏至表第19栏，按纳税人转让房地产时实际缴纳的有关税金的数额填写。

（9）表第22栏"适用税率"，应根据《条例》规定的四级超率累进税率，按所适用的最高一级税率填写。

（10）表第23栏"速算扣除系数"，应根据《细则》第十条的规定找出相关速算扣除系数填写。

延伸阅读1：《财政部 国家税务总局关于中国邮政集团公司邮政速递物流业务重组改制有关税收问题的通知》

延伸阅读2：《国家税务总局关于进一步做好土地增值税征管工作的通知》

任务3　城镇土地使用税应纳税额计算与申报

【任务导入】

在某城市的振兴公司使用土地面积为 10 000 平方米,经税务机关核定,该土地为应税土地,每平方米年税额为 4 元。

【任务要求】

请计算振兴公司全年应纳的土地使用税税额。

【知识准备】

城镇土地使用税是以国有土地为征税对象,对拥有土地使用权的单位和个人征收的一种税。征收城镇土地使用税,有利于促进土地的合理使用,调节土地级差收入,也有利于筹集地方财政资金。

一、纳税义务人与征税范围

(一)纳税义务人

在城市、县城、建制镇、工矿区范围内使用土地的单位和个人,为城镇土地使用税(以下简称土地使用税)的纳税人。

所称单位,包括国有企业、集体企业、私营企业、股份制企业、外商投资企业、外国企业以及其他企业和事业单位、社会团体、国家机关、军队以及其他单位;所称个人,包括个体工商户以及其他个人。

城镇土地使用税的纳税人通常包括以下几类:

(1)拥有土地使用权的单位和个人。

(2)拥有土地使用权的单位和个人不在土地所在地的,其土地的实际使用人和代管人为纳税人。

(3)土地使用权未确定或权属纠纷未解决的,其实际使用人为纳税人。

(4)土地使用权共有的,共有各方都是纳税人,由共有各方分别纳税。

几个人或几个单位共同拥有一块土地的使用权,这块土地的城镇土地使用税的纳税人应是对这块土地拥有使用权的每一个人或每一个单位。他们应以其实际使用的土地面积占总面积的比例,分别计算缴纳土地使用税。例如,某城市的甲与乙共同拥有一块土地的使用权,这块土地面积为 1 500 平方米,甲实际使用1/3,乙实际使用2/3,则甲应是其所占的土地 500 平方米(1 500×1/3)的城镇土地使用税的纳税人,乙是其所占的土地 1 000 平方米(1 500×2/3)的城镇土地使用税的纳税人。

(二)征税范围

城镇土地使用税的征税范围,包括在城市、县城、建制镇和工矿区内的国家所有和集体所有的土地。

上述城市、县城、建制镇和工矿区分别按以下标准确认：

(1)城市是指经国务院批准设立的市。

(2)县城是指县人民政府所在地。

(3)建制镇是指经省、自治区、直辖市人民政府批准设立的建制镇。

(4)工矿区是指工商业比较发达,人口比较集中,符合国务院规定的建制镇标准,但尚未设立建制镇的大中型工矿区所在地,工矿区由省、自治区、直辖市人民政府批准。

城市的土地包括市区和郊区的土地,县城的土地是指县人民政府所在地的城镇的土地,建制镇的土地是指镇人民政府所在地的土地。

建在城市、县城、建制镇和工矿区以外的工矿企业不需缴纳城镇土地使用税。

二、税率

城镇土地使用税采用定额税率,即采用有幅度的差别税额,按大、中、小城市和县城、建制镇、工矿区分别规定每平方米土地使用税年应纳税额。具体标准如下:

(1)大城市1.5～30元;

(2)中等城市1.2～24元;

(3)小城市0.9～18元;

(4)县城、建制镇、工矿区0.6～12元。

大、中、小城市以公安部门登记在册的非农业正式户口人数为依据,按照国务院颁布的《城市规划条例》中规定的标准划分。人口在50万以上者为大城市;人口在20万～50万之间者为中等城市;人口在20万以下者为小城市。详见表3-6。

表3-6　城镇土地使用税税率

级　别	人口(人)	每平方米税额(元)
大城市	50万以上	1.5～30
中等城市	20万～50万	1.2～24
小城市	20万以下	0.9～18
县城、建制镇、工矿区	—	0.6～12

三、应纳税额的计算

(一)计税依据

城镇土地使用税以纳税人实际占用的土地面积为计税依据,土地面积计量标准每平方米。即税务机关根据纳税人实际占用的土地面积,按照规定的税额计算应纳税额,向纳税人征收土地使用税。

纳税人实际占用的土地面积按下列办法确定:

(1)由省、自治区、直辖市人民政府确定的单位组织测定土地面积的,以测定的面积为准。

(2)尚未组织测量,但纳税人持有政府部门核发的土地使用证书的,以证书确认的土地面积为准。

(3)尚未核发土地使用证书的,应由纳税人申报土地面积,据以纳税,待核发土地使用证以后再作调整。

（4）对在城镇土地使用税征税范围内单独建造的地下建筑用地暂按应征税款的50％征收城镇土地使用税。

（二）应纳税额的计算

城镇土地使用税的应纳税额可以通过纳税人实际占用的土地面积乘以该土地所在地段的适用税额求得。其计算公式为：

$$全年应纳税额＝实际占用应税土地面积（平方米）×适用税额$$

【例 3-6】 设在某城市的一家企业使用土地面积为 20 000 平方米，经税务机关核定，该土地为应税土地，每平方米年税额为 4 元。请计算其全年应纳的土地使用税税额。

年应纳土地使用税税额＝20 000×4＝80 000（元）

四、税收优惠

（一）法定免缴土地使用税的优惠

（1）国家机关、人民团体、军队自用的土地。

这部分土地是指这些单位本身的办公用地和公务用地。如国家机关、人民团体的办公楼用地，军队的训练场用地等。

（2）由国家财政部门拨付事业经费的单位自用的土地。

这部分土地是指这些单位本身的业务用地。如学校的教学楼、操场、食堂等占用的土地。

（3）宗教寺庙、公园、名胜古迹自用的土地。

宗教寺庙自用的土地，是指举行宗教仪式等的用地和寺庙内的宗教人员生活用地。

公园、名胜古迹自用的土地，是指供公共参观游览的用地及其管理单位的办公用地。

以上单位的生产、经营用地和其他用地，不属于免税范围，应按规定缴纳土地使用税，如公园、名胜古迹中附设的营业单位如影剧院、饮食部、茶社、照相馆使用的土地。

（4）市政街道、广场、绿化地带等公共用地。

（5）直接用于农、林、牧、渔业的生产用地。

这部分土地是指直接从事于种植养殖、饲养的专业用地，不包括农副产品加工场地和生活办公用地。

（6）经批准开山填海整治的土地和改造的废弃土地，从使用的月份起免缴土地使用税 5 年至 10 年。

具体免税期限由各省、自治区、直辖市地方税务局在《中华人民共和国城镇土地使用税暂行条例》规定的期限内自行确定。

（7）对非营利性医疗机构、疾病控制机构和妇幼保健机构等卫生机构自用的土地，免征城镇土地使用税。对营利性医疗机构自用的土地自 2000 年起免征城镇土地使用税 3 年。

（8）企业办的学校、医院、托儿所、幼儿园，其用地能与企业其他用地明确区分的，免征城镇土地使用税。

（9）免税单位无偿使用纳税单位的土地（如公安、海关等单位使用铁路、民航等单位的土地），免征城镇土地使用税。纳税单位无偿使用免税单位的土地，纳税单位应照章缴纳城镇土地使用税。纳税单位与免税单位共同使用、共有使用权土地上的多层建筑，对纳税单位可按其占用的建筑面积占建筑总面积的比例计征城镇土地使用税。

（10）对行使国家行政管理职能的中国人民银行总行（含国家外汇管理局）所属分支机构自用的土地，免征城镇土地使用税。

（11）为了体现国家的产业政策，支持重点产业的发展，对石油、电力、煤炭等能源用地，民用港口、铁路等交通用地和水利设施用地，三线调整企业、盐业、采石场、邮电等一些特殊用地划分了征免税界限和给予政策性减免税照顾。具体规定如下：

①对企业的铁路专用线、公路等用地，在厂区以外、与社会公用地段未加隔离的，暂免征收城镇土地使用税。

②对企业厂区以外的公共绿化用地和向社会开放的公园用地，暂免征收城镇土地使用税。

③对盐场的盐滩、盐矿的矿井用地，暂免征收城镇土地使用税。

④对城市公交站场、道路客运站场的运营用地免征城镇土地使用税。

（二）省、自治区、直辖市地方税务局确定减免土地使用税的优惠

（1）个人所有的居住房屋及院落用地。

（2）房产管理部门在房租调整改革前经租的居民住房用地。

（3）免税单位职工家属的宿舍用地。

（4）集体和个人办的各类学校、医院、托儿所、幼儿园用地。

【任务实施】

振兴公司全年应纳的土地使用税税额＝10 000×4＝40 000（元）

五、征收管理

（一）纳税期限

城镇土地使用税实行按年计算、分期缴纳的征收方法，具体纳税期限由省、治区、直辖市人民政府确定。

（二）纳税义务发生时间

（1）纳税人购置新建商品房，自房屋交付使用之次月起，缴纳城镇土地使用税。

（2）纳税人购置存量房，自办理房屋权属转移、变更登记手续，房地产权属登记机关签发房屋权属证书之次月起，缴纳城镇土地使用税。

（3）纳税人出租、出借房产，自交付出租、出借房产之次月起，缴纳城镇土使用税。

（4）以出让或转让方式有偿取得土地使用权的，应由受让方从合同约定交付土地时间的次月起缴纳城镇土地使用税；合同未约定交付时间的，由受让方从合同签订的次月起缴纳城镇土地使用税。

（5）纳税人新征用的耕地，自批准征用之日起满1年时开始缴纳土地使用税。

（6）纳税人新征用的非耕地，自批准征用次月起缴纳土地使用税。

（7）纳税人因土地的权利发生变化而依法终止城镇使用税纳税义务的，其应纳税款的计算应截至土地权利发生变化的当月末。

（三）纳税地点和征收机构

城镇土地使用税在土地所在地缴纳。

纳税人使用的土地不属于同一省、自治区、直辖市管辖的，由纳税人分别向土地所在地的

税务机关缴纳土地使用税;在同一省、自治区、直辖市管辖范围内,纳税人跨地区使用的土地,其纳税地点由各省、自治区、直辖市地方税务局确定。

土地使用税由土地所在地的地方税务机关征收,其收入纳入地方财政预算管理。土地使用税征收工作涉及面广,政策性较强,在税务机关负责征收的同时,还必须注意加强同国土管理、测绘等有关部门的联系,及时取得土地的权属资料,沟通情况,共同协作把征收管理工作做好。

（四）纳税申报

城镇土地使用税的纳税人应按照规定及时办理纳税申报,并如实填写城镇土地使用税纳税申报表。

任务 4　耕地占用税应纳税额计算与申报

【任务导入】

某市飞翔公司新占用 10 000 平方米耕地用于工业建设,所占耕地适用的定额税率为 20元/平方米。

【任务要求】

请计算飞翔公司应纳的耕地占用税。

【知识准备】

耕地占用税是对占用耕地建房或从事其他非农业建设的单位和个人,就其实际占用的耕地面积征收的一种税,它属于对特定土地资源占用课税。

一、纳税义务人与征税范围

（一）纳税义务人

耕地占用税的纳税义务人,是占用耕地建房或从事非农业建设的单位和个人。

所称单位,包括国有企业、集体企业、私营企业、股份制企业、外商投资企业、外国企业以及其他企业和事业单位、社会团体、国家机关、军队以及其他单位;所称个人,包括个体工商户以及其他个人。

（二）征税范围

耕地占用税的征税范围包括纳税人为建房或从事其他非农业建设而占用的国家所有和集体所有的耕地。

"耕地"是指种植农业作物的土地,包括菜地、园地。其中,园地包括花圃、苗圃、茶园、果园、桑园和其他种植经济林木的土地。

占用鱼塘及其他农用土地建房或从事其他非农业建设,也视同占用耕地,必须依法征收耕地占用税。占用已开发从事种植、养殖的滩涂、草场、水面和林地等从事非农业建设,由省、自治区、直辖市本着有利于保护土地资源和生态平衡的原则,结合具体情况确定是否征收耕地占用税。

二、税率

由于在我国的不同地区之间人口和耕地资源的分布极不均衡,有些地区人烟稠密,耕地资源相对匮乏;而有些地区则人烟稀少,耕地资源比较丰富。各地区之间的经济发展水平也有很大差异。考虑到不同地区之间客观条件的差别以及与此相关的税收调节力度和纳税人负担能力方面的差别,耕地占用税在税率设计上采用了地区差别定额税率。税率规定如下:

(1)人均耕地不超过1亩的地区(以县级行政区域为单位,下同),每平方米为10～50元;

(2)人均耕地超过1亩但不超过2亩的地区,每平方米为8～40元;

(3)人均耕地超过2亩但不超过3亩的地区,每平方米6～30元;

(4)人均耕地超过3亩以上的地区,每平方米5～25元。

经济特区、经济技术开发区和经济发达、人均耕地特别少的地区,适用税额可以适当提高,但最多不得超过上述规定税额的50%(见表3-7)。

表3-7 各省、自治区、直辖市耕地占用税平均税额

地 区	每平方米/平均税额(元)
上海	45
北京	40
天津	35
江苏、浙江、福建、广东	30
辽宁、湖北、湖南	25
河北、安徽、江西、山东、河南、重庆、四川	22.5
广西、海南、贵州、云南、陕西	20
山西、吉林、黑龙江	17.5
内蒙古、西藏、甘肃、青海、宁夏、新疆	12.5

三、应纳税额的计算

(一)计税依据

耕地占用税以纳税人占用耕地的面积为计税依据,以平方米为计量单位。

(二)应纳税额计算

耕地占用税以纳税人实际占用的耕地面积为计税依据,以每平方米土地为计税单位,按适用的定额税率计税。其计算公式为:

$$应纳税额＝实际占用耕地面积(平方米)×适用定额税率$$

【例3-7】 假设某市一家企业新占用20 000平方米耕地用于工业建设,所占耕地适用的定额税率为20元/平方米。计算该企业应纳的耕地占用税。

应纳税额＝20 000×20＝400 000(元)

四、税收优惠

(一)免征耕地占用税

(1)军事设施占用耕地。

(2)学校、幼儿园、养老院、医院占用耕地。

（二）减征耕地占用税

（1）铁路线路、公路线路、飞机场跑道、停机坪、港口、航道占用耕地,减按每平方米2元的税额征收耕地占用税。

根据实际需要,国务院财政、税务主管部门商国务院有关部门并报国务院批准后,可以对上述规定的情形免征或者减征耕地占用税。

（2）农村居民占用耕地新建住宅,按照当地适用税额减半征收耕地占用税。

（3）农村烈士家属、残疾军人、鳏寡孤独以及革命老根据地、少数民族聚居区和边远贫困山区生活困难的农村居民,在规定用地标准以内新建住宅缴纳耕地占用税确有困难的,经所在地乡（镇）人民政府审核,报经县级人民政府批准后,可以免征或者减征耕地占用税。

免征或者减征耕地占用税后,纳税人改变原占地用途,不再属于免征或者减征耕地占用税情形的,应当按照当地适用税额补缴耕地占用税。

【任务实施】

飞翔公司应纳的耕地占用税＝10 000×20＝200 000（元）

五、征收管理

耕地占用税由地方税务机关负责征收。土地管理部门在通知单位或者个人办理占用耕地手续时,应当同时通知耕地所在地同级地方税务机关。获准占用耕地的单位或者个人应当在收到土地管理部门的通知之日起30日内缴纳耕地占用税。土地管理部门凭耕地占用税完税凭证或者免税凭证和其他有关文件发放建设用地批准书。

纳税人临时占用耕地,应当依照《中华人民共和国耕地占用税暂行条例》的规定缴纳耕地占用税。纳税人在批准临时占用耕地的期限内恢复所占用耕地原状的,全额退还已经缴纳的耕地占用税。

占用林地、牧草地、农田水利用地、养殖水面以及渔业水域滩涂等其他农用地建房或者从事非农业建设的,比照《中华人民共和国耕地占用税暂行条例》的规定征收耕地占用税。建设直接为农业生产服务的生产设施占用上述规定的农用地的,不征收耕地占用税。

任务小结

资源税类应纳税额的计算与申报:

●资源税以应税产品的销售额乘以适用的比例税率或者以应税产品的销售数量乘以适用的定额税率计算应纳税额。

●土地增值税以纳税人转让房地产所取得的增值额和规定的税率计算应纳税额。

●城镇土地使用税以纳税人实际占用的土地面积乘以该土地所在地段的适用税额计算应纳税额。

●耕地占用税以纳税人实际占用的耕地面积为计税依据,以每平方米土地为计税单位,按适用的定额税率计算应纳税额。

●填写纳税申报表,进行纳税申报,缴纳税款。

闯关考验

一、知识思考

1. 资源税课税数量如何确定?

2. 资源税应纳税额如何计算?

3. 简述土地增值税征收范围。

4. 土地增值税应纳税额如何计算?

5. 城镇土地使用税应纳税额如何计算?

6. 耕地占用税应纳税额如何计算?

二、技能测试

1. 地处县城的某房地产开发公司,2017年3月对一处已竣工的房地产开发项目进行验收,可售建筑面积共计25 000平方米。该项目的开发和销售情况如下:

(1)该公司取得土地使用权应支付的土地出让金为8 000万元,政府减征了10%,该公司按规定缴纳了契税。

(2)该公司为该项目发生的开发成本为12 000万元。

(3)该项目发生开发费用600万元,其中利息支出150万元,但不能按转让房地产项目计算分摊。

(4)4月销售20 000平方米的房屋,共计取得收入40 000万元。

(5)将5 000平方米的房屋出租给他人使用(产权未发生转移),月租金为45万元,租期为8个月。

(6)2017年8月税务机关要求该房地产开发公司对该项目进行土地增值税清算。

(其他相关资料:当地适用的契税税率为5%,计算土地增值税时开发费用的扣除比例为10%。)

要求:

(1)简要说明税务机关要求该公司进行土地增值税清算的理由。

(2)计算该公司清算土地增值税时允许扣除的土地使用权支付金额。

(3)计算该公司清算土地增值税时允许扣除的开发成本。

(4)计算该公司清算土地增值税时允许扣除的开发费用。

(5)计算该公司清算土地增值税时允许扣除的税金及附加。

2. 位于市区的某国有工业企业利用厂区空地建造写字楼,2016年发生的相关业务如下:

(1)按照国家有关规定补交土地出让金4 000万元,缴纳相关费用160万元;

(2)写字楼开发成本3 000万元,其中装修费用500万元;

(3)写字楼开发费用中的利息支出为300万元(不能提供金融机构证明);

(4)写字楼竣工验收,将总建筑面积的1/2销售,签订销售合同,取得销售收入6 500万元;将另外1/2的建筑面积出租,当年取得租金收入15万元。

(其他相关资料:该企业所在省规定,按《中华人民共和国土地增值税暂行条例》规定的高限计算扣除房地产开发费用。)

要求:根据上述资料,按下列序号计算回答问题,每问需计算出合计数。

(1)企业计算土地增值税时应扣除的取得土地使用权所支付的金额;

(2)企业计算土地增值税时应扣除的开发成本的金额;

(3)企业计算土地增值税时应扣除的开发费用的金额;

(4)企业计算土地增值税时应扣除的有关税金;

(5)企业应缴纳的土地增值税。

3.某房地产开发公司受让一宗土地使用权,支付转让方地价款 8 000 万元。使用受让土地 60%(其余 40%尚未使用)的面积开发建造一栋写字楼并全部销售。在开发过程中,根据建筑承包合同支付给建筑公司的劳务费和材料费共计 6 200 万元,开发销售期间发生管理费用700 万元、销售费用 400 万元、利息费用 500 万元(只有 70%能够提供金融机构的证明)。(说明:其他开发费用扣除比例为 4%,契税税率为 3%。)

要求:

(1)计算该房地产开发公司土地增值额时可扣除的地价款和契税。

(2)计算该房地产开发公司土地增值额时可扣除的开发成本。

(3)计算该房地产开发公司土地增值额时可扣除的开发费用。

4.某城市的一家公司,实际占地 23 000 平方米。由于经营规模扩大,年初该公司又受让了一块尚未办理土地使用证的土地 3 000 平方米,公司按其当年开发使用的 2 000 平方米土地面积进行申报纳税,以上土地均适用每平方米 2 元的城镇土地使用税税额。计算该公司当年应缴纳的城镇土地使用税。

5.某盐场 2016 年度占地 200 000 平方米,其中办公楼占地 20 000 平方米,盐场内部绿化占地 50 000 平方米,盐场附属幼儿园占地 10 000 平方米,盐滩占地 120 000 平方米。盐场所在地城镇土地使用税单位税额每平方米 0.7 元。计算该盐场 2016 年应缴纳的城镇土地使用税。

6.甲企业生产经营用地分布于某市的三个地域,第一块土地的土地使用权属于某免税单位,面积 6 000 平方米;第二块土地的土地使用权属于甲企业,面积 30 000 平方米,其中企业办学校 5 000 平方米,医院 3 000 平方米;第三块土地的土地使用权属于甲企业与乙企业共同拥有,面积 10 000 平方米,实际使用面积各 50%。假定甲企业所在地城镇土地使用税单位税额每平方米 8 元,计算甲企业全年应缴纳的城镇土地使用税。

7.某农户有一处花圃,占地 1 200 平方米,2017 年 3 月将其中的 1 100 平方米改造为果园,其余 100 平方米建造住宅。已知该地适用的耕地占用税的定额税率为每平方米 25 元。计算该农户应缴纳的耕地占用税。

三、理论测试

(一)单选题

1.下列各项中,不属于资源税征税范围的是(　　　)。

A.天然气　　　　B.地下水　　　　C.原油　　　　D.液体盐

2.下列项目中,按税法规定可以免征或不征土地增值税的有(　　　)。

A.国家机关转让自用的房产　　　　B.税务机关拍卖欠税单位的房产

C.对国有企业进行评估增值的房产　　　　D.投资于房地产开发企业的房地产项目

3.某矿业公司开采销售应税矿产品,资源税实行从量计证,则该公司计征资源税的课税数量是（　　　）。

　　A.实际产量　　　　　B.发货数量　　　　　C.计划产量　　　　　D.销售数量

4.下列各项中,属于土地增值税征税范围的是（　　　）。

　　A.某市房产所有人将房屋产权无偿赠送给他人

　　B.某市房产所有人将房屋产权有偿转让给他人

　　C.某市土地使用权人通过教育部门将土地使用权赠与某学校

　　D.某市土地使用权人将土地使用权出租给某养老院

5.纳税人以自产的液体盐加工固体盐,则（　　　）。

　　A.所耗用液体盐的已纳资源税额准予抵扣

　　B.按照液体盐、固体盐征两道资源税

　　C.按照液体盐的课税数量计算缴纳资源税

　　D.按照固体盐的课税数量计算缴纳资源税

6.下列各项中,属于城镇土地使用税计税依据的是（　　　）。

　　A.建筑面积　　　　　　　　　　　　B.使用面积

　　C.居住面积　　　　　　　　　　　　D.实际占用的土地的面积

7.某公司与政府机关共同使用一栋共有土地使用权的建筑物。该建筑物占用土地面积2 000平方米,建筑面积10 000平方米(公司与机关的占用比例为4∶1),该公司所在市城镇土地使用税单位税额每平方米5元。该公司应纳城镇土地使用税（　　　）元。

　　A.0　　　　　　　　B.2 000　　　　　　　C.8 000　　　　　　　D.10 000

8.某产盐企业,2015年5月份以外购液体盐3 000吨加工成固体盐600吨,以自产液体盐5 000吨加工成固体盐1 000吨,当月销售固体盐1 500吨,取得销售收入300万元。已知液体盐每吨单位税额5元,固体盐每吨单位税额40元,该产盐企业5月份应缴纳资源税（　　　）元。

　　A.20 000　　　　　　B.35 000　　　　　　C.45 000　　　　　　D.60 000

9.纳税人采取分期收款结算方式销售应税产品的,资源税的纳税义务发生时间是（　　　）。

　　A.销售合同规定的收款日期的当天

　　B.发出应税产品的当天

　　C.收讫销售款或者取得索取销售款凭据的当天

　　D.移送使用应税产品的当天

10.下列各项中,属于超率累进税率的是（　　　）。

　　A.资源税　　　　　B.城镇土地使用税　　　C.车辆购置税　　　D.土地增值税

（二）多选题

1.下列各项中,应征资源税的有（　　　）。

　　A.开采的大理石　　　　　　　　　　B.进口的原油

　　C.开采的煤矿瓦斯　　　　　　　　　D.销售的固体盐

2.下列情形中,纳税人应当进行土地增值税清算的有（　　　）。

　　A.直接转让土地使用权的

　　B.整体转让未竣工决算房地产开发项目的

C.房地产开发项目全部竣工并完成销售的

D.取得销售(预售)许可证2年仍未销售完的

3.关于资源税纳税义务发生时间的下列表述中,正确的有(   )。

A.采用分期收款结算方式销售应税产品的,为发出应税产品的当天

B.采用预收货款结算方式销售应税产品的,为收到货款的当天

C.自产自用应税产品的,为移送使用应税产品的当天

D.扣缴义务人代扣代缴税款的纳税义务发生时间,为支付首笔货款的当天

4.下列税种中,实行按年计算、分期缴纳的征收方法的有(   )。

A.房产税　　　　　　　B.关税　　　　　　　C.车辆购置税　　　　D.城镇土地使用税

5.下列各项关于资源税减免税规定的表述中,正确的有(   )。

A.对出口的应税产品免征资源税

B.对进口的应税产品不征收资源税

C.开采原油过程中用于修井的原油免征资源税

D.开采应税产品过程中因自然灾害有重大损失的可由省级政府减征资源税

6.下列各项中,在计算土地增值税额时可以从转让房地产取得的收入中扣除的项目有(   )。

A.取得土地使用权所支付的金额　　　　　　B.房地产开发成本

C.房地产开发费用　　　　　　　　　　　　D.转让房地产缴纳的企业所得税

7.根据耕地占用税有关规定,下列各项土地中属于耕地的有(   )。

A.果园　　　　　　　　B.花圃　　　　　　　C.茶园　　　　　　　D.菜地

8.下列各项中,应计算缴纳城镇土地使用税的有(   )。

A.学校食堂用地　　　　　　　　　　　　　B.工业企业仓库用地

C.工厂实验室用地　　　　　　　　　　　　D.公园内茶社用地

9.根据耕地占用税法律制度规定,下列免征耕地占用税的有(   )。

A.军用机场占用的耕地

B.养老院为老人提供生活照顾场所占用的耕地

C.幼儿园用于保育、教育场所占用的耕地

D.学校为教职工住房占用的耕地

10.下列各项中,可以成为土地增值税的纳税义务的有(   )。

A.企业与企业之间的房地产交换

B.国有土地使用权转让的

C.双方合作建房,建成后分房转让的

D.私营企业的房地产评估增值

(三)判断题

1.资源税实行差别税额,从量征收。　　　　　　　　　　　　　　　　　(   )

2.对房地产的抵押,在抵押期间不征收土地增值税。但对于以房产抵债而发生房地产权属转让的,则应征收土地增值税。　　　　　　　　　　　　　　　　　　　　(   )

3.开采资源税应税产品销售的,应向销售所在地的主管税务机关缴纳资源税。　　(   )

4.房屋出租收入,征收土地增值税。　　　　　　　　　　　　　　　　　(   )

5.城镇土地使用税以纳税人实际占用的城镇土地面积为计税依据。　　　　（　　）

6.我国现行资源税采用从量定额征收的办法。　　　　（　　）

7.耕地占用税以纳税人实际占用耕地面积为计税依据。　　　　（　　）

8.纳税人建造普通标准住宅出售,增值额未超过扣除项目金额20%的,免征土地增值税;增值额超过扣除项目金额20%的,就超过部分按规定计税。　　　　（　　）

9.城镇土地使用税,是对一切使用土地的单位和个人,按其实际占用的土地面积征收的一种税。　　　　（　　）

任务5　房产税应纳税额计算与申报

【任务导入】

宏达公司2016年初账面共有房产原值4 000万元,当年房产使用情况如下:

(1)1月1日将一栋原值800万元的办公楼用于投资联营(收取固定收入,不承担联营风险),投资期为5年。已知该企业当年取得固定收入50万元。

(2)7月1日将原值200万元、占地面积400平方米的一栋仓库出租给某商场存放货物,7月1日起计租,租期1年,每月租金收入1.5万元。

(3)其余房产为经营自用。

(4)年初委托施工单位修建物资仓库,8月22日办理验收手续,工程结算支出50万元,并按此成本计入固定资产。(房产税计算余值的扣除比例20%)

【任务要求】

请计算该企业2016年应缴纳的房产税。

【知识准备】

房产税是以房屋为征税对象,按照房屋的计税余值或租金收入,向产权所有人征收的一种财产税。

一、纳税义务人与征税范围

(一)纳税义务人

房产税以在征税范围内的房屋产权所有人为纳税人。其中:

(1)产权属国家所有的,由经营管理单位纳税;产权属集体和个人所有的,由集体单位和个人纳税。

所称单位,包括国有企业、集体企业、私营企业、股份制企业、外商投资企业、外国企业以及其他企业和事业单位、社会团体、国家机关、军队以及其他单位;所称个人,包括个体工商户以及其他个人。

(2)产权出典的,由承典人依照房产余值缴纳房产税。所谓产权出典,是指产权所有人将房屋、生产资料等的产权,在一定期限内典当给他人使用,而取得资金的一种融资业务。这种业务大多发生于出典人急需用款,但又想保留产权回赎权的情况。承典人向出典人交付一定的典价之后,在质典期内即获抵押物品的支配权,并可转典。产权的典价一般要低于卖价。出典人在规定期间内须归还典价的本金和利息,方可赎回出典房屋等的产权。由于在房屋出典期间,产权所有人已无权支配房屋,因此,税法规定由对房屋具有支配权的承典人为纳税人。

(3)产权所有人、承典人不在房屋所在地的,或者产权未确定及租典纠纷未解决的,由房产代管人或者使用人纳税。

租典纠纷,是指产权所有人在房产出典和租赁关系上,与承典人、租赁人发生各种争议,特别是权利和义务的争议悬而未决的。此外还有一些产权归属不清的问题,也都属于租典纠纷。对租典纠纷尚未解决的房产,规定由代管人或使用人为纳税人,主要目的在于加强征收管理,保证房产税及时入库。

(4)纳税单位和个人无租使用房产管理部门、免税单位及纳税单位的房产,应由使用人代为缴纳房产税。

(二)征税范围

房产税以房产为征税对象。所谓房产,是指有屋面和围护结构(有墙或两边有柱),能够遮风避雨,可供人们在其中生产、学习、工作、娱乐、居住或贮藏物资的场所。

房地产开发企业建造的商品房,在出售前,不征收房产税;但对出售前房地产开发企业已使用或出租、出借的商品房应按规定征收房产税。

房产税的征税范围为:城市、县城、建制镇和工矿区。具体规定如下:

(1)城市是指国务院批准设立的市。

(2)县城是指县人民政府所在地的地区。

(3)建制镇是指经省、自治区、直辖市人民政府批准设立的建制镇。

(4)工矿区是指工商业比较发达、人口比较集中、符合国务院规定的建制镇标准但尚未设立建制镇的大中型工矿企业所在地。开征房产税的工矿区须经省、自治区、直辖市人民政府批准。

房产税的征税范围不包括农村,这主要是为了减轻农民的负担。因为农村的房屋,除农副业生产用房外,大部分是农民居住用房。对农村房屋不纳入房产税征税范围,有利于农业发展,繁荣农村经济,有利于社会稳定。

二、税率和计税依据

(一)税率

我国现行房产税采用的是比例税率。由于房产税的计税依据分为从价计征和从租计征两种形式,所以房产税的税率也有两种:一种是按房产原值一次减除 10%～30%后的余值计征的,税率为 1.2%;另一种是按房产出租的租金收入计征的,税率为 12%。从 2001 年 1 月 1 日起,对个人按市场价格出租的居民住房,用于居住的,可暂减按 4%的税率征收房产税。

(二)计税依据

房产税的计税依据是房产的计税价值或房产的租金收入。按照房产计税价值征税的,称为从价计征;按照房产租金收入计征的,称为从租计征。

1. 从价计征

房产税依照房产原值一次减除 10%～30% 后的余值计算缴纳。各地扣除比例由当地省、自治区、直辖市人民政府确定。

(1)房产原值是指纳税人按照会计制度规定,在账簿"固定资产"科目中记载的房屋原价。因此,凡按会计制度规定在账簿中记载有房屋原价的,应以房屋原价按规定减除一定比例后作为房产余值计征房产税;没有记载房屋原价的,按照上述原则,并参照同类房屋确定房产原值,按规定计征房产税。

(2)房产原值应包括与房屋不可分割的各种附属设备或一般不单独计算价值的配套设施。主要有:暖气、卫生、通风、照明、煤气等设备;各种管线,如蒸汽、压缩空气、石油、给水排水等管道及电力、电信、电缆导线;电梯、升降机、过道、晒台等。属于房屋附属设备的水管、下水道、暖气管、煤气管等应从最近的探视井或三通管起,计算原值;电灯网、照明线从进线盒连接管起,计算原值。

(3)纳税人对原有房屋进行改建、扩建的,要相应增加房屋的原值。

房产余值是房产的原值减除规定比例后的剩余价值。

此外,还应注意以下三个问题:

①对投资联营的房产,在计征房产税时应予以区别对待。对于以房产投资联营,投资者参与投资利润分红,共担风险的,按房产余值作为计税依据计征房产税;对以房产投资,收取固定收入,不承担联营风险的,实际是以联营名义取得房产租金,应根据《中华人民共和国房产税暂行条例》的有关规定由出租方按租金收入计缴房产税。

②融资租赁的房产,由承租人自融资租赁合同约定开始日的次月起依照房产余值缴纳房产税。合同未约定开始日的,由承租人自合同签订的次月起依照房产余值缴纳房产税。

(4)居民住宅区内业主共有的经营性房产缴纳房产税。

对居民住宅区内业主共有的经营性房产,由实际经营(包括自营和出租)的代管人或使用人缴纳房产税。其中自营的,依照房产原值减除 10%～30% 后的余值计征,没有房产原值或不能将业主共有房产与其他房产的原值准确划分开的,由房产所在地地方税务机关参照同类房产核定房产原值;出租的,依照租金收入计征。

(5)凡具备房屋功能的地下建筑,包括与地上房屋相连的地下建筑以及完全建在地面以下的建筑、地下人防设施等,均应当征收房产税。

2. 从租计征

房产出租的,以房产租金收入为房产税的计税依据。

所谓房产的租金收入,是房屋产权所有人出租房产使用权所得的报酬,包括货币收入和实物收入。

如果是以劳务或者其他形式为报酬抵付房租收入的,应根据当地同类房产的租金水平,确定一个标准租金额从租计征。

对出租房产,租赁双方签订的租赁合同约定有免收租金的,免收租金期间由产权所有人按照房产原值缴纳房产税。

出租的地下建筑,按照出租地上房屋建筑的有关规定计算征收房产税。

三、应纳税额的计算

房产税的计税依据有两种,与之相适应的应纳税额计算也分为两种:一是从价计征的计算;二是从租计征的计算。

(一)从价计征的计算

从价计征是按房产的原值减除一定比例后的余值计征,其计算公式为:

$$应纳税额＝应税房产原值×(1－扣除比例)×1.2\%$$

如前所述,房产原值是"固定资产"科目中记载的房屋原价;减除一定比例是省、自治区、直辖市人民政府规定的10%～30%的减除比例;计征的适用税率为1.2%。

【例3-8】　某企业的经营用房原值为6 000万元,按照当地规定允许减除30%后余值计税,适用税率为1.2%。请计算其应纳房产税税额。

应纳税额＝6 000×(1－30%)×1.2%＝50.4(万元)

(二)从租计征的计算

从租计征是按房产的租金收入计征,其计算公式为:

$$应纳税额＝租金收入×12\%(或4\%)$$

【例3-9】　某公司出租房屋,年租金收入为40 000元,适用税率为12%。请计算其应纳房产税税额。

应纳税额＝40 000×12%＝4 800(元)

四、税收优惠

房产税的税收优惠政策主要有:

(1)国家机关、人民团体、军队自用的房产免征房产税。但上述免税单位的出租房产以及非自身业务使用的生产、营业用房,不属于免税范围。

(2)由国家财政部门拨付事业经费的单位,如学校、医疗卫生单位、托儿所、幼儿园、敬老院、文化、体育、艺术这些实行全额或差额预算管理的事业单位所有的,本身业务范围内使用的房产免征房产税。

(3)宗教寺庙、公园、名胜古迹自用的房产免征房产税。

宗教寺庙自用的房产,是指举行宗教仪式等的房屋和宗教人员使用的生活用房屋。

公园、名胜古迹自用的房产,是指供公共参观游览的房屋及其管理单位的办公用房屋。

宗教寺庙、公园、名胜古迹中附设的营业单位,如影剧院、饮食部、茶社、照相馆等所使用的房产及出租的房产,不属于免税范围,应照章纳税。

(4)个人所有非营业用的房产免征房产税。

个人所有的非营业用房,主要是指居民住房,不分面积多少,一律免征房产税。

对个人拥有的营业用房或者出租的房产,不属于免税房产,应照章纳税。

(5)对非营利性医疗机构、疾病控制机构和妇幼保健机构等卫生机构自用的房产,免征房产税。

(6)对按政府规定价格出租的公有住房和廉租住房,包括企业和自收自支事业单位向职工出租的单位自有住房,房管部门向居民出租的公有住房,落实私房政策中带户发还产权并以政府规定租金标准向居民出租的私有住房等,暂免征收房产税。

(7)经营公租房的租金收入,免征房产税。

【任务实施】

宏达公司 2016 年应纳的房产税:

(1)以房产投资联营,不担风险,只收取固定收入,应由出租方按租金收入计缴房产税。该企业应纳房产税＝50×12％＝6(万元)

(2)出租房产应缴纳的房产税＝1.5×6×12％＝1.08(万元)

(3)经营自用房产应缴纳的房产税＝(4 000－200－800)×(1－20％)×1.2％＋200×(1－20％)×1.2％÷12×6＝28.8＋0.96＝29.76(万元)

(4)委托施工企业建设的房屋,房产税纳税义务发生时间从办理验收手续之次月起。应纳房产税＝50×(1－20％)×1.2％÷12×4＝0.16(万元)

(5)2016 年应缴纳房产税＝6＋1.08＋29.76＋0.16＝37(万元)

五、征收管理

(一)纳税义务发生时间

(1)纳税人将原有房产用于生产经营,从生产经营之月起缴纳房产税。

(2)纳税人自行新建房屋用于生产经营,从建成之次月起缴纳房产税。

(3)纳税人委托施工企业建设的房屋,从办理验收手续之次月起缴纳房产税。

(4)纳税人购置新建商品房,自房屋交付使用之次月起缴纳房产税。

(5)纳税人购置存量房,自办理房屋权属转移、变更登记手续,房地产权属登记机关签发房屋权属证书之次月起,缴纳房产税。

(6)纳税人出租、出借房产,自交付出租、出借房产之次月起,缴纳房产税。

(7)房地产开发企业自用、出租、出借本企业建造的商品房,自房屋使用或交付之次月起,缴纳房产税。

(8)纳税人因房产的实物或权利状态发生变化而依法终止房产税纳税义务的,其应纳税款的计算应截至房产的实物或权利状态发生变化的当月末。

(二)纳税期限

房产税实行按年计算、分期缴纳的征收方法,具体纳税期限由省、自治区、直辖市人民政府确定。

(三)纳税地点

房产税在房产所在地缴纳。房产不在同一地方的纳税人,应按房产的坐落地点分别向房产所在地的税务机关纳税。

(四)纳税申报

房产税的纳税人应按照规定及时办理纳税申报,并如实填写房产税纳税申报表。

延伸阅读1:《财政部 国家税务总局关于部分国家储备商品有关税收政策的通知》

延伸阅读2:《国家税务总局关于新疆地下人防工程征收房产税问题的批复》

延伸阅读3:《财政部 国家税务总局关于企业和自收自支事业单位向职工出租的单位自有住房房产税和营业税政策的通知》

延伸阅读4:《财政部 国家税务总局关于经营高校学生公寓和食堂有关税收政策的通知》

3-6

任务6　车船税应纳税额计算与申报

【任务导入】

飞驰运输公司拥有载货汽车15辆(货车载重净吨位全部为10吨);乘人大客车20辆;小客车10辆。(注:载货汽车每吨年税额80元,乘人大客车每辆年税额500元,小客车每辆年税额400元。)

【任务要求】

请计算飞驰运输公司应纳车船税。

【知识准备】

车船税是以车船为征税对象,向拥有车船的单位和个人征收的一种税。

一、纳税义务人与征税范围

(一)纳税义务人

车船税的纳税义务人,是指在我国境内,车辆、船舶的所有人或者管理人,为车船税的纳税义务人。

(二)征税范围

车船税的征收范围,是指依法应当在我国车船管理部门登记的车船(除规定减免的车船外)。

(1)依法应当在车船管理部门登记的机动车辆和船舶;

(2)依法不需要在车船管理部门登记、在单位内部场所行使或者作业的机动车辆和船舶。

车辆包括载客汽车(含电车)、载货汽车(含半挂牵引车、挂车)、三轮汽车、低速货车、摩托车、专业作业车和轮式专用机械车等。

船舶包括机动船舶和非机动驳船。这里所说的机动船舶,是指依靠燃料等能源作为动力运行的船舶,如客轮、货船等;非机动驳船,是指没有动力装置,由拖轮拉着或推着运行的船舶。

二、税目与税率

车船税实行定额税率,见表 3-8。

表 3-8　车船税税目税额表

税　目	目　录	计税单位	年基准税额(元)	备　注
乘用车按发动机气缸容量(排气量分档)	1.0 升(含)以下的	每辆	60～360	核定载客人数 9 人(含)以下
	1.0 升以上至 1.6 升(含)		300～540	
	1.6 升以上至 2.0 升(含)		360～660	
	2.0 升以上至 2.5 升(含)		660～1 200	
	2.5 升以上至 3.0 升(含)		1 200～2 400	
	3.0 升以上至 4.0 升(含)		2 400～3 600	
	4.0 升以上的		3 600～5 400	
商用车	客车	每辆	480～1440	核定载客人数 9 人以上(包括电车)
	货车	整备质量每吨	16～120	1.包括半挂牵引车、挂车、客货两用汽车、三轮汽车和低速载货汽车 2.挂车按照货车税额的 50%计算
其他车辆	专用作业车	整备质量每吨	16～120	不包括拖拉机
	轮式专用机械车	整备质量每吨	16～120	
摩托车		每辆	36～180	
船舶	机动船舶	净吨位每吨	3～6	拖船、非机动驳船分别按机动船舶税额的 50%计算
	游艇	艇身长度每米	600～2 000	

三、应纳税额的计算

(一)计税单位

车船税的计税单位,按车船的种类和性能,分别确定为辆、整备质量、净吨位和米四种。

载客汽车、电车、摩托车,以每辆为计税单位。

载货汽车、三轮汽车、低速货车,按整备质量每吨为计税单位。

船舶,按净吨位每吨为计税单位。

游艇,以艇身长度每米为计税单位。

(二)应纳税额计算

(1)购置的新车船,购置当年的应纳税额自纳税义务发生的当月起按月计算。计算公式为:

$$应纳税额=年应纳税额÷12×应纳税月份数$$

(2)在一个纳税年度内,已完税的车船被盗抢、报废、灭失的,纳税人可以凭有关管理机关出具的证明和完税证明,向纳税所在地的主管税务机关申请退还自被盗抢、报废、灭失月份起至该纳税年度终了期间的税款。

(3)已办理退税的被盗抢车船,失而复得的,纳税人应当从公安机关出具相关证明的当月起计算缴纳车船税。

(4)在一个纳税年度内,纳税人在非车辆登记地由保险机构代收代缴机动车车船税,且能够提供合法有效完税证明的,纳税人不再向车辆登记地的地方税务机关缴纳机动车车船税。

(5)已缴纳车船税的车船在同一纳税年度内办理转让过户的,不另纳税,也不退税。

【例3-10】 某运输公司拥有载货汽车15辆(货车载重净吨位全部为10吨),乘人大客车20辆,小客车10辆。计算该公司应纳车船税。

(注:载货汽车每吨年税额80元,乘人大客车每辆年税额500元,小客车每辆年税额400元。)

(1)载货汽车应纳税额=15×10×80=12 000(元)

(2)乘人汽车应纳税额=20×500+10×400=14 000(元)

(3)全年应纳车船税额=12 000+14 000=26 000(元)

【例3-11】 某航运公司拥有机动船30艘(其中净吨位为600吨的12艘,2 000吨的8艘,5 000吨的10艘),600吨的单位税额3元,2 000吨的单位税额4元,5 000吨的单位税额5元。请计算该航运公司年应纳车船税税额。

该公司年应纳车船税税额为:

12×600×3+8×2 000×4+10×5 000×5=335 600(元)

四、税收优惠

(1)捕捞、养殖渔船。捕捞、养殖渔船是指在渔业船舶管理部门登记为捕捞船或者养殖船的渔业船舶。

(2)军队、武装警察部队专用的车船。军队、武装警察部队专用的车船是指按照规定在军队、武装警察部队车船管理部门登记,并领取军用牌照、武警牌照的车船。

（3）警用车船。警用车船,是指公安机关、国家安全机关、监狱、劳动教养管理机关和人民法院、人民检察院领取警用牌照的车辆和执行警务的专用船舶。

（4）外国驻华使馆、领事馆和国际组织驻华机构及其有关人员的车船,免税。

（5）对节约能源的车辆,减半征收车船税;对适用新能源的车辆,免征车船税;对于严重自然灾害影响纳税困难以及有其他特殊原因确需减税、免税的,可以减征或者免征车船税。

使用新能源的车辆包括纯电动汽车、燃料电池汽车和混合动力汽车,按照同类车辆使用税额减半征税。

（6）省、自治区、直辖市人民政府根据当地实际情况,可以对公共交通车船、农村居民拥有并在农村地区使用的摩托车、三轮汽车和低速载货汽车定期减征或者免征车船税。

【任务实施】

飞驰运输公司应纳车船税

（1）载货汽车应纳税额＝15×10×80＝12 000（元）

（2）乘人汽车应纳税额＝20×500＋10×400＝14 000（元）

全年应纳车船税额＝12 000＋14 000＝26 000（元）

五、征收管理

（一）纳税期限

车船税的纳税义务发生时间,为取得车船所有权或者管理权的当月。以购买车船的发票或其他证明文件所载日期的当月为准。

（二）纳税地点

车船税的纳税地点为车船的登记地或者车船税扣缴义务人所在地。由地方税务机关负责征收。依法不需要办理登记的车船,车船税的纳税地点为车船的所有人或者管理人所在地。

（三）纳税申报

车船税按年申报,分月计算,一次性缴纳。

车船税的纳税人应按照规定及时办理纳税申报,并如实填写车船税纳税申报表（见表3-9）。

表 3-9　车船税纳税申报表

税款所属期限：自　年　月　日　至　年　月　日

纳税人识别号：□□□□□□□□□□□□□□□□□□

填表日期：　年　月　日

金额单位：元至角分

纳税人名称				纳税人身份证照类型					
纳税人身份证照号码				居住（单位）地址					
联系人				联系方式					

序号	（车辆）号牌号码/（船舶）登记号码	车船识别代码（车架号/船舶识别号）	征收品目	计税单位	计税单位的数量	单位税额	年应缴税额	本年减免税额	减免性质代码	减免税证明号	当年应缴税额	本年已缴税额	本期年应补（退）税额
	1	2	3	4	5	6	$7=5\times6$	8	9	10	$11=7-8$	12	$13=11-12$
合计	—	—	—	—	—	—		—	—				

申报车辆总数（辆）：　　　　　　　申报船舶总数（艘）：

以下由申报人填写：

纳税人声明：此纳税申报表是根据《中华人民共和国车船税法》和国家有关税收规定填报的，是真实的、可靠的、完整的。

纳税人签章		代理人签章		代理人身份证号	

以下由税务机关填写：

受理人		受理日期		受理税务机关（签章）	

本表一式两份，一份纳税人留存，一份税务机关留存。

【表单说明】

(1)车船税纳税申报表适用于中华人民共和国境内自行申报车船税的纳税人填报。本表分为一主表两附表,车辆车船税纳税人填报纳税申报表和税源明细表(车辆),船舶车船税纳税人填报纳税申报表和税源明细表(船舶)。

(2)对首次进行车船税纳税申报的纳税人,需要申报其全部车船的主附表信息。此后办理纳税申报时,如果纳税人的车船及相关信息未发生变化的,可不再填报信息,仅提供相关证件,由税务机关按上次申报信息生成申报表后,纳税人进行签章确认即可。对车船或纳税人有关信息发生变化的,纳税人仅就变化的内容进行填报。已获取第三方信息的地区,税务机关可将第三方信息导入纳税申报系统,直接生成申报表由纳税人进行签章确认。

(3)税款所属期限:填报纳税年度的 1 月 1 日至 12 月 31 日。

(4)纳税人识别号:单位纳税人填报,自然人纳税人不必填报。

(5)纳税人身份证照类型:

①组织机构代码。

②居民身份证或临时居民身份证。

③有效军人身份证件。

④香港、澳门特别行政区居民身份证明。

⑤台湾地区居民身份证明。

⑥外国人护照或居留许可。

⑦外交部核发的外国驻华使馆、领馆人员、国际组织驻华代表机构人员的有效身份证。

⑧其他。

(6)纳税人身份证照号码:是单位的,填报含所属行政区域代码的组织机构代码。是个人的,填报身份证照号码。

(7)征收品目:

①1.0 升(含)以下的乘用车。

②1.0 升以上至 1.6 升(含)的乘用车。

③1.6 升以上至 2.0 升(含)的乘用车。

④2.0 升以上至 2.5 升(含)的乘用车。

⑤2.5 升以上至 3.0 升(含)的乘用车。

⑥3.0 升以上至 4.0 升(含)的乘用车。

⑦4.0 升以上的乘用车。

⑧核定载客人数 9 人以上 20 人以下的中型客车。

⑨核定载客人数 20 人(含)以上的大型客车。

⑩货车。

⑪挂车。

⑫专用作业车。

⑬轮式专用机械车。

⑭摩托车。

⑮净吨位不超过 200 吨的机动船舶。

⑯净吨位超过 200 吨但不超过 2 000 吨的机动船舶。

⑰净吨位超过 2 000 吨但不超过 10 000 吨的机动船舶。

⑱净吨位超过 10 000 吨的机动船舶。

⑲艇身长度不超过 10 米的游艇。

⑳艇身长度超过 10 米但不超过 18 米的游艇。

㉑艇身长度超过 18 米但不超过 30 米的游艇。

㉒艇身长度超过 30 米的游艇。

(8)计税单位:

①乘用车、客车、摩托车子税目,填报辆。

②货车、挂车、专用作业车、轮式专用机械车、机动船舶子税目,填报吨(保留两位小数)。

③游艇子税目,填报米。

(9)计税单位的数量:车辆按辆征收的,填报 1;车辆按整备质量以及船舶按净吨位征收的,填报吨数;游艇按米征收的,填报总长的米数。

(10)单位税额:根据纳税地点所在省、自治区、直辖市车船税实施办法所附税目税额表相应的单位税额填报。

(11)减免性质代码:按照国家税务总局制定下发的最新《减免性质及分类表》中的最细项减免性质代码填报。

延伸阅读:《财政部 国家税务总局 工业和信息化部关于节约能源 使用新能源车船车船税优惠政策的通知》

任务小结

财产税类应纳税额的计算与申报:

● 房产税以在征税范围内的房屋产权所有人为纳税人。

● 房产税从价计征是按房产的原值减除一定比例后的余值,按 1.2% 的税率计征;房产税从租计征是按房产的租金收入,按 12% 的税率计征。

● 车船税根据车船的计税单位和定额税率计算应纳税额。

●填写纳税申报表,进行纳税申报,缴纳税款。

闯关考验

一、知识思考

1. 房产税的纳税人是如何规定的?

2. 房产税应纳税额如何计算?

3. 房产税有哪些税收优惠?

4. 房产税的纳税义务发生时间是什么时候?

5. 车船税应纳税额如何计算?

二、技能测试

1. 某企业一幢房产原值 800 000 元,已知房产税税率为 1.2%,当地规定的房产税扣除比例为 30%,计算该房产年度应缴纳的房产税。

2. 某企业 2016 年度自有生产用房原值 8 000 万元,账面已提折旧 1 000 万元。已知房产税税率为 1.2%,当地政府规定计算房产余值的扣除比例为 30%。计算该企业 2016 年度应缴纳的房产税。

3. 某公司 2015 年购进一处房产,2016 年 5 月 1 日用于投资联营(收取固定收入,不承担联营风险),投资期 3 年,当年取得固定收入 160 万元。该房产原值 3 000 万元,当地政府规定的减除幅度为 30%,计算该公司 2016 年应缴纳的房产税。

4. 某船运公司 2016 年度拥有旧机动船 10 艘,每艘净吨位 1 500 吨;当年 8 月新购置机动船 4 艘,每艘净吨位 2 000 吨。该公司船舶适用的年税额为:净吨位 201~2 000 吨的,每吨 4 元。计算该公司 2016 年度应缴纳的车船税。

5. 某小型运输公司拥有并使用以下车辆:①自重 5 吨的载货卡车 10 辆;②自重吨位为 4 吨的汽车 5 辆。当地政府规定,载货汽车的车辆税额为 60 元/吨。计算该公司当年应纳车船税。

三、理论测试

(一)单选题

1. 关于房产税纳税人的下列表述中,不符合法律制度规定的是(　　　)。

A. 房屋出租的,承租人为纳税人

B. 房屋产权所有人不在房产所在地的,房产代管人为纳税人

C. 房屋产权属于国家的,其经营管理单位为纳税人

D. 房屋产权未确定的,房产代管人为纳税人

2. 下列各项中,不属于房产税纳税人的是(　　　)。

A. 城区房产使用人　　　　　　　　　B. 城区房产代管人

C. 城区房屋所有人　　　　　　　　　D. 城区房屋出典人

3.某企业一幢房产原值600 000元,已知房产税税率为1.2%,当地规定的房产税扣除比例为30%,该房产年度应缴纳的房产税税额为(　　)元。

A.9 360　　　　　B.7 200　　　　　C.5 040　　　　　D.2 160

4.某企业2016年度自有生产用房原值5 000万元,账面已提折旧1 000万元。已知房产税税率为1.2%,当地政府规定计算房产余值的扣除比例为30%。该企业2016年度应缴纳的房产税税额为(　　)万元。

A.18　　　　　B.33.6　　　　　C.42　　　　　D.48

5.房产税的计税依据是(　　)。

A.房产原值　　　B.房产余值　　　C.房产净值　　　D.房产市价

6.根据车船税法律制度的规定,下列各项中,属于机动船舶计税单位的是(　　)。

A.净吨位数　　　　　　　　　　B.整备质量吨位数

C.艇身长度　　　　　　　　　　D.辆数

7.赵某拥有两处房产,一处原值60万元的房产供自己和家人居住,另一处原值20万元的房产于2016年7月1日出租给王某居住,按市场价每月取得租金收入1 200元。已知:个人出租住房,房产税税率为4%。赵某当年应缴纳的房产税为(　　)。

A.288元　　　　　B.576元　　　　　C.840元　　　　　D.864元

8.下列各项中,属于载货汽车计征车船税的计税依据的是(　　)。

A.排气量　　　B.整备质量　　　C.净吨位　　　D.购置价格

9.根据房产税法律制度的规定,下列各项中,不予免征房产税的是(　　)。

A.名胜古迹中附设的经营性茶社　　　B.公园自用的办公用房

C.个人所有的唯一普通居住用房　　　D.国家机关的职工食堂

10.下列关于车船税税率的表述中,正确的是(　　)。

A.车船税实行定额税率　　　　　　　B.车船税实行单一比例税率

C.车船税实行幅度比例税率　　　　　D.车船税实行超额累进税率

(二)多选题

1.下列行政区划中,属于房产税的征税地域范围的有(　　)。

A.城市　　　　　B.县城　　　　　C.建制镇和工矿区　　D.农村

2.以下关于房产税纳税人的表述中,正确的有(　　)。

A.外籍个人不缴纳房产税

B.房屋产权出典的,承典人为纳税人

C.房屋产权属于集体所有的,集体单位为纳税人

D.房屋产权未确定及租典纠纷未解决的,代管人或使用人为纳税人

3.下列使用中的交通工具,属于车船税征收范围的有(　　)。

A.小轿车　　　B.货船　　　C.摩托车　　　D.三轮汽车

4.下列车船中,免征车船税的有(　　)。

A.在农业部门登记的拖拉机　　　B.无轨电车

C.武警专用车辆　　　　　　　　D.远洋货船

5.根据车船税法律制度规定,以下属于车船税征税范围的有(　　)。

A.用于耕地的拖拉机　　　　　　B.用于接送员工的客车

C. 用于休闲娱乐的游艇　　　　　　　　D. 供企业经理使用的小汽车

6. 下列纳税主体中,属于车船税纳税人的有(　　　　)。

A. 在中国境内拥有并使用船舶的国有企业　　B. 在中国境内拥有并使用车辆的外籍个人

C. 在中国境内拥有并使用船舶的内地居民　　D. 在中国境内拥有并使用车辆的外国企业

7. 根据房产税法律制度规定,与房屋不可分的下列表述中,应计入房产原值交房产税的有(　　　　)。

A. 给排水管道　　　　B. 电梯　　　　　　C. 暖气设备　　　　　D. 中央空调

8. 下列车船中,免征车船税的有(　　　　)。

A. 警用车船　　　　　B. 养殖渔船　　　　C. 载货汽车　　　　　D. 载客汽车

9. 下列各项中,应当计算缴纳房产税的有(　　　　)。

A. 企业出租的房产　　　　　　　　　　　B. 企业对外投资联营收取固定收入的房产

C. 企业所有自用的房产　　　　　　　　　D. 居民所用居住的房产

10. 下列各项中,符合房产税纳税义务发生时间规定的有(　　　　)。

A. 纳税人购置新建商品房,自房屋交付使用之次月起缴纳房产税

B. 纳税人委托施工企业建设的房屋,自建成之次月起缴纳房产税

C. 纳税人将原有房产用于生产经营,自生产经营之次月起缴纳房产税

D. 纳税人购置存量房,自房地产权属登记机关签发房屋权属证书之次月起缴纳房产税

(三)判断题

1. 房产税以在征税范围内的房屋产权所有人为纳税人,产权未确定的暂不缴纳。(　　　)

2. 纳税人出租房产,自交付出租房产之次月起,缴纳房产税。(　　　)

3. 我国现行房产税对从价计征和从租计征实行同一标准的比例税率。(　　　)

4. 张某将个人拥有产权的房屋出典给李某,则李某为该房屋房产税的纳税人。(　　　)

5. 凡以房屋为载体,不可随意移动的附属设备和配套设施,无论在会计核算中是否单独记账与核算,都应计入房产原值,计征房产税。(　　　)

6. 车船的所有人或者管理人未缴纳车船税的,使用人应当代为缴纳车船税。(　　　)

7. 房产税的征税对象是房屋,由于房屋属于不动产,所以与房屋不可分割的各种附属设备也应作为房屋一并征税。(　　　)

8. 纳税单位与免税单位共用的房屋,应由纳税单位统一纳税。(　　　)

9. 将原有房产用于经营的,从生产经营之月起,计征房产税。(　　　)

10. 宗教、公园、名胜古迹自用的房产免税,但其出租或用于经营的房产应征税。(　　　)

项目四 行为税和特定目的税纳税实务

知识目标

● 了解印花税、契税和车辆购置税的特点,掌握印花税、契税和车辆购置税应纳税额计算及申报;

● 了解城市维护建设税和教育费附加的特点,掌握城市维护建设税的纳税人、应纳税额计算及申报。

能力目标

● 根据企业经营业务,熟练计算印花税、契税和车辆购置税应纳税额,正确进行纳税申报、缴纳税款;

● 根据企业经营业务,熟练计算城市维护建设税应纳税额,正确进行纳税申报、缴纳税款。

任务1 印花税应纳税额计算与申报

【任务导入】

丰源公司 2016 年 2 月开业,当年发生以下有关业务事项:领受房屋产权证、工商营业执照、土地使用证各 1 件;与其他企业订立转移专用技术使用权书据 1 份,所载金额 100 万元;订立产品购销合同 1 份,所载金额为 200 万元;订立借款合同 1 份,所载金额为 400 万元;企业记载资金的账簿,"实收资本""资本公积"为 800 万元;其他营业账簿 10 本。

【任务要求】

计算丰源公司 2016 年应缴纳的印花税税额。

【知识准备】

印花税是以经济活动和经济交往中,书立、领受应税凭证的行为为征收对象征收的一种税。印花税因其采用在应税凭证上粘贴印花税票的方法缴纳税款而得名。

印花税具有征税范围广、税负从轻、自行贴花纳税和多缴不退不抵等特点。

一、纳税义务人

印花税的纳税义务人,是在中国境内书立、使用、领受《中华人民共和国印花税暂行条例》

所列举的凭证并应依法履行纳税义务的单位和个人。所称单位和个人,是指国内各类企业、事业、机关、团体、部队以及中外合资企业、合作企业、外资企业、外国公司和其他经济组织及其在华机构等单位和个人。

上述单位和个人,按照书立、使用、领受应税凭证的不同,可以分别确定为立合同人、立据人、立账簿人、领受人和使用人5种。

1. 立合同人

立合同人指合同的当事人。所谓当事人,是指对凭证有直接权利义务关系的单位和个人,但不包括合同的担保人、证人、鉴定人。各类合同的纳税人是立合同人。各类合同,包括购销、加工承揽、建设工程承包、财产租赁、货物运输、仓储保管、借款、财产保险、技术合同或者具有合同性质的凭证。

当事人的代理人有代理纳税的义务,他与纳税人负有同等的税收法律义务和责任。

2. 立据人

产权转移书据的纳税人是立据人。立据人是指土地、房屋权属转移过程中买卖双方的当事人。

3. 立账簿人

营业账簿的纳税人是立账簿人。所谓立账簿人,指设立并使用营业账簿的单位和个人。例如,企业单位因生产、经营需要,设立了营业账簿,该企业即为纳税人。

4. 领受人

权利、许可证照的纳税人是领受人。领受人,是指领取或接受并持有该项凭证的单位和个人。例如,某人因其发明创造,经申请依法取得国家专利机关颁发的专利证书,该人即为纳税人。

5. 使用人

在国外书立、领受,但在国内使用的应税凭证,其纳税人是使用人。

6. 各类电子应税凭证的签订人

各类电子应税凭证的签订人即以电子形式签订的各类应税凭证的当事人。

值得注意的是,对应税凭证,凡由两方或两方以上当事人共同书立的,其当事人各方都是印花税的纳税人,应各就其所持凭证的计税金额履行纳税义务。

二、税目与税率

(一)税目

印花税的税目,指印花税法明确规定的应当纳税的项目,它具体划定了印花税的征税范围。一般地说,列入税目的就要征税,未列入税目的就不征税。印花税共有13个税目。

1. 购销合同

购销合同包括供应、预购、采购、购销结合及协作、调剂、补偿、贸易等合同。此外,还包括出版单位与发行单位之间订立的图书、报纸、期刊和音像制品的应税凭证,例如订购单、订数单等。还包括发电厂与电网之间、电网与电网之间(国家电网公司系统、南方电网公司系统内部各级电网互供电量除外)签订的购售电合同。但是,电网与用户之间签订的供用电合同不属于印花税列举征税的凭证,不征收印花税。

2.加工承揽合同

加工承揽合同包括加工、定做、修缮、修理、印刷、广告、测绘、测试等合同。

3.建设工程勘察设计合同

建设工程勘察设计合同包括勘察、设计合同。

4.建筑安装工程承包合同

建筑安装工程承包合同包括建筑、安装工程承包合同。承包合同,包括总承包合同、分包合同和转包合同。

5.财产租赁合同

财产租赁合同包括租赁房屋、船舶、飞机、机动车辆、机械、器具、设备等合同,还包括企业、个人出租门店、柜台等签订的合同。

6.货物运输合同

货物运输合同包括民用航空、铁路运输、海上运输、内河运输、公路运输和联运合同,以及作为合同使用的单据。

7.仓储保管合同

仓储保管合同包括仓储、保管合同,以及作为合同使用的仓单、栈单等。

8.借款合同

借款合同包括银行及其他金融组织与借款人(不包括银行同业拆借)所签订的合同,以及只填开借据并作为合同使用、取得银行借款的借据。银行及其他金融机构经营的融资租赁业务,是一种以融物方式达到融资目的的业务,实际上是分期偿还的固定资金借款,因此融资租赁合同也属于借款合同。

9.财产保险合同

财产保险合同包括财产、责任、保证、信用保险合同,以及作为合同使用的单据。财产保险合同,分为企业财产保险、机动车辆保险、货物运输保险、家庭财产保险和农牧业保险五大类。"家庭财产两全保险"属于家庭财产保险性质,其合同在财产保险合同之列,应照章纳税。

10.技术合同

技术合同包括技术开发、转让、咨询、服务等合同,以及作为合同使用的单据。

技术转让合同,包括专利申请权转让、专利实施许可和非专利技术转让。

技术咨询合同,是当事人就有关项目的分析、论证、预测和调查订立的技术合同。但一般的法律、会计、审计等方面的咨询不属于技术咨询,其所立合同不贴印花。

技术服务合同,是当事人一方委托另一方就解决有关特定技术问题,如为改进产品结构、改良工艺流程、提高产品质量、降低产品成本、保护资源环境、实现安全操作、提高经济效益等提出实施方案,进行实施指导所订立的技术合同,包括技术服务合同、技术培训合同和技术中介合同。但不包括以常规手段或者为生产经营目的进行一般加工、修理、修缮、广告、印刷、测绘、标准化测试,以及勘察、设计等所书立的合同。

11.产权转移书据

产权转移书据包括财产所有权和版权、商标专用权、专利权、专有技术使用权等转移书据和土地使用权出让合同、土地使用权转让合同、商品房销售合同等权力转移合同。

所称产权转移书据,是指单位和个人产权的买卖、继承、赠与、交换、分割等所立的书据。"财产所有权"转换书据的征税范围,是指经政府管理机关登记注册的动产、不动产的所有权转移所立的书据,以及企业股权转让所立的书据,并包括个人无偿赠送不动产所签订的"个人无偿赠与不动产登记表"。当纳税人完税后,税务机关(或其他征收机关)应在纳税人印花税完税凭证上加盖"个人无偿赠与"印章。

12.营业账簿

营业账簿指单位或者个人记载生产经营活动的财务会计核算账簿。营业账簿按其反映内容的不同,可分为记载资金的账簿和其他账簿。

记载资金的账簿,是指反映生产经营单位资本金数额增减变化的账簿。其他账簿,是指除上述账簿以外的有关其他生产经营活动内容的账簿,包括日记账簿和各明细分类账簿。

但是,对金融系统营业账簿,要结合金融系统财务会计核算的实际情况进行具体分析。凡银行用以反映资金存贷经营活动、记载经营资金增减变化、核算经营成果的账簿,如各种日记账、明细账和总账都属于营业账簿,应按照规定缴纳印花税;银行根据业务管理需要设置的各种登记簿,如空白重要凭证登记簿、有价单证登记簿、现金收付登记簿等,其记载的内容与资金活动无关,仅用于内部备查,属于非营业账簿,均不征收印花税。

13.权利、许可证照

权利、许可证照包括政府部门发给的房屋产权证、工商营业执照、商标注册证、专利证、土地使用证。

(二)税率

印花税的税率有两种形式,即比例税率和定额税率。印花税税目税率见表4-1。

表4-1　印花税税目税率表

税　目	范　围	税　率	纳税人	说　明
1.购销合同	包括供应、预购、采购、购销结合及协作、调剂、补偿、易货等合同	按购销金额0.3‰贴花	立合同人	
2.加工承揽合同	包括加工、定做、修缮、修理、印刷、广告、测绘、测试等合同	按加工或承揽收入0.5‰贴花	立合同人	
3.建设工程勘察设计合同	包括勘察、设计合同	按收取费用0.5‰贴花	立合同人	
4.建筑安装工程承包合同	包括建筑、安装工程承包合同	按承包金额0.3‰贴花	立合同人	
5.财产租赁合同	包括租赁房屋、船舶、飞机、机动车辆、机械、器具、设备等合同	按租赁金额1‰贴花。税额不足1元的按1元贴花	立合同人	

续表 4-1

税　目	范　围	税　率	纳税人	说　明
6.货物运输合同	包括民用航空运输、铁路运输、海上运输、内河运输、公路运输和联运合同	按运输费用0.5‰贴花	立合同人	单据作为合同使用的,按合同贴花
7.仓储保管合同	包括仓储、保管合同	按仓储保管费用1‰贴花	立合同人	仓单或栈单作为合同使用的,按合同贴花
8.借款合同	银行及其他金融组织和借款人所签订的借款合同	按借款金额0.05‰贴花	立合同人	单据作为合同使用的按合同贴花
9.财产保险合同	包括财产、责任、保证、信用等保险合同	按保险费收入1‰贴花	立合同人	单据作为合同使用的,按合同贴花
10.技术合同	包括技术开发、转让、咨询、服务等合同	按所载金额0.3‰贴花	立合同人	
11.产权转移书据	包括财产所有权和版权、商标专用权、专利权、专有技术使用权等转移书据及土地使用权出让合同、土地使用权转让合同、商品房销售合同	按所记载金额0.5‰贴花	立据人	
12.营业账簿	生产、经营用账册	记载资金的账簿。按实收资本和资本公积的合计金额0.5‰贴花。其他账簿按件贴花5元	立账簿人	
13.权利、许可证照	包括政府部门发给的房屋产权证、工商营业执照、商标注册证、专利证、土地使用证	按件贴花5元	领受人	

三、应纳税额计算

(一)计税依据的一般规定

印花税的计税依据为各种应税凭证上所记载的计税金额。具体规定为:

(1)购销合同的计税依据为合同记载的购销金额。

(2)加工承揽合同的计税依据是加工或承揽收入的金额。具体规定:

①对于由受托方提供原材料的加工、定做合同,凡在合同中分别记载加工费金额和原材料金额的,应分别按"加工承揽合同""购销合同"计税,两项税额相加数,即为合同应贴印花;若合同中未分别记载,则应就全部金额依照加工承揽合同计税贴花。

②对于由委托方提供主要材料或原料,受托方只提供辅助材料的加工合同,无论加工费和

辅助材料金额是否分别记载,均以辅助材料与加工费的合计数,依照加工承揽合同计税贴花。对委托方提供的主要材料或原料金额不计税贴花。

(3)建设工程勘察设计合同的计税依据为收取的费用。

(4)建筑安装工程承包合同的计税依据为承包金额。

(5)财产租赁合同的计税依据为租赁金额;经计算,税额不足1元的,按1元贴花。

(6)货物运输合同的计税依据为取得的运输费金额(即运费收入),不包括所运货物的金额、装卸费和保险费等。

(7)仓储保管合同的计税依据为收取的仓储保管费用。

(8)借款合同的计税依据为借款金额。针对实际借贷活动中不同的借款形式,税法规定了不同的计税方法:

①凡是一项信贷业务既签订借款合同,又一次或分次填开借据的,只以借款合同所载金额为计税依据计税贴花;凡是只填开借据并作为合同使用的,应以借据所载金额为计税依据计税贴花。

②借贷双方签订的流动资金周转性借款合同,一般按年(期)签订,规定最高限额,借款人在规定的期限和最高限额内随借随还。为避免加重借贷双方的负担,对这类合同只以其规定的最高限额为计税依据,在签订时贴花一次,在限额内随借随还不签订新合同的,不再另贴印花。

③对借款方以财产作抵押,从贷款方取得一定数量抵押贷款的合同,应按借款合同贴花;在借款方因无力偿还借款而将抵押财产转移给贷款方时,应再就双方书立的产权书据,按产权转移书据的有关规定计税贴花。

④对银行及其他金融组织的融资租赁业务签订的融资租赁合同,应按合同所载租金总额,暂按借款合同计税。

⑤在贷款业务中,如果贷方系由若干银行组成的银团,银团各方均承担一定的贷款数额。借款合同由借款方与银团各方共同书立,各执一份合同正本。对这类合同借款方与贷款银团各方应分别在所执的合同正本上,按各自的借款金额计税贴花。

⑥在基本建设贷款中,如果按年度用款计划分年签订借款合同,在最后一年按总概算签订借款总合同,且总合同的借款金额包括各个分合同的借款金额的,对这类基建借款合同,应按分合同分别贴花,最后签订的总合同,只就借款总额扣除分合同借款金额后的余额计税贴花。

(9)财产保险合同的计税依据为支付(收取)的保险费,不包括所保财产的金额。

(10)技术合同的计税依据为合同所载的价款、报酬或使用费。为了鼓励技术研究开发,对技术开发合同,只就合同所载的报酬金额计税,研究开发经费不作为计税依据。单对合同约定按研究开发经费一定比例作为报酬的,应按一定比例的报酬金额贴花。

(11)产权转移书据的计税依据为所载金额。

(12)营业账簿税目中记载资金的账簿的计税依据为"实收资本"与"资本公积"两项的合计金额。实收资本包括现金、实物、无形资产和材料物资。现金按实际收到或存入纳税人开户银行的金额确定。实物,指房屋、机器等,按评估确认的价值或者合同、协议约定的价格确定。无形资产和材料物资,按评估确认的价值确定。

资本公积,包括接受捐赠、法定财产重估增值、资本折算差额、资本溢价等。如果是实物捐赠,则按同类资产的市场价格或有关凭据确定。

其他账簿的计税依据为应税凭证件数。

(13)权利、许可证照的计税依据为应税凭证件数。

(二)计税依据的特殊规定

(1)上述凭证以"金额""收入""费用"作为计税依据的,应当全额计税,不得作任何扣除。

(2)同一凭证,载有两个或两个以上经济事项而适用不同税目税率,如分别记载金额的,应分别计算应纳税额,相加后按合计税额贴花;如未分别记载金额的,按税率高的计税贴花。

(3)按金额比例贴花的应税凭证,未标明金额的,应按照凭证所载数量及国家牌价计算金额;没有国家牌价的,按市场价格计算金额,然后按规定税率计算应纳税额。

(4)应税凭证所载金额为外国货币的,应按照凭证书立当日国家外汇管理局公布的外汇牌价折合成人民币,然后计算应纳税额。

(5)应纳税额不足1角的,免纳印花税;1角以上的,其税额尾数不满5分的不计,满5分的按1角计算。

(6)有些合同,在签订时无法确定计税金额,如技术转让合同中的转让收入,是按销售收入的一定比例收取或是按实现利润分成的;财产租赁合同,只是规定了月(天)租金标准而无租赁期限的。对这类合同,可在签订时先按定额5元贴花,以后结算时再按实际金额计税,补贴印花。

(7)应税合同在签订时纳税义务即已产生,应计算应纳税额并贴花。所以,不论合同是否兑现或是否按期兑现,均应贴花。

对已履行并贴花的合同,所载金额与合同履行后实际结算金额不一致的,只要双方未修改合同金额,一般不再办理完税手续。

(8)对有经营收入的事业单位,凡属由国家财政拨付事业经费,实行差额预算管理的单位,其记载经营业务的账簿,按其他账簿定额贴花,不记载经营业务的账簿不贴花;凡属经费来源实行自收自支的单位,其营业账簿,应对记载资金的账簿和其他账簿分别计算应纳税额。

跨地区经营的分支机构使用的营业账簿,应由各分支机构于其所在地计算贴花。对上级单位核拨资金的分支机构,其记载资金的账簿按核拨的账面资金额计税贴花,其他账簿按定额贴花;对上级单位不核拨资金的分支机构,只就其他账簿按件定额贴花。为避免对同一资金重复计税贴花,上级单位记载资金的账簿,应按扣除拨给下属机构资金数额后的其余部分计税贴花。

(9)商品购销活动中,采用以货换货方式进行商品交易签订的合同,是反映既购又销双重经济行为的合同。对此,应按合同所载的购、销合计金额计税贴花。合同未列明金额的,应按合同所载购、销数量依照国家牌价或者市场价格计算应纳税额。

(10)施工单位将自己承包的建设项目,分包或者转包给其他施工单位所签订的分包合同或者转包合同,应按新的分包合同或转包合同所载金额计算应纳税额。这是因为印花税是一种具有行为税性质的凭证税,尽管总承包合同已依法计税贴花,但新的分包或转包合同是一种新的凭证,又发生了新的纳税义务。

(11)对股票交易征收印花税,始于深圳和上海两地证券交易的不断发展。现行印花税法规定,股份制试点企业向社会公开发行的股票,因购买、继承、赠与所书立的股权转让书据,均依书立时证券市场当日实际成交价格计算的金额,由卖出方(或继承、赠与的出让方)按1‰的税率缴纳印花税。

(12)对国内各种形式的货物联运,凡在起运地统一结算全程运费的,应以全程运费作为计税依据,由起运地运费结算双方缴纳印花税;凡分程结算运费的,应以分程的运费作为计税依据,分别由办理运费结算的各方缴纳印花税。

对国际货运,凡由我国运输企业运输的,不论在我国境内、境外起运或中转分程运输,我国运输企业所持的一份运费结算凭证,均按本程运费计算应纳税额;托运方所持的一份运费结算凭证,按全程运费计算应纳税额。由外国运输企业运输进出口货物的,外国运输企业所持的一份运费结算凭证免纳印花税;托运方所持的一份运费结算凭证应缴纳印花税。国际货运运费结算凭证在国外办理的,应在凭证转回我国境内时按规定缴纳印花税。

必须明确的是,印花税票为有价证券,其票面金额以人民币为单位,分为1角、2角、5角、1元、2元、5元、10元、50元、100元9种。

(三)应纳税额计算

纳税人的应纳税额,根据应纳税凭证的性质,分别按比例税率或者定额税率计算,其计算公式为:

$$应纳税额=应税凭证计税金额(或应税凭证件数)\times 适用税率$$

【例4-1】　某企业某年2月开业,当年发生以下有关业务事项:领受房屋产权证、工商营业执照、土地使用证各1件;与其他企业订立转移专用技术使用权书据1份,所载金额90万元;订立产品购销合同1份,所载金额为100万元;订立借款合同1份,所载金额为500万元;企业记载资金的账簿,"实收资本""资本公积"为1 000万元;其他营业账簿12本。试计算该企业当年应缴纳的印花税税额。

(1)企业领受权利、许可证照应纳税额。

应纳税额=3×5=15(元)

(2)企业订立产权转移书据应纳税额。

应纳税额=900 000×0.5‰=450(元)

(3)企业订立购销合同应纳税额。

应纳税额=1 000 000×0.3‰=300(元)

(4)企业订立借款合同应纳税额。

应纳税额=5 000 000×0.05‰=250(元)

(5)企业记载资金的账簿应纳税额。

应纳税额=10 000 000×0.5‰=5 000(元)

(6)企业其他营业账簿应纳税额。

应纳税额=12×5=60(元)

(7)当年企业应纳印花税税额。

15+450+300+250+5 000+60=6 075(元)

四、税收优惠

(1)对已缴纳印花税凭证的副本或者抄本免税。

凭证的正式签署本已按规定缴纳了印花税,其副本或者抄本对外不发生权利义务关系,只是留存备查,对副本或者抄本免税。但以副本或者抄本视同正本使用的,则应另贴印花。

(2)财产所有人将财产赠给政府、社会福利单位、学校所书立的书据免税。

（3）国家指定的收购部门与村民委员会、农民个人书立的农副产品收购合同免税。

（4）对无息、贴息贷款合同免税。

无息、贴息贷款合同，是指我国的各专业银行按照国家金融政策发放的无息贷款，以及由各专业银行发放并按有关规定由财政部门或中国人民银行给予贴息的贷款项目所签订的贷款合同。

（5）外国政府或者国际金融组织向我国政府及国家金融机构提供优惠贷款所书立的合同免税。

（6）对房地产管理部门与个人签订的用于生活居住的租赁合同免税。

（7）对农牧业保险合同免税。对该类合同免税，是为了支持农村保险事业的发展，减轻农牧业生产的负担。

（8）对于高校学生签订的高校学生公寓租赁合同，免征印花税。

（9）对公租房经营管理单位建造管理公租房涉及的印花税免征。

（10）对个人销售或购买住房暂免征收印花税。

（11）自2014年11月1日起至2017年12月31日止，对金融机构与小型、微型企业签订的借款合同免征印花税。

【任务实施】

丰源公司2016年应缴纳的印花税税额

（1）领受权利、许可证照应纳税额。

应纳税额＝3×5＝15（元）

（2）企业订立产权转移书据应纳税额。

应纳税额＝1 000 000×0.5‰＝500（元）

（3）企业订立购销合同应纳税额。

应纳税额＝2 000 000×0.3‰＝600（元）

（4）企业订立借款合同应纳税额。

应纳税额＝4 000 000×0.05‰＝200（元）

（5）企业记载资金的账簿应纳税额。

应纳税额＝8 000 000×0.05‰＝4 000（元）

（6）企业其他营业账簿应纳税额。

应纳税额＝10×5＝50（元）

（7）当年企业应纳印花税税额。

15＋500＋600＋200＋4 000＋50＝5 365（元）

五、征收管理

（一）纳税方法

印花税的纳税办法，根据税额大小、贴花次数以及税收征收管理的需要，分别采用以下三种纳税办法。

1.自行贴花办法

这种办法，一般适用于应税凭证较少或者贴花次数较少的纳税人。纳税人书立、领受或者使用《中华人民共和国印花税暂行条例》列举的应税凭证的同时,纳税义务即已产生,应当根据应纳税凭证的性质和适用的税目税率,自行计算应纳税额,自行购买印花税票,自行一次贴足印花税票并加以注销或划销,纳税义务才算全部履行完毕。值得注意的是,纳税人购买了印花税票,支付了税款,国家就取得了财政收入。但就印花税来说,纳税人支付了税款并不等于已履行了纳税义务。纳税人必须自行贴花并注销或划销,这样才算完整地完成了纳税义务。这也就是通常所说的"三自"纳税办法。

对已贴花的凭证,修改后所载金额增加的,其增加部分应当补贴印花税票。凡多贴印花税票者,不得申请退税或者抵用。

2.汇贴或汇缴办法

这种办法,一般适用于应纳税额较大或者贴花次数频繁的纳税人。

一份凭证应纳税额超过 500 元的,应向当地税务机关申请填写缴款书或者完税证,将其中一联粘贴在凭证上或者由税务机关在凭证上加注完税标记代替贴花。这就是通常所说的"汇贴"办法。

同一种类应纳税凭证,需频繁贴花的,纳税人可以根据实际情况自行决定是否采用按期汇总缴纳印花税的方式,汇总缴纳的期限为 1 个月。采用按期汇总缴纳方式的纳税人应事先告知主管税务机关。缴纳方式一经选定,1 年内不得改变。主管税务机关接到纳税人要求按期汇总缴纳印花税的告知后,应及时登记,制定相应的管理办法,防止出现管理漏洞。对采用按期汇总缴纳方式缴纳印花税的纳税人,应加强日常监督、检查。

实行印花税按期汇总缴纳的单位,对征税凭证和免税凭证汇总时,凡分别汇总的,按本期征税凭证的汇总金额计算缴纳印花税;凡确属不能分别汇总的,应按本期全部凭证的实际汇总金额计算缴纳印花税。

凡汇总缴纳印花税的凭证,应加注税务机关指定的汇缴戳记、编号并装订成册后,将已贴印花或者缴款书的一联粘附册后,盖章注销,保存备查。

经税务机关核准,持有代售许可证的代售户,代售印花税票取得的税款须专户存储,并按照规定的期限,向当地税务机关结报,或者填开专用缴款书直接向银行缴纳,不得逾期不缴或者挪作他用。代售户领存的印花税票及所售印花税票的税款,如有损失,应负责赔偿。

3.委托代征办法

这一办法主要是通过税务机关的委托,经由发放或者办理应纳税凭证的单位代为征收印花税税款。税务机关应与代征单位签订代征委托书。所谓发放或者办理应纳税凭证的单位,是指发放权利、许可证照的单位和办理凭证的鉴证、公证及其他有关事项的单位。如按照印花税法规定,工商行政管理机关核发各类营业执照和商标注册证的同时,负责代售印花税票,征收印花税税款,并监督领受单位或个人负责贴花。税务机关委托工商行政管理机关代售印花税票,按代售金额 5% 的比例支付代售手续费。

印花税法规定,发放或者办理应纳税凭证的单位,负有监督纳税人依法纳税的义务,具体是指对以下纳税事项监督:

(1)应纳税凭证是否已粘贴印花;

(2)粘贴的印花是否足额;

(3)粘贴的印花是否按规定注销。

对未完成以上纳税手续的,应督促纳税人当场完成。

（二）纳税环节

印花税应当在书立或领受时贴花。具体是指在合同签订时、账簿启用时和证照领受时贴花。如果合同是在国外签订,并且不便在国外贴花的,应在将合同带入境时办理贴花纳税手续。

（三）纳税地点

印花税一般实行就地纳税。对于全国性商品物资订货会（包括展销会、交易会等）上所签订合同应纳的印花税,由纳税人回其所在地后及时办理贴花完税手续;对地方主办、不涉及省际关系的订货会、展销会上所签合同的印花税,其纳税地点由各省、自治区、直辖市人民政府自行确定。

（四）纳税申报

印花税的纳税人应按照规定及时办理纳税申报,并如实填写印花税纳税申报表（见表4-2）。

表 4-2　印花税纳税申报（报告）表

税款所属期限:自　年　月　日至　年　月　日　填表日期:　年　月　日　金额单位:元至角分

纳税人识别号:

纳税人信息	名称				□单位		□个人	
	登记注册类型			所属行业				
	身份证件类型			身份证件号码				
	联系方式							
应税凭证	计税金额或件数	核定征收		适用税率	本期应纳税额	本期已缴税额	本期减免税额		本期应补（退）税额
		核定依据	核定比例				减免性质代码	减免额	
	1	2	3	4	5=1×4+2×3×4	6	7	8	9=5-6-8
购销合同				0.3‰					
加工承揽合同				0.5‰					
建设工程勘察设计合同				0.5‰					
建筑安装工程承包合同				0.3‰					
财产租赁合同				1‰					
货物运输合同				0.5‰					
仓储保管合同				1‰					
借款合同				0.05‰					
财产保险合同				1‰					
技术合同				0.3‰					
产权转移书据				0.5‰					
营业账簿（记载资金的账簿）	—			0.5‰					

续表 4-2

营业账簿（其他账簿）	—	5					
权利、许可证照	—	5					
合　计	—	—	—					

以下由纳税人填写：

| 纳税人声明 | 此纳税申报表是根据《中华人民共和国印花税暂行条例》和国家有关税收规定填报的，是真实的、可靠的、完整的。 | | | |
| 纳税人签章 | | 代理人签章 | | 代理人身份证号 | |

以下由税务机关填写：

| 受理人 | | 受理日期 | 年 月 日 | 受理税务机关签章 | |

【表单说明】

本表一式两份，一份纳税人留存，一份税务机关留存。

减免性质代码：减免性质代码按照税务机关最新制发的减免税政策代码表中的最细项减免性质代码填报。

（五）违章与处罚

印花税纳税人有下列行为之一的，由税务机关根据情节轻重予以处罚：

（1）在应纳税凭证上未贴或者少贴印花税票的或者已粘贴在应税凭证上的印花税票未注销或者未划销的，由税务机关追缴其不缴或者少缴的税款、滞纳金，并处不缴或者少缴的税款50%以上5倍以下的罚款。

（2）已贴用的印花税票揭下重用造成未缴或少缴印花税的，由税务机关追缴其不缴或者少缴的税款、滞纳金，并处不缴或者少缴的税款50%以上5倍以下的罚款；构成犯罪的，依法追究刑事责任。

（3）伪造印花税票的，由税务机关责令改正，处以2 000元以上1万元以下的罚款；情节严重的，处以1万元以上5万元以下的罚款；构成犯罪的，依法追究刑事责任。

（4）按期汇总缴纳印花税的纳税人，超过税务机关核定的纳税期限，未缴或少缴印花税款的，由税务机关追缴其不缴或者少缴的税款、滞纳金，并处不缴或者少缴的税款50%以上5倍以下的罚款；情节严重的，同时撤销其汇缴许可证；构成犯罪的，依法追究刑事责任。

（5）纳税人违反以下规定的，由税务机关责令限期改正，可处以2 000元以下的罚款；情节严重的，处以2 000元以上1万元以下的罚款。

①凡汇总缴纳印花税的凭证，应加注税务机关指定的汇缴戳记，编号并装订成册后，将已贴印花或者缴款书的一联粘附册后，盖章注销，保存备查。

②纳税人对纳税凭证应妥善保存。凭证的保存期限，凡国家已有明确规定的，按规定办；没有明确规定的其余凭证均应在履行完毕后保存1年。

（6）代售户对取得的税款逾期不缴或者挪为他用，或者违反合同将所领印花税票转托他人代售或者转至其他地区销售，或者未按规定详细提供领、售印花税票情况的，税务机关可视其情节轻重，给予警告或者取消其代售资格的处罚。

延伸阅读1:《财政部 国家税务总局
关于棚户区改造有关税收政策的通知》

延伸阅读2:《国家税务总局
关于发行2015年印花税票的公告》

延伸阅读3:《财政部 国家税务总局关于
在全国中小企业股份转让系统转让股票
有关证券(股票)交易印花税政策的通知》

延伸阅读4:《财政部 国家税务总局
关于飞机租赁企业有关印花税
政策的通知》

4-2

任务2 契税应纳税额计算与申报

【任务导入】

居民田亮有两套住房,将一套出售给居民张伟,成交价格为200 000元;将另一套两室住房与居民王宏交换成两处一室住房,并支付给王宏换房差价款60 000元。(契税税率为4%)

【任务要求】

计算田亮、张伟、王宏相关行为应缴纳的契税。

【知识准备】

契税,是以在中华人民共和国境内转移土地、房屋权属为征税对象,向产权承受人征收的一种税。

契税由财产承受人纳税。一般税种在税制中确定纳税人，都确定销售者为纳税人，即卖方纳税。契税对买方征税的主要目的，在于承认不动产转移生效，承受人纳税以后，便可拥有转移过来的不动产的产权或使用权，法律保护纳税人的合法权益。

一、征税对象

契税的征税对象是境内转移的土地、房屋权属。具体包括以下五项内容：

(一)国有土地使用权出让

国有土地使用权出让是指土地使用者向国家交付土地使用权出让费用，国家将国有土地使用权在一定年限内让与土地使用者的行为。

国有土地使用权出让，受让者应向国家缴纳出让金，以出让金为依据计算缴纳契税。

不得因减免土地出让金而减免契税。

(二)土地使用权的转让

土地使用权的转让是指土地使用者以出售、赠与、交换或者其他方式将土地使用权转移给其他单位和个人的行为。土地使用权的转让不包括农村集体土地承包经营权的转移。

(三)房屋买卖

房屋买卖即以货币为媒介，出卖者向购买者过渡房产所有权的交易行为。以下几种特殊情况，视同买卖房屋：

1.以房产抵债或实物交换房屋

经当地政府和有关部门批准，以房抵债和实物交换房屋，均视同房屋买卖，应由产权承受人，按房屋现值缴纳契税。

例如，甲某因无力偿还乙某债务，而以自有的房产折价抵偿债务。经双方同意，有关部门批准，乙某取得甲某的房屋产权，在办理产权过户手续时，按房产折价款缴纳契税。如以实物(金银首饰等等价物品)交换房屋，应视同以货币购买房屋。

2.以房产作投资、入股

这种交易业务属房屋产权转移，应根据国家房地产管理的有关规定，办理房屋产权交易和产权变更登记手续，视同房屋买卖，由产权承受方按契税税率计算缴纳契税。

例如，甲企业以自有房产投资于乙企业取得相应的股权。其房屋产权变为乙企业所有，故产权所有人发生变化，因此，乙企业在办理产权登记手续后，按甲企业入股房产现值(国有企事业房产须经国有资产管理部门评估核价)缴纳契税。如丙企业以股份方式购买乙企业房屋产权，丙企业在办理产权登记后，按取得房产买价缴纳契税。

以自有房产作股投入本人独资经营的企业，免纳契税。因为以自有的房地产投入本人独资经营的企业，产权所有人和使用权使用人未发生变化，不需办理房产变更手续，也不办理契税手续。

3.买房拆料或翻建新房，应照章征收契税

例如，甲某购买乙某房产，不论其目的是取得该房产的建筑材料或是翻建新房，实际构成房屋买卖。甲某应首先办理房屋产权变更手续，并按买价缴纳契税。

（四）房屋赠与

房屋的赠与是指房屋产权所有人将房屋无偿转让给他人所有。其中，将自己的房屋转交给他人的法人和自然人，称作房屋赠与人；接受他人房屋的法人和自然人，称为受赠人。房屋赠与的前提必须是，产权无纠纷，赠与人和受赠人双方自愿。

由于房屋是不动产，价值较大，故法律要求赠与房屋应有书面合同（契约），并到房地产管理机关或农村基层政权机关办理登记过户手续，才能生效。如果房屋赠与行为涉及涉外关系，还需公证处证明和外事部门认证，才能有效。房屋的受赠人要按规定缴纳契税。

（五）房屋交换

房屋交换是指房屋所有者之间互相交换房屋的行为。

随着经济形势的发展，有些特殊方式转移土地、房屋权属的，也将视同土地使用权转让、房屋买卖或者房屋赠与。一是以土地、房屋权属作价投资、入股；二是以土地、房屋权属抵债；三是以获奖方式承受土地、房屋权属；四是以预购方式或者预付集资建房款方式承受土地、房屋权属。

二、纳税义务人与税率

（一）纳税义务人

契税的纳税义务人是境内转移土地、房屋权属，承受的单位和个人。境内是指中华人民共和国实际税收行政管辖范围内。土地、房屋权属是指土地使用权和房屋所有权。单位是指企业单位、事业单位、国家机关、军事单位和社会团体以及其他组织。个人是指个体经营者及其他个人，包括中国公民和外籍人员。

（二）税率

契税实行3％～5％的幅度税率。实行幅度税率是考虑到我国经济发展的不平衡，各地经济差别较大的实际情况。因此，各省、自治区、直辖市人民政府可以在3％～5％的幅度税率规定范围内，按照本地区的实际情况决定。

三、应纳税额的计算

（一）计税依据

契税的计税依据为不动产的价格。由于土地、房屋权属转移方式不同，定价方法不同，因而具体计税依据视不同情况而决定。

（1）国有土地使用权出让、土地使用权出售、房屋买卖，以成交价格为计税依据。成交价格是指土地、房屋权属转移合同确定的价格，包括承受者应交付的货币、实物、无形资产或者其他经济利益。

（2）土地使用权赠与、房屋赠与，由征收机关参照土地使用权出售、房屋买卖的市场价格核定。

（3）土地使用权交换、房屋交换，为所交换的土地使用权、房屋的价格差额。也就是说，交换价格相等时，免征契税；交换价格不等时，由多交付的货币、实物、无形资产或者其他经济利益的一方缴纳契税。

(4)以划拨方式取得土地使用权,经批准转让房地产时,由房地产转让者补交契税。计税依据为补交的土地使用权出让费用或者土地收益。

为了避免偷、逃税款,税法规定,成交价格明显低于市场价格并且无正当理由的,或者所交换土地使用权、房屋的价格的差额明显不合理并且无正当理由的,征收机关可以参照市场价格核定计税依据。

(5)房屋附属设施征收契税的依据。

①不涉及土地使用权、房屋所有权转移变动的,不征契税。

②承受的房屋附属设施权属如为单独计价的,按照当地确定的适用税率征收契税;如与房屋统一计价的,适用与房屋相同的契税税率。

(6)个人无偿赠与不动产行为(法定继承人除外),应对受赠人全额征收契税。在缴纳契税时,纳税人须提交经税务机关审核并签字盖章的《个人无偿赠与不动产登记表》,税务机关(或其他征收机关)应在纳税人的契税完税凭证上加盖"个人无偿赠与"印章,在《个人无偿赠与不动产登记表》中签字并将该表格留存。

(二)应纳税额的计算

契税采用比例税率。当计税依据确定以后,应纳税额的计算比较简单。应纳税额的计算公式为:

$$应纳税额＝计税依据×税率$$

【例4-2】 居民甲有两套住房,将一套出售给居民乙,成交价格为300 000元;将另一套两室住房与居民丙交换成两处一室住房,并支付给居民丙换房差价款50 000元。试计算甲、乙、丙相关行为应缴纳的契税(假定税率为4%)。

(1)甲应缴纳契税＝50 000×4%＝2 000(元)。

(2)乙应缴纳契税＝300 000×4%＝12 000(元)。

(3)丙不缴纳契税。

四、税收优惠

(一)契税优惠的一般规定

(1)国家机关、事业单位、社会团体、军事单位承受土地、房屋用于办公、教学、医疗、科研和军事设施的,免征契税。

(2)城镇职工按规定第一次购买公有住房,免征契税。

根据财税〔2016〕23号政策文件,关于契税政策的调整如下:

(1)对个人购买家庭唯一住房(家庭成员范围包括购房人、配偶以及未成年子女,下同),面积为90平方米及以下的,减按1%的税率征收契税;面积为90平方米以上的,减按1.5%的税率征收契税。

(2)对个人购买家庭第二套改善性住房,面积为90平方米及以下的,减按1%的税率征收契税;面积为90平方米以上的,减按2%的税率征收契税。

家庭第二套改善性住房是指已拥有一套住房的家庭,购买的家庭第二套住房。

(3)因不可抗力灭失住房而重新购买住房的,酌情减免。不可抗力是指自然灾害、战争等不能预见、不可避免,并不能克服的客观情况。

　　（4）土地、房屋被县级以上人民政府征用、占用后，重新承受土地、房屋权属的，由省级人民政府确定是否减免。

　　（5）承受荒山、荒沟、荒丘、荒滩土地使用权，并用于农、林、牧、渔业生产的，免征契税。

　　（6）经外交部确认，依照我国有关法律规定以及我国缔结或参加的双边和多边条约或协定，应当予以免税的外国驻华使馆、领事馆、联合国驻华机构及其外交代表、领事官员和其他外交人员承受土地、房屋权属。

（二）契税优惠的特殊规定

　　根据财税〔2015〕37 号政策文件，自 2015 年 1 月 1 日起至 2017 年 12 月 31 日契税做了最新调整。

　　1. 企业改制

　　企业按照《中华人民共和国公司法》有关规定整体改制，包括非公司制企业改制为有限责任公司或股份有限公司，有限责任公司变更为股份有限公司，股份有限公司变更为有限责任公司，原企业投资主体存续并在改制（变更）后的公司中所持股权（股份）比例超过 75％，且改制（变更）后公司承继原企业权利、义务的，对改制（变更）后公司承受原企业土地、房屋权属，免征契税。

　　2. 事业单位改制

　　事业单位按照国家有关规定改制为企业，原投资主体存续并在改制后企业中出资（股权、股份）比例超过 50％的，对改制后企业承受原事业单位土地、房屋权属，免征契税。

　　3. 企业合并

　　两个或两个以上的公司，依照法律规定、合同约定，合并为一个公司，且原投资主体存续的，对合并后公司承受原合并各方土地、房屋权属，免征契税。

　　4. 企业分立

　　公司依照法律规定、合同约定分立为两个或两个以上与原公司投资主体相同的公司，对分立后公司承受原公司土地、房屋权属，免征契税。

　　5. 企业破产

　　企业依照有关法律法规规定实施破产，债权人（包括破产企业职工）承受破产企业抵偿债务的土地、房屋权属，免征契税。

　　凡按照《中华人民共和国劳动法》等国家有关法律法规政策妥善安置原企业全部职工，与原企业全部职工签订服务年限不少于三年的劳动用工合同的，对其承受所购企业土地、房屋权属，免征契税；与原企业超过 30％的职工签订服务年限不少于三年的劳动用工合同的，减半征收契税。

　　6. 资产划转

　　对承受县级以上人民政府或国有资产管理部门按规定进行行政性调整、划转国有土地、房屋权属的单位，免征契税。

　　7. 资债权转股权

　　经国务院批准实施债权转股权的企业，对债权转股权后新设立的公司承受原企业的土地、房屋权属，免征契税。

8.同一投资主体内部所属企业之间土地、房屋权属的划转

同一投资主体内部所属企业之间土地、房屋权属的划转,包括母公司与其全资子公司之间,同一公司所属全资子公司之间,同一自然人与其设立的个人独资企业、一人有限公司之间土地、房屋权属的划转,免征契税。

【任务实施】

田亮应缴纳契税＝60 000×4％＝2 400（元）

张伟应缴纳契税＝200 000×4％＝8 000（元）

王宏不缴纳契税。

五、征收管理

1.纳税义务发生时间

契税的纳税义务发生时间是纳税人签订土地、房屋权属转移合同的当天,或者纳税人取得其他具有土地、房屋权属转移合同性质凭证的当天。

2.纳税期限

纳税人应当自纳税义务发生之日起 10 日内,向土地、房屋所在地的契税征收机关办理纳税申报,并在契税征收机关核定的期限内缴纳税款。

3.纳税地点

契税在土地、房屋所在地的征收机关缴纳。

4.征收管理

纳税人办理纳税事宜后,征收机关应向纳税人开具契税完税凭证。纳税人持契税完税凭证和其他规定的文件材料,依法向土地管理部门、房产管理部门办理有关土地、房屋的权属变更登记手续。土地管理部门和房产管理部门应向契税征收机关提供有关资料,并协助契税征收机关依法征收契税。

对已缴纳契税的购房单位和个人,在未办理房屋权属变更登记前退房的,退还已纳契税;在办理房屋权属变更登记之后退房的,不予退还已纳契税。

延伸阅读 1:《国家税务总局关于契税纳税申报有关问题的公告》

延伸阅读 2:《国家税务总局关于简化契税办理流程取消(无)婚姻登记记录证明的公告》

任务3 车辆购置税应纳税额计算与申报

【任务导入】

周军 2016 年 12 月份,从某汽车有限公司购买一辆小汽车供自己使用,支付了含增值税税款在内的款项 234 000 元,另支付代收临时牌照费 550 元、代收保险费 1 000 元,支付购买工具件和零配件价款 3 000 元,车辆装饰费 1 300 元。所支付的款项均由该汽车有限公司开具"机动车销售统一发票"和有关票据。

【任务要求】

计算周军应纳车辆购置税。

【知识准备】

车辆购置税是以在中国境内购置规定车辆为课税对象、在特定的环节向车辆购置者征收的一种税。

一、纳税义务人、征税范围与税率

(一)纳税义务人

车辆购置税的纳税人是指在我国境内购置应税车辆的单位和个人。其中购置是指购买使用行为、进口使用行为、受赠使用行为、自产自用行为、获奖使用行为以及以拍卖、抵债、走私、罚没等方式取得并使用的行为,这些行为都属于车辆购置税的应税行为。

车辆购置税的纳税人具体是指:

所称单位,包括国有企业、集体企业、私营企业、股份制企业、外商投资企业、外国企业以及其他企业、事业单位、社会团体、国家机关、部队以及其他单位。

所称个人,包括个体工商户及其他个人,既包括中国公民又包括外国公民。

（二）征税范围

车辆购置税以列举的车辆作为征税对象,未列举的车辆不纳税。其征税范围包括汽车、摩托车、电车、挂车、农用运输车,具体规定如下:

（1）汽车:包括各类汽车。

（2）摩托车。

①轻便摩托车:最高设计时速不大于 50km/h,发动机气缸总排量不大于 50cm³ 的两个或三个车轮的机动车;

②二轮摩托车:最高设计车速大于 50km/h,发动机气缸总排量大于 50cm³ 的两个车轮的机动车;

③三轮摩托车:最高设计车速大于 50km/h,发动机气缸总排量大于 50cm³,空车质量不大于 400kg 的三个车轮的机动车。

（3）电车。

①无轨电车:以电能为动力,由专用输电电缆供电的轮式公共车辆;

②有轨电车:以电能为动力,在轨道上行驶的公共车辆。

（4）挂车。

①全挂车:无动力设备,独立承载,由牵引车辆牵引行驶的车辆;

②半挂车:无动力设备,与牵引车共同承载,由牵引车辆牵引行驶的车辆。

（5）农用运输车。

①三轮农用运输车:柴油发动机,功率不大于 7.4kW,载重量不大于 500kg,最高车速不大于 40km/h 的三个车轮的机动车;

②四轮农用运输车:柴油发动机,功率不大于 28kW,载重量不大于 1 500kg,最高车速不大于 50km/h 的四个车轮的机动车。

（三）税率

车辆购置税实行统一比例税率,税率为 10%。

二、计税依据

车辆购置税的计税依据有以下几种情况:

1.购买自用应税车辆计税依据的确定

纳税人购买自用的应税车辆的计税依据为纳税人购买应税车辆而支付给销售方的全部价款和价外费用(不含增值税)。

价外费用是指销售方价外向购买方收取的手续费、基金、集资费、储备费、优质费、违约金、包装费、运输装卸费、保管费等价外收费,但不包括销售方代办保险等向购买方收取的保险费,以及向购买方收取的代购买方缴纳的车辆购置税、车辆牌照费。

2.进口自用应税车辆计税依据的确定

纳税人进口自用的应税车辆以组成计税价格为计税依据,组成计税价格的计算公式为:

$$组成计税价格＝关税完税价格＋关税＋消费税$$

进口自用的应税车辆是指纳税人直接从境外进口或委托代理进口自用的应税车辆,即非贸易方式进口自用的应税车辆。而且进口自用的应税车辆的计税依据,应根据纳税人提供的、经海关审查确认的有关完税证明资料确定。

3. 其他自用应税车辆计税依据的确定

纳税人自产、受赠、获奖和以其他方式取得并自用的应税车辆的计税依据,凡不能或不能准确提供车辆价格的,由主管税务机关依国家税务总局核定的、相应类型的应税车辆的最低计税价格确定。因此,纳税人自产自用、受赠使用、获奖使用和以其他方式取得并自用的应税车辆一般以国家税务总局核定的最低计税价格为计税依据。

4. 最低计税价格作为计税依据的确定

纳税人购买自用或者进口自用应税车辆,申报的计税价格低于同类型应税车辆的最低计税价格,又无正当理由的,按照最低计税价格征收车辆购置税。也就是说,纳税人购买和自用的应税车辆,首先应分别按前述计税价格、组成计税价格来确定计税依据。当申报的计税价格偏低,又无正当理由的,应以最低计税价格作为计税依据。实际工作中,通常是当纳税人申报的计税价格等于或高于最低计税价格时,按申报的价格计税;当纳税人申报的计税价格低于最低计税价格时,按最低计税价格计税。

最低计税价格由国家税务总局依据全国市场的平均销售价格制定。根据纳税人购置应税车辆的不同情况,国家税务总局对以下几种特殊情形应税车辆的最低计税价格规定如下:

(1)对已缴纳并办理了登记注册手续的车辆,其底盘和发动机同时发生更换,其最低计税价格按同类型新车最低计税价格的70%计算。

(2)免税、减税条件消失的车辆,其最低计税价格的确定方法为:

$$最低计税价格＝同类型新车最低计税价格×[1-(已使用年限÷规定使用年限)]×100\%$$

其中,规定使用年限为:国产车辆按10年计算;进口车辆按15年计算。超过使用年限的车辆,不再征收车辆购置税。

(3)非贸易渠道进口车辆的最低计税价格,为同类型新车最低计税价格。

车辆购置税的计税依据和应纳税额应使用统一货币单位计算。纳税人以外汇结算应税车辆价款的,按照申报纳税之日中国人民银行公布的人民币基准汇价,折合成人民币计算应纳税额。

三、应纳税额的计算

车辆购置税实行从价定率的方法计算应纳税额,计算公式为:

$$应纳税额＝计税依据×税率$$

由于应税车辆的来源、应税行为的发生以及计税依据组成的不同,因而,车辆购置税应纳税额的计算方法也有区别。

(一)购买自用应税车辆应纳税额的计算

在应纳税额的计算当中,应注意以下费用的计税规定:

(1)购买者随购买车辆支付的工具件和零部件价款应作为购车价款的一部分,并入计税依据中征收车辆购置税。

(2)支付的车辆装饰费应作为价外费用并入计税依据中计税。

(3)代收款项应区别征税。凡使用代收单位(受托方)票据收取的款项,应视作代收单位价外收费,购买者支付的价费款,应并入计税依据中一并征税;凡使用委托方票据收取,受托方只履行代收义务和收取代收手续费的款项,应按其他税收政策规定征税。

(4)销售单位开给购买者的各种发票金额中包含增值税税款,因此,计算车辆购置税时,应换算为不含增值税的计税价格。

(5)购买者支付的控购费,是政府部门的行政性收费,不属于销售者的价外费用范围,不应并入计税价格计税。

(6)销售单位开展优质销售活动所开票收取的有关费用,应属于经营性收入,企业在代理过程中按规定支付给有关部门的费用,企业已作经营性支出列支核算,其收取的各项费用并在一张发票上难以划分的,应作为价外收入计算征税。

【例4-3】　赵某2017年1月份从某汽车有限公司购买一辆小汽车供自己使用,支付了含增值税税款在内的款项250 000元,另支付代收临时牌照费550元、代收保险费1 500元,支付购买工件件和零配件价款3 500元,车辆装饰费2 000元。所支付的款项均由该汽车有限公司开具"机动车销售统一发票"和有关票据。请计算赵某应纳车辆购置税。

(1)计税依据=(250 000+550+1 500+3 500+2 000)÷(1+17%)=220 128.21(元)

(2)应纳税额=220 128.21×10%=22 012.82(元)

(二)进口自用应税车辆应纳税额的计算

$$应纳税额=(关税完税价格+关税+消费税)×税率$$

(三)其他自用应税车辆应纳税额的计算

纳税人自产自用、受赠使用、获奖使用和以其他方式取得并自用应税车辆的,凡不能取得该型车辆的购置价格,或者低于最低计税价格的,以国家税务总局核定的最低计税价格作为计税依据计算征收车辆购置税:

$$应纳税额=最低计税价格×税率$$

【例4-4】　某客车制造厂将自产的一辆某型号的客车,用于本厂后勤服务,该厂在办理车辆上牌落籍前,出具该车的发票,注明金额75 000元,并按此金额向主管税务机关申报纳税。经审核,国家税务总局对该车同类型车辆核定的最低计税价格为90 000元。计算该车应纳车辆购置税。

应纳税额=90 000×10%=9 000(元)

(四)特殊情形下自用应税车辆应纳税额的计算

1.减税、免税条件消失车辆应纳税额的计算

对减税、免税条件消失的车辆,纳税人应按现行规定,在办理车辆过户手续前或者办理变更车辆登记注册手续前向税务机关缴纳车辆购置税。

应纳税额=同类型新车最低计税价格×[1-(已使用年限÷规定使用年限)]×100%×税率

2.未按规定纳税车辆应补税额的计算

纳税人未按规定纳税的,应按现行政策规定的计税价格,区分情况分别确定征税。不能提供购车发票和有关购车证明资料的,检查地税务机关应按同类型应税车辆的最低计税价格征税;如果纳税人回落籍地后提供的购车发票金额与支付的价外费用之和高于核定的最低计税

价格的,落籍地主管税务机关还应对其差额计算补税。

$$应纳税额＝最低计税价格×税率$$

四、税收优惠

(一)法定减免

(1)外国驻华使馆、领事馆和国际组织驻华机构及其外交人员自用车辆免税;

(2)中国人民解放军和中国人民武装警察部队列入军队武器装备订货计划的车辆免税;

(3)设有固定装置的非运输车辆免税;

(4)国务院规定予以免税或者减税的"其他情形":

①防汛部门和森林消防部门用于指挥、检查、调度、报汛(警)、联络的设有固定装置的指定型号的车辆。

②回国服务的留学人员购买1辆自用国产小汽车。

③长期来华定居专家进口1辆自用小汽车。

(5)农用三轮运输车。

(6)城市公交企业购置的公共汽车、电车。

(二)退税

已纳购置税,在办理车辆登记手续前需退税的,可申请退税。

【任务实施】

周军应纳车辆购置税计税依据

$$＝(234\ 000＋550＋1\ 000＋3\ 000＋1\ 300)÷(1＋17\%)＝205\ 000(元)$$

$$应纳税额＝205\ 000×10\%＝20\ 500(元)$$

五、征收管理

(一)纳税申报

纳税人在办理纳税申报时应如实填写车辆购置税纳税申报表,主管税务机关应对纳税申报资料进行审核,确定计税依据,征收税款,核发完税证明。征税车辆在完税证明征税栏加盖车辆购置税征税专用章。完税后,由税务机关保存有关复印件,并对已经办理纳税申报的车辆建立车辆购置税征收管理档案。

主管税务机关在为纳税人办理纳税申报手续时,对设有固定装置的非运输车辆应当实施验车。

(1)纳税人应到下列地点办理车辆购置税纳税申报:

①需要办理车辆登记注册手续的纳税人,向车辆登记注册地的主管税务机关办理纳税申报;

②不需要办理车辆登记注册手续的纳税人,向纳税人所在地的主管税务机关办理纳税申报。

(2)车辆购置税实行一车一申报制度。

(3)免税车辆因转让、改变用途等原因,其免税条件消失的,纳税人应在免税条件消失之日起60日内到主管税务机关重新申报纳税。

免税车辆发生转让,但仍属于免税范围的,受让方应当自购买或取得车辆之日起60日内到主管税务机关重新申报免税。

（4）纳税人办理纳税申报时应如实填写车辆购置税纳税申报表,同时提供以下资料：

①纳税人身份证明；

②车辆价格证明；

③车辆合格证明；

④税务机关要求提供的其他资料。

（5）免税条件消失的车辆,纳税人在办理纳税申报时,应如实填写纳税申报表,同时提供以下资料：

①发生二手车交易行为的,提供纳税人身份证明、二手车销售统一发票和车辆购置税完税证明正本原件；

②未发生二手车交易行为的,提供纳税人身份证明、完税证明正本原件及有效证明资料。

（二）纳税环节

车辆购置税的征税环节为使用环节,即最终消费环节。具体而言,纳税人应当在向公安机关等车辆管理机构办理车辆登记注册手续前,缴纳车辆购置税。

（三）纳税地点

纳税人购置应税车辆,应当向车辆登记注册地的主管税务机关申报纳税；购置不需办理车辆登记注册手续的应税车辆,应当向纳税人所在地主管税务机关申报纳税。车辆登记注册地是指车辆的上牌落籍地或落户地。

（四）纳税期限

纳税人购买自用应税车辆的,应自购买之日起 60 日内申报纳税；进口自用的应税车辆,应当自进口之日起 60 日内申报纳税；自产、受赠、获奖和以其他方式取得并自用的应税车辆,应自取得之日起 60 日内申报纳税。

这里的"购买之日"是指纳税人购车发票上注明的销售日期；"进口之日"是指纳税人报关进口的当天。

（五）车辆购置税的缴税管理

1.车辆购置税的缴税方法

车辆购置税税款缴纳方法主要有以下几种：

（1）自报核缴。即由纳税人自行计算应纳税额、自行填报纳税申报表有关资料,向主管税务机关申报,经税务机关审核后,开具完税证明,由纳税人持完税凭证向当地金库或金库经收处缴纳税款。

（2）集中征收缴纳。包括两种情况：一是由纳税人集中向税务机关统一申报纳税。它适用于实行集中购置应税车辆的单位缴纳和经批准实行代理制经销商的缴纳。二是由税务机关集中报缴税款。即在纳税人向实行集中征收的主管税务机关申报缴纳税款,税务机关开具完税凭证后,由税务机关填写汇总缴款书,将税款集中缴入当地金库或金库经收处。它适用于税源分散、税额较少、税务部门实行集中征收管理的地区。

（3）代征、代扣、代收。即扣缴义务人按税法规定代扣代缴、代收代缴税款,税务机关委托征收单位代征税款的征收方式。它适用于税务机关委托征收或纳税人依法受托征收税款。

2.车辆购置税的缴税管理

（1）税款缴纳方式。纳税人在申报纳税时,税款的缴纳方式主要有现金支付、支票、信用卡和电子结算及委托银行代收、银行划转等方式。

（2）完税凭证及使用要求。税务机关在征收车辆购置税时，应根据纳税人税款缴纳方式的不同，分别使用税收通用完税凭证、税收转账专用完税凭证和税收通用缴款书三种税票，即纳税人以现金方式向税务机关缴纳车辆购置税的，由主管税务机关开具税收通用完税凭证；纳税人以支票、信用卡和电子结算方式缴纳及税务机关委托银行代收税款的，由主管税务机关开具税收转账专用完税凭证；纳税人从其银行存款户直接划转税款的，由主管税务机关开具税收通用缴款书。

（六）车辆购置税的退税制度

（1）已经缴纳车辆购置税的车辆，发生下列情形之一的，准予纳税人申请退税：

①车辆退回生产企业或者经销商的；

②符合免税条件的设有固定装置的非运输车辆但已征税的；

③其他依据法律法规规定应予退税的情形。

（2）纳税人申请退税时，应如实填写车辆购置税退税申请表，由本人、单位授权人员到主管税务机关办理退税手续。

（3）车辆退回生产企业或者经销商的，纳税人申请退税时，主管税务机关自纳税人办理纳税申报之日起，按已缴纳税款每满1年扣减10%计算退税额，未满1年的，按已缴纳税款全额退税。

延伸阅读1：《财政部 国家税务总局关于城市公交企业购置公共汽电车辆免征车辆购置税的通知》

延伸阅读2：《国家税务总局 交通运输部关于城市公交企业购置公共汽电车辆办理免征车辆购置税手续问题的公告》

延伸阅读 3:《国家税务总局
关于贯彻落实减征 1.6 升及以下排量
乘用车车辆购置税有关问题的通知》

延伸阅读 4:《财政部 国家税务总局
关于 2015 年森林消防专用车
免征车辆购置税的通知》

延伸阅读 5:《财政部 国家税务总局
关于 2015 年母亲健康快车项目
流动医疗车免征车辆购置税的通知》

延伸阅读 6:《财政部 国家税务总局
关于 2015 年防汛专用车免征车辆
购置税的通知》

延伸阅读 7:《财政部 国家税务总局
关于减征 1.6 升及以下排量乘用车
车辆购置税的通知》

任务小结

行为税类应纳税额的计算与申报：

●印花税根据应税凭证的性质,分别按比例税率或者定额税率计算应纳税额;

●契税根据不动产的价格和税率计算应纳税额;

●车辆购置税根据计税依据和税率计算应纳税额;

●填写纳税申报表,进行纳税申报,缴纳税款。

闯关考验

一、知识思考

1.印花税的权利、许可证照有哪些?

2.简述印花税的计税依据。

3.印花税应纳税额如何计算?

4.契税的征税范围如何?

5.契税应纳税额如何计算?

6.简述车辆购置税的计税依据。

7.车辆购置税应纳税额如何计算?

二、技能测试

1.某高新技术企业 2016 年 8 月份开业,注册资金 220 万元,当年发生经营活动如下:

(1)领受工商营业执照、房屋产权证、土地使用证各一份;

(2)建账时共设 8 个账簿,其中资金账簿中记载实体资本 220 万元;

(3)签订购销合同 4 份,共记载金额 280 万元;

(4)签订借款合同 1 份,记载金额 50 万元,当年取得利息 0.8 万元;

(5)与广告公司签订广告制作合同 1 份,分别记载加工费 3 万元,广告公司提供的原材料 7 万元;

(6)签订技术服务合同 1 份,记载金额 60 万元;

(7)签订租赁合同 1 份,记载租赁费金额 50 万元;

(8)签订转让专有技术使用权合同 1 份,记载金额 150 万元。

要求:按下列顺序回答问题,每问均为共计金额。

(1)计算领受权利许可证照应缴纳的印花税;

(2)计算设置账簿应缴纳的印花税;

(3)计算签订购销合同应缴纳的印花税;

(4)计算签订借款合同应缴纳的印花税;

（5）计算签订广告制作合同应缴纳的印花税；

（6）计算签订技术服务合同应缴纳的印花税；

（7）计算签订租赁合同应缴纳的印花税；

（8）计算签订专有技术使用权转让合同应缴纳的印花税。

2.2016年初某企业房产原值3 000万元，其中厂房原值2 600万元，厂办幼儿园房产原值300万元，地下工业用仓库原值100万元。拥有自重10吨载货汽车10辆，7.8吨挂车5辆。该企业2016年发生如下业务：

（1）7月20日购置2.5吨客货两用车2辆，合同载明金额10万元，当月领取行驶证书。

（2）6月30日将原值为300万元的厂房出租，合同载明每年租金24万元，租赁期3年。

（3）7月份购买新建的地下商铺用于商业用途，购买合同记载金额200万元，9月份交付使用，10月份从房地产权属管理部门取得土地使用证与房产证。

（4）10月份接受甲公司委托加工一批产品，签订的合同中注明原材料由甲公司提供，金额为100万元，收取加工劳务费30万元；完工产品由甲公司负责运输，合同中注明运费2万元、保管费0.2万元、装卸费0.05万元。

当地政府规定计算房产余值的扣除比例为20%，工业用途地下建筑物以原价的50%作为应税房产原值，商业用途地下建筑物以原价的70%作为应税房产原值。载货汽车年税额20元/吨。

要求：根据上述资料，回答下列问题。

（1）计算2016年该企业应缴纳的车船税。

（2）计算2016年该企业的地下建筑物应缴纳的房产税。

（3）计算2016年该企业的地上建筑物应缴纳的房产税。

（4）计算2016年该企业应缴纳的印花税。

三、理论测试

（一）单选题

1.下列各项中，属于印花税纳税人的是（　　　）。

A.合同的双方当事人　　　　　　　　B.合同的担保人

C.合同的证人　　　　　　　　　　　D.合同的鉴定人

2.林某有面积为140平方米的住宅一套，价值96万元。黄某有面积为120平方米的住宅一套，价值72万元。两人进行房屋交换，差价部分黄某以现金补偿林某。已知契税适用税率为3%，黄某应缴纳的契税税额为（　　　）万元。

A.4.8　　　　　　B.2.88　　　　　　C.2.16　　　　　　D.0.72

3.纳税人购买自用应税车辆，申报的计税价格低于同类型应税车辆最低计税价格时，应纳车辆购置税的计税依据为（　　　）。

A.申报价格　　　　　　　　　　　　B.同类型应税车辆均价

C.同类型应税车辆最低计税价格　　　D.同类型应税车辆最高计税价格

4.甲公司于2016年8月开业后，领受了工商营业执照、税务登记证、土地使用证、房屋产权证各一件。已知权利、许可证照印花税单位税额为每件5元，甲公司应缴纳的印花税额为（　　　）元。

A. 5　　　　　　　B. 10　　　　　　C. 15　　　　　　D. 20

5. 根据契税法律制度的规定,下列各项中,属于契税纳税人的是(　　)。

A. 获得住房奖励的个人　　　　　　B. 转让土地使用权的企业

C. 继承父母汽车的子女　　　　　　D. 出售房屋的个体工商户

6. 下列各项中,不属于印花税应税凭证的是(　　)。

A. 无息、贴息贷款合同

B. 发电厂与电网之间签订的电力购售合同

C. 财产所有人将财产赠与社会福利单位的书据

D. 银行因内部管理需要设置的现金收付登记簿

7. 下列各项中,契税计税依据可由征收机关核定的是(　　)。

A. 土地使用权出售　　　　　　　　B. 国有土地使用权出让

C. 土地使用权赠与　　　　　　　　D. 以划拨方式取得土地使用权

8. 根据契税法律制度的规定,下列各项中,不属于契税纳税人的是(　　)。

A. 出售房屋的个人　　　　　　　　B. 受赠土地使用权的企业

C. 购买房屋的个人　　　　　　　　D. 受让土地使用权的企业

9. 依据车辆购置税的有关规定,下列车辆中可以享受法定减免的是(　　)。

A. 国家机关购买的小汽车

B. 留学人员购买的小汽车

C. 有突出贡献专家购买的小汽车

D. 国际组织驻华机构购买的自用小汽车

10. 某中学委托一服装厂加工校服,合同约定布料由学校提供,价值50万元,学校另支付加工费10万元,下列各项关于计算印花税的表述中,正确的是(　　)。

A. 学校应以50万元的计税依据,按销售合同的税率计算印花税

B. 服装厂应以50万元的计算依据,按销售合同的税率计算印花税

C. 服装厂应以10万元加工费为计税依据,按加工承揽合同的税率计算印花税

D. 服装厂和学校均以60万元为计税依据,按照加工承揽合同的税率计算印花税

(二)多选题

1. 以下行为中,应视同土地使用权转让征收契税的有(　　)。

A. 以投资方式获得土地使用权的

B. 直系亲属间继承房屋权属的

C. 获奖得到房屋权属的

D. 竞拍得到破产清算企业房屋权属的

2. 某机关2017年4月购车一辆,随购车支付的下列款项中,应并入计税依据征收车辆购置税的有(　　)。

A. 控购费　　　　B. 增值税税款　　　　C. 零部件价款　　　　D. 车辆装饰费

3. 根据印花税法律制度的规定,下列各项中,属于印花税征税范围的有(　　)。

A. 工商营业执照　　B. 税务登记证　　C. 土地使用证　　D. 商品房销售合同

4. 根据《中华人民共和国车辆购置税暂行条例》规定,下列行为属于车辆购置税应税行为的有(　　)。

A. 应税车辆的购买使用行为　　　　　　　B. 应税车辆的销售行为

C. 自产自用应税车辆的行为　　　　　　　D. 以获奖方式取得并自用应税车辆的行为

5. 下列各项中,以所载金额作为计税依据缴纳印花税的有(　　　)。

A. 产权转移书据　　　B. 借款合同　　　C. 财产租赁合同　　　D. 工商营业执照

6. 下列各项中,免征或不征契税的有(　　　)。

A. 国家出让国有土地使用权　　　　　　　B. 受赠人接受他人赠与的房屋

C. 房屋交换价格相等　　　　　　　　　　D. 承受荒山土地使用权用于林业生产

7. 关于印花税纳税人的下列表述中,正确的有(　　　)。

A. 会计账簿以立账簿人为纳税人

B. 产权转移书据以立据人为纳税人

C. 建筑工程合同以合同当事人为纳税人

D. 房屋产权证以领受人为纳税人

8. 关于印花税计税依据的下列表述中,符合法律制度的有(　　　)。

A. 财产租赁合同以租赁金额为计税依据

B. 财产保险合同以保险费为计税依据

C. 工商营业执照以注册资金为计税依据

D. 商标注册证以件数为计税依据

9. 契税的计税依据有(　　　)。

A. 房屋成交价格　　　B. 房屋租金　　　C. 房屋余值　　　D. 房屋交换的差额

10. 依据契税相关规定,下列行为不征收契税的是(　　　)。

A. 出让土地使用权

B. 国有土地使用权转让

C. 农村集体土地承包经营权

D. 以自有房产投资入股个人独资企业

(三)判断题

1. 契税的纳税人是在我国境内转让土地、房屋权属的单位和个人。　　　　　　(　　)

2. 纳税人购买自用的应税车辆的计税价格,包括纳税人为购买该应税车辆而支付给销售者的全部价款、增值税税款和价外费用。　　　　　　　　　　　　　　　　　　(　　)

3. 某汽车制造厂与银行签订借款合同,并由其关联企业作担保人,则该汽车制造厂、银行、关联企业均应缴纳借款合同的印花税。　　　　　　　　　　　　　　　　　　(　　)

4. 应税凭证,凡由两方或两方以上当事人共同书立的,其当事人各方都是印花税的纳税人,应各就其所持凭证的计税金额履行纳税义务。　　　　　　　　　　　　　　(　　)

5. 甲方和乙方进行房地产交换,属于契税的征税范围,所以都应该缴纳契税。　(　　)

6. 甲乙双方签订一份仓储保管合同,合同上注明货物金额500万元,保管费用10万元。甲乙双方共应缴纳印花税200元。　　　　　　　　　　　　　　　　　　　　　(　　)

7. 印花税一般实行就地纳税,但对于全国性商品物资订货会上所签订的合同应纳的印花税,应由纳税人回其所在地后及时办理贴花完税手续。　　　　　　　　　　　　(　　)

8. 凡多贴印花税票者,不可申请退税,但可申请下期抵扣。　　　　　　　　　(　　)

9. 财产保险合同的计税依据为支付(收取)的保险费,不包括所保财产的金额。(　　)

任务4 城市维护建设税应纳税额计算与申报

【任务导入】

某市区光明公司2017年3月份实际缴纳增值税300 000元,缴纳消费税400 000。

【任务要求】

计算光明公司2017年3月应纳的城建税和教育费附加。

【知识准备】

城市维护建设税(以下简称城建税)是对从事工商经营,缴纳增值税、消费税的单位和个人征收的一种税。

城建税属于一种附加税,税款专款专用。

一、纳税义务人和税率

(一)纳税义务人

城建税的纳税义务人,是指负有缴纳增值税和消费税义务的单位和个人,包括国有企业、集体企业、私营企业、股份制企业、其他企业和行政单位、事业单位、军事单位、社会团体、其他单位,以及个体工商户及其他个人。

(二)税率

城建税按纳税人所在地的不同,设置了三档地区差别比例税率,即:

(1)纳税人所在地为市区的,税率为7%;

(2)纳税人所在地为县城、镇的,税率为5%;

(3)纳税人所在地不在市区、县城或者镇的,税率为1%。

城建税的适用税率,应当按纳税人所在地的规定税率执行。但是,对下列两种情况,可按缴纳增值税和消费税所在地的规定税率就地缴纳城建税:

第一种情况:由受托方代扣代缴、代收代缴增值税和消费税的单位和个人,其代扣代缴、代收代缴的城建税按受托方所在地适用税率执行。

第二种情况:流动经营等无固定纳税地点的单位和个人,在经营地缴纳增值税和消费税的,其城建税的缴纳按经营地适用税率执行。

二、计税依据

城建税的计税依据,是指纳税人实际缴纳的增值税和消费税税额。纳税人违反增值税和消费税有关税法而加收的滞纳金和罚款,是税务机关对纳税人违法行为的经济制裁,不作为城建税的计税依据,但纳税人在被查补增值税和消费税和被处以罚款时,应同时对其偷漏的城建税进行补税、征收滞纳金和罚款。

城建税以增值税和消费税税额为计税依据并同时征收,如果要免征或者减征增值税和消费税,也就要同时免征或者减征城建税。

对出口产品退还增值税、消费税的,不退还已缴纳的城建税。

自 2005 年 1 月 1 日起,经国家税务总局正式审核批准的当期免抵的增值税税额应纳入城建税和教育费附加的计征范围,分别按规定的税(费)率征收城建税和教育费附加。2005 年 1 月 1 日前,已按免抵的增值税税额征收的城市维护建设税和教育费附加不再退还,未征的不再补征。

三、应纳税额的计算

城建税纳税人的应纳税额大小是由纳税人实际缴纳的增值税和消费税税额决定的,其计算公式为:

$$应纳税额＝纳税人实际缴纳的增值税、消费税税额×适用税率$$

【例 4-5】 某市区一家企业 2017 年 5 月份实际缴纳增值税 500 000 元,缴纳消费税 300 000 元。计算该企业应纳的城建税税额。

应纳城建税税额＝(500 000＋300 000)×7％＝56 000(元)

由于城建税实行纳税人所在地差别比例税率,所以在计算应纳税额时,应十分注意根据纳税人所在地来确定适用税率。

四、税收优惠

城建税原则上不单独减免,但因城建税又具附加税性质,当主税发生减免时,城建税相应发生税收减免。城建税的税收减免具体有以下几种情况:

(1)城建税按减免后实际缴纳的增值税和消费税税额计征,即随增值税和消费税的减免而减免。

(2)对于因减免税而需进行增值税和消费税退库的,城建税也可同时退库。

(3)海关对进口产品代征的增值税、消费税,不征收城建税。

(4)对国家重大水利工程建设基金,免征城建税和教育费附加。

(5)对增值税和消费税实行先征后返、先征后退、即征即退办法的,除另有规定外,对随增值税和消费税附征的城建税和教育费附加,一律不予退(返)还。

五、征收管理

(一)纳税环节

城建税的纳税环节,实际就是纳税人缴纳增值税和消费税的环节。纳税人只要发生增值税和消费税的纳税义务,就要在同样的环节,分别计算缴纳城建税。

(二)纳税地点

城建税以纳税人实际缴纳的增值税、消费税税额为计税依据,分别与增值税和消费税同时缴纳。所以,纳税人缴纳增值税和消费税的地点,就是该纳税人缴纳城建税的地点。但是,属于下列情况的,纳税地点为:

(1)代扣代缴、代收代缴增值税和消费税的单位和个人,同时也是城建税的代扣代缴、代收代缴义务人,其城建税的纳税地点在代扣代收地。

(2)跨省开采的油田,下属生产单位与核算单位不在一个省内的,其生产的原油,在油井所在地缴纳增值税,其应纳税款由核算单位按照各油井的产量和规定税率,计算汇拨各油井缴纳。所以,各油井应纳的城建税,应由核算单位计算,随同增值税一并汇拨油井所在地,由油井在缴纳增值税的同时,一并缴纳城建税。

(3)对流动经营等无固定纳税地点的单位和个人,应随同增值税和消费税在经营地按适用税率缴纳。

(三)纳税期限

由于城建税是由纳税人在缴纳增值税和消费税时同时缴纳的,所以其纳税期限分别与增值税和消费税的纳税期限一致。根据增值税法和消费税法规定,增值税、消费税的纳税期限均分别为 1 日、3 日、5 日、10 日、15 日或者 1 个月;增值税、消费税的纳税人的具体纳税期限,由主管税务机关根据纳税人应纳税额大小分别核定;不能按照固定期限纳税的,可以按次纳税。

附:

教育费附加的有关规定

教育费附加是对缴纳增值税、消费税的单位和个人,就其实际缴纳的税额为计算依据征收的一种附加费。

一、教育费附加的征收范围及计征依据

教育费附加对缴纳增值税、消费税的单位和个人征收,以其实际缴纳的增值税和消费税为计征依据,分别与增值税和消费税同时缴纳。

二、教育费附加计征比率

现行教育费附加征收比率为 3%。

三、教育费附加的计算

教育费附加的计算公式为:

$$应纳教育费附加＝实际缴纳的增值税、消费税×征收比率$$

【例 4-6】　某市区一家企业 2017 年 6 月份实际缴纳增值税 300 000 元,缴纳消费税 200 000 元。计算该企业应缴纳的教育费附加。

应纳教育费附加＝（300 000＋200 000）×3%＝15 000(元)

四、教育费附加的减免规定

(1)对海关进口的产品征收的增值税、消费税,不征收教育费附加。

(2)对由于减免增值税和消费税而发生退税的,可同时退还已征收的教育费附加。但对出口产品退还增值税、消费税的,不退还已征的教育费附加。

【任务实施】

光明公司 2017 年 3 月应纳城建税税额＝(300 000＋400 000)×7％＝49 000(元)

应纳教育费附加＝(300 000＋400 000)×3％＝21 000(元)

延伸阅读:《国家税务总局关于中国
铁路总公司及其分支机构缴纳城市维护
建设税 教育费附加问题的通知》

任务小结

城市维护建设税应纳税额和教育费附加的计算与申报:

●城市维护建设税根据纳税人实际缴纳的增值税和消费税税额和适用税率计算应纳
税额。

●教育费附加根据纳税人实际缴纳的增值税和消费税税额和征收比率计算。

●填写纳税申报表,进行纳税申报,缴纳税款。

闯关考验

一、知识思考

1.城市维护建设税应纳税额如何计算?

2.教育费附加如何计算?

二、技能测试

1.某市一娱乐公司 2016 年 1 月 1 日开业,经营范围包括娱乐、餐饮及其他服务,当年收入
情况如下:

(1)门票收入 220 万元,歌舞厅收入 400 万元,游戏厅收入 100 万元;

(2)保龄球馆自 7 月 1 日开馆,至当年年底取得收入 120 万元;

(3)美容美发、中医按摩收入 150 万元;

(4)非独立核算的小卖部销售收入 60 万元;

(5)餐饮收入 600 万元;

(6)与某公司签订租赁协议书,将部分空闲的歌舞厅出租,分别取得租金 76 万元、赔偿金 4 万元;

(7)经批准从事代销福利彩票业务取得手续费 10 万元。

要求:按下列顺序回答问题,每问均为共计金额。

(1)计算娱乐公司当年应缴纳的增值税;

(2)计算娱乐公司当年应缴纳的城市维护建设税;

(3)计算娱乐公司当年应缴纳的教育费附加。

2. 位于某市的甲公司为增值税一般纳税人,主要从事货物运输服务,2016 年 8 月有关经济业务如下:

(1)购进办公用小轿车 1 部,取得增值税专用发票上注明的税额为 25 500 元;购进货车用柴油,取得增值税专用发票上注明的税额为 51 000 元。

(2)提供货物运输服务,取得含增值税价款 1 110 000 元,同时收取保价费 2 220 元。

(3)提供货物装卸搬运服务,取得含增值税价款 31 800 元。

(4)提供货物仓储服务,取得含增值税价款 116 600 元,另外收取货物逾期保管费 21 200 元。

已知:交通运输服务增值税税率为 11%,物流辅助服务增值税税率为 6%,上期留抵增值税税额 6 800 元,取得的增值税专用发票当月已通过税务机关认证并在当月抵扣。

要求:

(1)计算该公司当月的增值税进项税额;

(2)计算该公司当月的增值税销项税额;

(3)计算该公司当月应缴纳的增值税;

(4)计算该公司当月应缴纳的城市维护建设税和教育费附加。

三、理论测试

(一)单选题

1. 位于市区的某企业 2017 年 3 月份共缴纳增值税、消费税和关税 562 万元,其中关税 102 万元,进口环节缴纳的增值税和消费税 260 万元。该企业 3 月份应缴纳的城市维护建设税为(　　　)。

A.14 万元　　　　　B.18.2 万元　　　　　C.32.2 万元　　　　　D.39.34 万元

2. 某企业 3 月份销售应税货物缴纳增值税 44 万元、消费税 12 万元,土地增值税 4 万元。已知该企业所在地使用的城市维护建设税税率为 7%。该企业 3 月份应缴纳的城市维护建设税税额为(　　　)万元。

A.4.20　　　　　B.3.92　　　　　C.3.22　　　　　D.2.38

3. 位于市区的某企业 2017 年 3 月份共缴纳增值税、消费税和关税 632 万元,其中关税 102 万元,进口环节缴纳的增值税和消费税 260 万元。该企业 3 月份应缴纳的城市维护建设税和教育费附加为(　　　)。

　　A.18万元　　　　　　B.18.9万元　　　　　　C.27万元　　　　　　D.53万元

（二）多选题

1.下列各项中,符合城市维护建设税规定的有(　　　)。

A.只要缴纳增值税、消费税的企业都应缴纳城市维护建设税

B.因减免税而需进行"二税"退库的,可同时退还城市维护建设税

C.对出口产品退还增值税、消费税的,不退还城市维护建设税

D.海关对进口产品代征的增值税、消费税,征收城市维护建设税

2.下列各项中,符合城市维护建设税征收管理规定的有(　　　)。

A.海关对进口产品代征增值税时,应同时代征城市维护建设税

B.对增值税实行先征后返的,应同时返还附征的城市维护建设税

C.对出口产品退还增值税的,不退还已经缴纳的城市维护建设税

D.纳税人延迟缴纳增值税而加收的滞纳金,不作为城市维护建设税的计税依据

（三）判断题

1.对出口产品退还增值税、消费税的,不退还已征的教育费附加。　　　　　　　(　　)

2.对出口产品退还增值税、消费税的,应同时退还已经缴纳的城市维护建设税。　(　　)

本书参考答案

参考文献

[1]中国注册会计师协会.税法[M].北京:经济科学出版社,2016.

[2]全国注册税务师职业资格考试教材编写组.税法Ⅰ[M].北京:中国税务出版社,2016.

[3]全国注册税务师职业资格考试教材编写组.税法Ⅱ[M].北京:中国税务出版社,2016.

[4]全国注册税务师职业资格考试教材编写组.涉税服务实务[M].北京:中国税务出版社,2016.

[5]财政部会计资格评价中心.经济法[M].北京:中国财政经济出版社,2016.

[6]财政部会计资格评价中心.经济法基础[M].北京:经济科学出版社,2016.

[7]刘伟.企业纳税实务[M].北京:科学出版社,2015.

[8]梁伟祥.企业纳税实务[M].2版.北京:清华大学出版社,2014.

[9]苏春林.税法与报税实务[M].北京:中国人民大学出版社,2014.

[10]代义国.企业纳税申报实务[M].广州:广东经济出版社,2014.

[11]李雪.企业纳税实务[M].北京:清华大学出版社,2013.

[12]陈晓红.税收实务[M].北京:中国人民大学出版社,2012.

[13]韩建勋.税务会计[M].北京:中国人民大学出版社,2012.

[14]许仁忠.纳税实务[M].成都:西南财经大学出版社,2012.

[15]白安义.纳税实务[M].武汉:武汉大学出版社,2011.